明伦出版学研究书系

魏晋南北朝编辑思想研究

Research on Editing Thoughts in Wei ,Jin
and Southern and Northern Dynasties

段乐川　著

社会科学文献出版社
SOCIAL SCIENCES ACADEMIC PRESS (CHINA)

目　录

引　言

第一节　选题意义

一　理论价值

编辑活动是一项主客体交互作用的文化创构活动。编辑活动的展开，离不开由文本、稿本和定本构成的编辑客体，也离不开极具积极性、能动性的编辑主体。编辑主体的编辑实践，总是在一定的观念、认识的指导下展开。编辑思想就是编辑主体"在对编辑活动的客观事实的认识上所具有的独创性见解"①，是编辑主体指导编辑实践的认识、观念和方法。编辑思想是编辑活动的灵魂。它规定着编辑活动的目的、方式、类型和范围，并在一定程度上决定着编辑实践的优劣、成败、得失。中国的编辑活动历史悠久，实践丰富。古代丰富的编辑实践蕴含了丰富、深刻的编辑文化和编辑思想。古代自成体系的编辑思想，不仅对编辑实践的发展产生了深远影响，而且本身极具理论价值，构成了编辑理论的基础。笔者以为，认识、研究、分析、总结中国古代编辑思想的基本面貌、基本特征，归纳、概括影响编辑实践发展的主观性因素，梳理、把握编辑主体思想形成、演变的基本规律，这无疑是编辑理论研究的重要内容，也是编辑理论建设的重要途径。

---

① 靳青万.编辑学基本原理［M］.长春：东北师范大学出版社，2003：158.

二　现实价值

历史和现实的关系是不可分割的。现实是在历史的基础上发展而来的。编辑活动的发展也是这样，现实的编辑实践和历史的编辑实践是有机统一的。现实的编辑实践，是对几千年历史编辑实践的发展、创新，同时又离不开几千年编辑实践的历史积淀。编辑思想史研究，属历史研究的范畴，但对现实具有借鉴意义。一是通过对古代编辑思想发展源流的考察，可以深化对编辑活动发展历史的认识，从而更好地指导现实的编辑实践，推动编辑工作的改革和发展。比如，南朝梁代萧统编辑《文选》，开创"文"体，创造了文学总集编选体例。这样一种"文"体编选思想对后世文学总集编辑影响甚大，为后世竞相师法。这对于做好当代文学总集的编辑不无借鉴意义。二是通过对古代编辑思想的认识和开掘，有利于我们继承和弘扬古代编辑人优秀的编辑精神，有利于提高和改进当代编辑工作方法，有利于提升和改善当代编辑人的思想境界，有利于树立和建设当代编辑人的文化理性，从而增强现实编辑工作的自觉性、科学性和艺术性。魏晋南北朝是我国古代编辑活动发展的一个重要时期。这一时期的编辑成果丰硕，编辑大家众多。很多编辑家编辑作风优良，精益求精，一丝不苟，编辑境界高远，编辑工作求是求真，精心研解。这些优秀的编辑精神、编辑作风是一种历史存在，也是一种优秀的编辑文化传统。当代编辑工作者应该认识、学习这些伟大的编辑思想，继承和弘扬这些优秀的编辑文化传统。

三　学科意义

编辑学是 20 世纪 80 年代诞生于中国的一门新兴学科。经过近三十年的发展，编辑学研究结出了丰硕成果。学界围绕编辑学学科性质、研究对象、编辑活动规律、编辑工作方法、编辑心理、编辑工作改革等问题展开了深入探讨，并在此基础上形成了不同的编辑学研究领域和编辑学研究流派。研究领域有编辑社会学、编辑心理学、编辑方法论、编辑文化学等；研究流派有"文化缔构"编辑观、"信息智化"编辑观和

"选择和优化"编辑观等。编辑学研究在取得很大成就的同时，也存在很多问题。比如，在研究中，比较重视对现实编辑实践的研究，而忽视对编辑历史的研究。在编辑历史的研究中，比较重视对现当代编辑史的研究，而忽视对古代编辑史的研究。在古代编辑史的研究中，比较重视编辑实践成果的总结，而忽视对编辑实践背后所蕴含的编辑思想、编辑活动规律的研究。编辑思想史研究，正是基于编辑学研究的现状而提出的深化编辑学研究的重大课题，从编辑主体视角来认识纷繁复杂的编辑活动背后所蕴含的编辑主、客体关系，尤其是编辑主体思想之于编辑实践发展的重大作用。编辑思想史研究视角的提出，目的在于拓展编辑学研究领域，深化编辑历史研究内涵。这必将对加强编辑学学科的建设，推动编辑学学科的发展，发挥积极作用。

第二节 研究综述

编辑史研究是编辑思想研究的基础，编辑思想研究是对编辑史研究的深化。编辑思想研究是编辑史研究充分展开的必然结果。魏晋南北朝是我国编辑发展史的一个重要时期。在这一时期，不仅编辑活动活跃，编辑类型丰富，编辑实践创新，而且诞生了一大批对后世影响深远的编辑家，像萧统、徐陵、陈寿、范晔、释道安等。但是，迄今为止，还没有系统、专题地对魏晋南北朝编辑思想进行研究的专著。甚至，学界有关该时期编辑思想的个案研究也寥寥无几。笔者试从编辑史和编辑思想史研究两个方面来总结魏晋南北朝编辑思想史研究的状况。

一 魏晋南北朝编辑史研究概况

一是魏晋南北朝时期编辑史专题研究。魏晋南北朝时期编辑史专题研究，并不多见。周少川先生主编的《中国出版通史·魏晋南北朝卷》（中国书籍出版社 2008 年版）是由中国出版科学研究所推出的《中国出版通史》的一部分，堪称唯一对该时期编辑出版史研究的专论。该书侧重于出版史研究，对魏晋南北朝时期我国出版事业的发展做了全面论述，包括出版事业的发展及时代背景、编辑出版机构、图书收集整理和出版、图书编辑和出版、重要的编辑出版人物、出版物的材料和形制、出版相关技术、图书流通和管理、少数民族文字文献的出版等内容。其中，图书编辑和出版一章，对魏晋南北朝时期的编辑活动进行了论述。该章用分门别类的方法，把该时期的书籍编辑活动分为经部典籍的注疏和出版、史书的编辑和出版、子部典籍的编辑和出版、文集的编辑和出版、佛经的译撰和出版等几个方面。该书对魏晋南北朝时期的编辑活动进行了总结、概括，尤其对这一时期的重大编辑成果有很好的介绍。

二是散见于通史中的编辑史研究。除专题研究，对该时期的编辑史研究还包含在编辑出版史的通史研究著作之中。姚福申先生的《中国编辑史》（复旦大学出版社1990年版）是第一部系统地、完整地对中国编辑活动进行研究的通史著作。该书以时间为序，分为上、下两编。上编为中国古代编辑史，着重探讨了编辑活动的起源、历代编辑活动概况、重要编辑家和编辑成果，以及编辑活动与所处时代的政治、经济、文化活动的关系。下编为近现代编辑史，重点阐述了近代以来我国编辑出版事业的发展状况，以及一些著名编辑出版家的功绩。该著的最大特色是，开编辑史通史写作的先河，打破了此前编辑史研究"单兵作战"、个案为主的状况，把宏观叙述和微观分析相结合，将编辑史发展与社会历史发展有机结合，以时间为线索较为清晰地勾勒了中国编辑活动长达几千年的历史轮廓。该书第六章《中国文化在魏晋南北朝时代的进展》，对魏晋南北朝时期的编辑活动进行了简要概述。内容包括当时书籍编目情况、汲冢书的编辑活动、总集编辑活动、韵书编辑活动、早期佛经翻译工作和科技编辑活动等。这一部分虽然在论述逻辑上稍显凌乱，但是概括了这一时期编辑活动发展的基本状况和重要成果。继姚福申先生的《中国编辑史》之后，青年学者靳青万的《中国古代编辑史论稿》（河南大学出版社1992年版）是我国古代编辑史研究的又一成果。在该书中，作者摒弃了传统编辑史写作以时为序的方法，尝试按历史逻辑的方法对编辑活动进行分期叙写。作者将古代编辑活动分为萌芽、形成、发展和繁荣四个时期，然后对不同时期的编辑活动状况进行概述。该书中有关编辑定义的论述、编辑起源的观点等，对深入认识编辑活动很有启发意义。作者对编辑活动的分类非常明确，主要有：字书、辞书、韵书；历史类书籍；文学类书籍；类书；丛书；目录编辑等。这种对编辑活动分门别类的叙写方法，是研究古代编辑史的一个新的思路。作者认为，魏晋南北朝时期是中国编辑的发展时期，在古代编辑史上起着承上启下的重要作用。他对该时期的编辑成就进行了简要概括，如《三国志》《后汉书》等历史书籍的编辑，文学总集的编辑，类书的编辑，以及目录编辑的发展等。曹之先生的《中国古籍编撰史》（武汉大学出版社 1999 年版）一书，是中国古代书籍编辑史研究的扛鼎之作。曹先生以翔实的史料、严谨的论述、凝练的语言，显示了深厚的学术功底和精辟的学术见解。该书分为上、下两编。上编为断代史研究，对不同时期的图书编撰机构、编撰家和整个时代的图书编撰特点进行了论述。下编为专题研究，包括四部丛谈、著者纵横、编撰方法论、古籍编撰特点四个部分。该书上编第二章是《魏晋南北朝图书编撰》。该章论述了魏晋南北朝的编书修书机构和官修书状况，并对这一时期较为著名的图书编撰家逐一举要，还总结了该时期书籍编撰的主要特点。这些内容虽然没有从深层涉及编辑思想，但是曹先生所总结的编辑成果，为笔者展开深入研究奠定了基础。尤其是他对该时期书籍编辑特点的概括，是我们认识把握这一时期编辑思想整体特点的参照。北京大学肖东发先生主编的《中国编辑出版史》（辽海出版社 2005 年版）一书是中国编辑出版史研究的又一经典之作。该书综合了编辑出版两项活动，在出版史的背景下简述了古代编辑机构和编辑活动。该书第四章《编辑出版的初兴时期》，分析了魏晋南北朝时期的社会文化背景，概述了这一时期政府编辑机构和编辑活动的主要状况。其中对这一时期编辑活动的概述，包括书目编辑、史书编修、类书编辑、别集和总集编辑、姓氏谱、地方人物传编辑、佛经编译、科技典籍的编辑等。这部分对编辑成果介绍全面详细，但很少关涉编辑思想。此外，韩仲民的

《中国书籍编纂史稿》（中国书籍出版社 1988 年版）、申非的《编辑史概要》（中国农业出版社 1994 年版）等编辑出版史著作，都或多或少涉及对魏晋南北朝编辑活动的论述。

三是散见于文献学、目录学、校雠学中的相关研究。之所以说编辑学是一门有着深厚文化底蕴的学科，就在于古代编辑活动中包含了文献整理、书目编制和文字校订等丰富的文化创构活动。正因为此，编辑学与古代的文献学、目录学、校雠学和版本学，有着至为密切的关系。古代编辑思想的研究，不能不从编辑学的相关学科中寻找营养、汲取智慧。张舜徽先生的《中国文献学》（上海古籍出版社 2009 年版）是我国文献学方面的力作。该书对文献学的研究范围、古代文献的基本情况、整理文献的基础知识、前人整理文献的具体和丰硕成果、历代校雠家的非凡业绩等，进行了深入浅出的论述。其中，张先生对著作、编述和抄纂区别的论述，对准确地界定古代编辑活动的范围很有启发意义。同时，他对前人整理文献丰硕成果的归纳，对深入认识魏晋南北朝的编辑活动，很有借鉴价值。孙钦善先生的《中国古文献学史简编》（北京大学出版社 2008 年版）的第三章，论述了魏晋南北朝时期文献整理的基本情况。他对何晏、王弼、虞翻、王肃、韦昭、杜预、颜之推等几位编辑家进行了评价。其中，有很多地方对这些编辑家的文献整理特点进行了概括。这是笔者认识这些编辑家编辑思想的不可多得的线索。程千帆、徐有富的《校雠广义》（齐鲁书社 1998 年版），对版本、校勘、目录、典藏的起源和发展都有比较详细的论述，其中不乏魏晋南北时期编辑个案的举证。此外，姚明达先生的《中国目录学史》（上海古籍出版社 2005 年版）、余嘉锡先生的《目录学发微》（中华书局 1963 年版）、王余光先生的《中国历史文献学》（武汉大学出版社 1988 年版）等，都有不少内容涉及魏晋南北朝时期的书籍编辑活动，是笔者展开研究的重要基础。

四是编辑史的单篇论文研究。这方面，有很多单篇论文，对这一时期的编辑活动进行了深入论述。例如，陆宜新的《〈齐民要术〉的编辑特色》（《商丘师范学院学报》2004 年第 1 期）一文对该时期的科技巨著《齐民要术》的编辑特色进行了分析；李传印的《魏晋南北朝史学的经世特点》（《史学史研究》2008 年第 2 期）是对这一时期史书编辑思想的总结；薛建立的《皇甫谧在中国古代编辑史上的贡献》（《史学月刊》2009 年第 8 期）对皇甫谧的编辑活动及其历史地位进行了论述；钱汝平的《魏晋南北朝的类书编辑》（《图书馆杂志》2006 年第 7 期）对该时期类书编辑情况进行了论述。此外，武宗华的《诠品译才　标列岁月——从释道安的〈综理众经目录〉特点看其学术地位》（《图书情报论坛》2007 年第 2 期）、李传印的《魏晋南北朝时期"史例"的特色》（《兰州学刊》2008 年第 11 期）和《编辑家徐陵和他的〈玉台新咏〉》（《中南民族学院学报》1992 年第 5 期）等，都是有关这一时期书籍编辑活动的论文。

总体来看，魏晋南北朝的编辑史研究呈现出以下几个特点：

一是魏晋南北朝编辑史专题研究还没有出现。有关这一时期的编辑活动研究，都分散在相关编辑史、出版史、书籍编辑史的研究之中。

二是对这一时期编辑活动的单篇个案研究不多。原因在于，这一时期社会动荡不安，朝代更替频繁，编辑活动的发展较之前代显得复杂多变，优秀的编辑家个体不容易受到关注。

二　魏晋南北朝编辑思想研究概况

一是有关魏晋南北朝编辑思想的系列史论。最早对中国古代编辑思想进行系列研究的是湖北人民出版社的胡光清先生。《编辑之友》从 1989 年第 1 期到 1990 年的第 6 期在《编辑学讨论》栏目中，连续 12 期发表了他的《中国古代编辑思想史论》系列论文。在开篇之作——《中国古代编辑活动和编辑思想的一般特点——中国古代编辑思想史论之一·绪论（上、下）》中，胡光清先生首先指出了中国古代编辑活动的一般特点是"编辑、著述、校雠为一体"，然后概括了中国古代编辑活动的三种方式：编纂、校雠和注释。在此基础上，他分析了编辑活动与编辑思想的有机联系，概括了中国古代编辑思想研究的三个基本内容：关于编辑目的的思想、关于编辑设计的思想和关于编辑方法的思想。并指出了编辑思想在编辑活动中的三方面重要作用：一是编辑书籍活动的灵魂，二是规范所编之书体例的准则，三可使所编之书别具特色。从第三篇论文开始，他分别从"述而不作""辨章学术""部次条别""沉思翰藻""以类相从""举撮机要""编次之纪""经世应务""互注别裁"几个方面以分论的形式，论述了中国古代编辑思想的基本内容。应该说，胡光清先生这一系列论文，是古代编辑思想研究的开山之作。他不仅最早提出了编辑思想研究这一重大课题，而且初步阐明了编辑思想研究的价值。他还指出了古代编辑思想的研究的基本内容、研究方法，而且从宏观的角度以分论的形式论述了中国古代编辑思想的几个基本方面。胡光清先生的这一系列论文，为我们继续深化对该问题的研究奠定了基础。早胡光清先生三年，著名编辑家戴文葆先生从1986年《出版工作》第1期开始发表《历代编辑列传》系列论文，分篇论述了孔子、吕不韦、刘安、刘向、刘歆、班昭、许慎、刘义庆、萧统、徐陵、颜之推、僧祐、欧阳询、房玄龄、刘知几、吴兢、杜佑、赵崇祚、李昉、欧阳修、司马光、李焘、朱熹、袁枢、元好问、欧阳玄、王祯、解缙、徐光启、冯梦龙、陈子龙、顾炎武、方苞、姚鼐、纪昀总共三十五位编辑家的编辑实践和编辑成果。这一系列论文总共三十五篇，从1986年第1期开始，一发而不可收，直到1990年第2期结束。该系列论文发表前后历时四年之久。这一系列论文前后时间跨度之长，论文数量之大，堪称当时编辑学研究的亮点，是其时中国古代编辑史研究的重量级著作。在论述这些编辑家编辑人生、编辑成就的过程中，戴文葆先生不惜笔墨，用大量的篇幅对这些编辑家的编辑思想进行了分析论述。这一系列作品可以说无编辑思想研究之名，但有编辑思想研究之实。其中关涉魏晋南北朝时期的编辑家有刘义庆、萧统、徐陵、颜之推和僧祐四位。戴文葆先生学术功底深厚，文史知识渊博，论述举重若轻，纵笔驰骋，纵横捭阖，为我们的研究提供了很多启示。继胡光清先生之后，1996年河南大学出版社出版了阎现章主编的《中国古代编辑家评传》一书，该书于2007年修订再版。该书以人物评传的形式，专门研究了中国古代编辑史上几十位取得非凡业绩的编辑家，包括孔子、刘向、刘歆、刘知几、郑樵、章学诚、司马迁、班固、道安、杜佑、朱熹、袁枢、黄宗羲、皇甫谧、贾思勰、王怀隐、唐慎微、王祯等。全书围绕这些编辑家的生平事迹、编辑成果、编辑思想及其影响展开论述。在论述过程中，比较重视对编辑家编辑思想的分析和概括，强调编辑思想的历史价值和现实价值。因此，该书虽为编辑家人物传记，但有明确的编辑思想研究价值取向。该书中所涉及的道安、皇甫谧、贾思勰都是魏晋南北朝时期著名的编辑家，书中对他们编辑成果的介绍和编辑思想的概括，为更深入展开研究奠定了基础。

二是魏晋南北朝编辑思想单篇研究情况。对魏晋南北朝编辑思想进行研究的单篇文章主要有：左建的《萧统的文学编辑思想》（《江苏教育学院学报》2000 年第 1 期）、王毅的《事出于沉思，义归乎翰藻——试论萧统的编辑思想》（《湖南师范大学学报》1995 年第 1 期）。这两篇文章都是萧统编辑思想的个案研究，前者比较简略地指出了萧统《文选》编辑的选文标准、编排方法，后者分析了萧统"事出于沉思，义归乎翰藻"的编辑思想内涵。傅刚的《〈昭明文选〉研究》（中国社会科学出版社 2000 年版）一书则从《文选》编辑背景、《文选》文本研究两个方面较为全面深入地探讨了萧统《文选》的编辑状况，其中包括对《文选》编者和编辑时间的考证，对编辑宗旨和体例等的论述都颇有创见。王立群先生的《〈文选〉成书研究》（商务印书馆 2005 年版）一书围绕《文选》的成书过程、成书时间和成书意义进行了较为深入详尽的考证。这两部有关《文选》研究之书，虽然不是萧统《文选》编辑思想的研究，但其中有诸多方面关涉萧统编辑思想，比如他们对萧统编辑《文选》的宗旨、方式的论述等，都是萧统编辑思想的重要内容。段乐川的《论刘义庆〈世说新语〉的编辑思想》（《中州大学学报》2009 年第 1 期）、林田慎之助的《〈文选〉和〈玉台新咏〉编纂的指导思想》（《山东师范大学学报》1991 年第 3 期）、阿忠荣的《六朝的文学编辑思想及特点》（《青海师范大学学报》1998 年第 3 期）等几篇，都是对该时期编辑家编辑思想的个案研究。

除此之外，近两年还先后出现了一些古代编辑思想的专题研究论文。如钱荣贵的博士学位论文《先秦两汉编辑思想研究》（2008 年）对先秦两汉的书籍编辑思想进行了深入论述，李乐的博士学位论文《宋代书籍编辑思想研究》（2008 年）对宋代编辑思想进行了断代研究，胡程立的博士学位论文《明代编辑思想研究》（2007 年）是对明代书籍编辑思想的专题研究，芦珊珊的博士学位论文《唐代编辑思想研究》（2009 年）对唐代编辑思想进行了深入研究。

总体来看，学界明确地提出了编辑思想研究这一课题，深入研究正在推进之中。但是有关魏晋南北朝这一时期的专题、断代性质编辑思想研究，还没有出现。与此同时，有关这一时期的编辑个体思想研究数量较少，笔者查到的仅有数篇。有关该时期编辑思想的宏观、系统研究更是没有出现，这导致对该时期编辑思想开掘不够深入，编辑主体思想产生深层动因论述不够全面。造成这一状况的原因，既与研究者的研究视角有关，也与编辑史研究的现状有关。因为，编辑主体思想的研究，是建立在编辑史研究的基础之上的。在这一时期编辑史研究还没有得到充分关注、高度重视的状况下，编辑主体思想的研究就很难进入研究视野。

第三节　研究对象

一　"编辑"概念和表现形态

编辑概念的界定，是编辑学研究的逻辑起点，也是编辑思想研究的基本前提。早在编辑学诞生之初，学界就围绕编辑概念进行了深入探讨，形成了不同观点。归纳起来，这些观点可以大致概括为两种：一种认为编辑活动与出版活动密不可分，仅指出版业中的书报刊编辑活动；另一种认为编辑活动并不隶属于出版活动，具有独立性，其内涵不仅包括传统的书报刊编辑活动，还包括影视、网络等现代媒体编辑活动。前者以刘光裕先生为代表，他给编辑下的定义是："编辑是在利用传播工具的传播活动中，处于作者和读者之间进行的种种出版前期工作。"① 与刘光裕先生观点相近的，还有林穗芳先生。他认为"编辑"是："收集和研究有关出版的信息，按照一定的方针制定并组织著译力量实现选题计划，审读、评价、选择、加工、整理稿件或其他材料，增添必要的辅文，同著译者和其他有关人员通力协作，从内容、形式和技术各方面使其适于出版，并在出版前后向读者宣传介绍。"② 很明显，持此观点的共通之处是，他们都认为编辑活动是出版活动的重要组成部分，是在出版活动中进行的，且仅存在于书报刊之中。后者以王振铎先生为代表，他给编辑下的定义是："编辑，审选设计精神产品，编构传播媒体的文化缔造活动。根据社会需要，按照指导方针，开发人文资源，策划、组织并取得精神创作品，进行鉴审、优选和编修整合，缔构成文图音像等符号模式，作为传播特定讯息的媒介载体，即为编辑活动。"③ 与王振铎先生观点相通的，还有青年学者靳青万。他在《编辑学基本原理》一书中对编辑下的定义是："编辑是人类精神文化创造与传播活动中的关键环节。即人类在其先进文化的创造中，对其精神文化方面的原创型产品，加以收集鉴别、择优汰劣、加工改造、整理提高、组合编次、规范定型等再创造，使之优化成为适宜人们共同使用或传播的完善型产品的实践活动。"④ 很明显，持该观点的学者都是"大编辑"观，强调编辑对作者稿本进行的文化创构特征，认为编辑活动是一项独立的文化创构活动，并不隶属于出版活动。在他们看来，编辑活动不仅包括图书编辑，还包括新型的媒介编辑；不仅包括现代编辑活动，还包括古代编辑活动。

编辑概念的这两种不同认识，在编辑学研究初期影响甚大，后来被学界分别冠以"狭义的编辑概念"和"广义的编辑概念"之称。阙道隆先生就曾在《编辑理论纲要（上）》指出，编辑学研究的过程中"发生过编辑概念'泛化'与'狭化'和'两种编辑'的争论"⑤。其实，

① 刘光裕，王华良. 编辑学理论研究 [M]. 济南：山东教育出版社，1995：13.
② 林穗芳. 关于图书编辑学的性质和研究对象 [J]. 出版与发行，1987：2.
③ 王振铎，赵运通. 编辑学原理论 [M]. 北京：中国书籍出版社，2004：74.
④ 靳青万. 编辑学基本原理 [M]. 长春：东北师范大学出版社，2003：51 – 52.
⑤ 阙道隆. 编辑理论纲要（上）[J]. 出版科学，2001：3.

无论是"狭义"的，还是"广义"的编辑概念，都承认编辑活动的社会文化创构特征，都承认编辑活动的"再创造特征"。狭义的编辑概念认为编辑活动和著作活动有着本质区别，是"处于作者和读者之间"的出版前期准备工作，是一种再创造性精神劳动。广义的编辑概念认为，编辑工作是在精神创作品的基础上，"进行鉴审、优选和编修整合"，是"对其精神文化方面的原创型产品，加以收集鉴别、择优汰劣、加工改造、整理提高、组合编次、规范定型等再创造"。这也是强调编辑活动与著作活动的本质区别，是不同于著作活动的再创造性精神生产。由此可见，两者在把握编辑活动的本质特征方面并无二致，都承认编辑活动是在著作活动基础之上的再创性精神生产劳动。两者认识的差异，在于对编辑活动范围的界定：前者认为出版活动出现之前或者编辑职业化之前，并不存在编辑工作，后者认识则截然相反。笔者认为，造成这种认识差异的原因，有以下几点：一是"编辑"概念本身的变动性、发展性。辩证唯物主义认为，世界是运动、变化的。任何事物的发展都是一个变动不居的过程。编辑活动亦不例外。它的形态和表现方式，不可能是一成不变的，而是处于不断地运动、变化过程之中的。在不同历史时期、不同社会阶段，编辑活动具有不同形态和不同发展方式。这就要求在对编辑概念进行界定的时候，要具有历史的眼光，全面地把握编辑发展流变的形态和方式，多维地分析编辑概念的变动性、发展性。拘泥于一个阶段的编辑形态，或囿于一个时期的编辑方式，来总结编辑定义，就会犯"以偏概全"的错误。二是"编辑"概念界定的复杂性和抽象性。概念是对事物本质特征的认识和把握。《现代汉语词典》中对"概念"一词是这样定义的："思维的基本形式之一，反映客观事物的一般的、本质的特征。人类在认识过程中，把所感受到的事物的共同特点抽出来，加以概括，就成为概念。比如从白雪、白马、白纸等事物里抽出它们的共同特点，就得出'白'的概念。"① 可见，概念的界定具有高度的抽象性和复杂性，需要透过事物纷繁复杂的外在现

---

① 中国社会科学院语言研究所词典编辑室. 现代汉语词典 ［M］. 北京：商务印书馆，1978：404.

象，把握事物的本质特征。编辑活动具有历史性和变动性，在不同历史时期、阶段呈现出不同的形态、方式。要对编辑概念进行界定，就需要透过编辑活动的历史性和变动性，总结出一以贯之的内在的、本质的特征。三是认识主体思维的差异性。人的主体思维具有差异性。不同的认识主体，由于社会经验、知识结构等的不同，在思维方式、思维习惯上就表现出很大的差异性。认识主体思维的差异，必然导致认识的不同。

　　笔者认为，以上三点是导致编辑概念出现两种差异的原因所在。从认识论的角度来讲，第一种编辑概念以现代的编辑概念来认识具有变动性、发展性的整体编辑概念，无疑在思维逻辑上犯了历史和逻辑割裂的错误。按照这一观点，编辑职业化之前，根本就不存在编辑活动，有的只是著作活动。这样的话，"中国编辑的历史至少要丢掉两千年"。同时，把编辑活动仅限定于出版活动之中，也无法解释当下数字出版时代的诸多编著合一的现象，如博客出版等。这既不符合科学的认识逻辑，也不符合编辑历史的真实面貌。第二种编辑概念，认为编辑活动具有独立性，编辑活动是一项历史悠久、源远流长的文化媒介创构活动。笔者认为，这一概念注重从编辑活动的历史源头出发，抽象、升华蕴含于古今中外编辑活动中共同的本质的必然的内在联系，遵循了历史与现实的统一、历史和逻辑统一的原则。但是，笔者认为，在对古代编辑活动范围进行界定之时，也不能把古代一切书籍生产活动都视为编辑活动。应该把握编辑活动不同于著作活动的"加工"特征和"再创造"特征，注重"编""著"分离，力求全面、准确地把握古代编辑活动的形态。正是基于这样的认识，在笔者看来，古代编辑活动主要表现在对已有作品和资料的整理、加工活动中，包括鉴审、选择、修改、加工、编次、编校、定型等工作。

　　综上所述，在本书中笔者采用了胡光清先生在《中国古代编辑活动和编辑思想的一般特点》一文中的观点，认为中国古代编辑活动主要表现为三种形态：一是作为"编纂"形态的编辑活动；二是作为

"校雠"形态的编辑活动；三是作为"注释"形态的编辑活动。① 作为"编纂"形态的编辑活动，主要表现形式为史书。中国古代史书的编纂，既有著作成分，也有编辑成分。其编辑成分主要表现在对历史资料的收集、整理、加工和书籍体例的设计，因为任何一部史书的编纂都是对既有史料的剪裁运化，是对现有作品或资料的整理加工，有着再创造的编辑工作特征。作为"校雠"形态的编辑活动，主要表现形式为书籍内容的校对、校核、校改工作。作为"注释"形态的编辑活动，主要表现形式为经部书籍、史书及其他书籍的注释之书。这些注释活动，无论是注、解、训诂、章句，还是集解、义疏，从成书过程来说都需要对既有材料或原来版本进行审定、编选、勘误，最后汇合原书，成为新书。这些工作无疑也具有编辑工作的再创造特征。与此同时，笔者以为，古代的佛经典籍翻译和整理活动，也包含着编辑活动的范畴。因为，早期的佛经译品是对既有文献的一种转换、整理加工，是一种新型的书籍类型。在佛经翻译的过程中，包含着如何对这些译品进行规范、定型等整理加工工作。这些都是编辑活动的范畴，显现着编辑活动的特征。因此，魏晋南北朝时期佛经典籍的编译和整理活动也是本书研究的对象之一。

二 编辑思想的概念和特征

什么是编辑思想呢？学者吴平认为："编辑思想是编辑观念的集中体现。编辑观念则是人们对编辑工作作为一种社会文化现象和社会文化活动的一般看法和基本观点。具体到每一位编辑的编辑思想，是指他对编辑工作的性质、特点、规律、作用、运作过程以及与作者、读者关系等的一般看法。"② 这一观点从宏观和微观两个方面指出了编辑思想的内涵，对我们的研究很有借鉴意义，但是没有对编辑思想的本质特征进行界定。在本质特征上对编辑思想进行界定的是学者靳青万。他认为："我们不妨将'编辑思想'界定为'编辑活动的客观存在反映在人的意

---

① 胡光清. 中国古代编辑活动和编辑思想的一般特点 [J]. 编辑之友，1989 (1)：16 – 20.
② 吴平. 编辑本论 [M]. 武汉：武汉大学出版社，2005：142.

识中，经过思维活动而产生的结果，就是编辑思想'，或'人们在对编辑活动的客观事实的认识上所具有的独创性见解，就是编辑思想。"①在这个定义中，他明确地指出了针对编辑工作的独创性见解，才是编辑思想的本质特征。但是，遗憾的是，他没有在此基础上对编辑思想的内涵进行阐述。

笔者以为，编辑思想作为编辑主体的观念和独创性见解，其内涵至少应该包括以下两个方面：一是编辑家对客观编辑的认识，二是编辑家对编辑工作的认识。编辑家对客观编辑的认识，是编辑思想的哲学基础。它应该包括以下两个方面内容：一是编辑家对编辑过程和编辑发展的认识。这些认识体现着编辑家如何看待编辑活动这一客观活动，如编辑发展的观点、编辑停滞的观点、编辑循环的观点。二是编辑家对编辑发展原因的认识。如自然发展观、英雄发展观、读者发展观、社会决定论等。编辑家对编辑工作的认识是编辑思想的核心，具体地体现着编辑家编辑思想的内容。编辑家对编辑工作的认识也包含两个方面：一是如何工作的问题；二是为何工作的问题。前者体现为编辑家的编辑原则和方法，包括书籍资料取舍的方法、编注的原则、书籍体例、书籍设计理念等。后者体现为编辑家的编辑价值论和编辑社会功能论，包括编辑目的、编辑工作价值的认识等。编辑家编辑书籍，总是有一定的目的的，对编辑工作价值的认识各不相同。在中国编辑思想史上，诸如"经世致用""沉思翰藻""宣扬大统""寓禁于征"等思想，都是对编辑工作目的和价值的认识。

编辑思想不是一个抽象概念，而是包含着丰富内容的"客观存在"。作为一种反映客观现实的主体意识、思想观念，它具有以下几个特征：

一是实践性。认识来源于实践，实践是认识的源泉。编辑思想作为一种主体认识，同样离不开实践，只不过是编辑实践而已。编辑实践是产生编辑思想的丰厚土壤。任何一种编辑思想都是编辑家编辑活

① 靳青万. 编辑学基本原理［M］. 长春：东北师范大学出版社，2003：157.

动的产物。如同靳青万所言："编辑实践活动，同样也是编辑思想的'首先的和基本的'来源。人们在长期的编辑活动实践中，会对编辑活动产生直接而深刻的认识，既会有成功的经验，也会有失败的教训。这些认识集聚于人的头脑中，就会激发人的思维活动。这种思维活动常常会导致理性认识的结果，常常会导致某种突变性的感悟，产生种种与众不同的具有独创性的见解。这种关于编辑活动的独创性见解，便是我们所说的编辑思想。"① 同时，编辑实践，尤其是编辑家的编辑成果，是编辑思想的最直接体现。研究编辑思想的最好"钥匙"，就是研究编辑家的编辑成果。通过对编辑成果的分析，包括书籍的序、跋、体例、内容等，总结、概括出编辑家自觉或不自觉的书籍编辑观念。因此，研究古代编辑家的编辑思想，其编辑成果无疑是最重要的研究线索。

二是开放性。作为一种主体意识，编辑思想表现出高度的开放性。这种开放性表现在两个方面：其一是具有承继性。任何一种编辑思想的产生，都不是无源之水、无本之木，都表现出一定的承继性，是在前人思想成果基础上的发展。前人的思想，构成了后人"九层之台"的"垒土"，"千里之行"的"足下"。例如，"经世致用"的编辑思想，在中国编辑史上就表现出一以贯之的继承性。它起源于孔子编六经的政治鉴戒思想，经过了司马迁编辑《史记》的"志古之道，所以自镜"的"资鉴"思想，到魏晋南北朝的"正一代得失"的"垂训"思想，再到现在书籍编辑的"突出政治"思想，前后发展表现出了脉络清晰的继承性。再如书籍编辑的"传世意识"，起源于孔子的"言之无文，行之不远"，到司马迁的"藏之名山，传诸后人"，到白居易的"身后文章合有名"，再到现在强调书籍编辑的"常销意识""精品意识"。这也表现出了一脉相承的继承性。其二是具有发展性。编辑思想不是一成不变的，而是不断发展的。编辑思想总是在继承前人思想的基础上不断创新、发展，形成具有时代特点、富有创见的新观念、新方法、新思路的。正是因为编

---

① 靳青万. 编辑学基本原理 [M]. 长春：东北师范大学出版社，2003：157.

辑思想的开放性，编辑思想才成为一条永不停息、滚滚向前的历史长河，既有厚重的历史色彩，又有鲜明的时代特色。

三是社会性。编辑思想的社会性是指编辑思想的形成和发展离不开社会政治、经济，尤其是文化思潮的影响，具有时代风格、时代特色。之所以如此，是因为编辑活动具有社会性、时代性。编辑活动作为社会活动的一种，不可避免地要受到社会政治、经济和文化等活动的影响、制约，表现出深刻的社会性。王振铎先生认为："编辑活动，不单单指编辑职业、编辑工作、编辑人、编辑成果，而是指整个以编辑为主体的创构文化媒介活动。整个编辑活动，是运转在一个大的文化结构的背景之上，并创造更新着这个文化结构。"① 他从编辑活动的内外联系来探究编辑活动基本规律，将其分为内外两个方面。他认为："编辑活动不可能是孤立的，像其他事物一样，编辑不仅同文化结构场景内的种种矛盾要素扭结互动，它还同文化结构场景外的种种事物相互矛盾相互统一地关联着。比如，编辑活动跟社会相联系，如果没有社会，编辑活动也就无从谈起。社会中间有政治、有宗教、有经济、有法律、有教育、有科技等，编辑活动跟这些活动都有联系。"② 编辑活动的社会性，决定了编辑活动主体思想的社会性。一个时代编辑思想的整体特色和价值倾向，总是与这个时代的政治发展、学术思潮密不可分。以魏晋南北朝为例，总集编辑中的"辨体""选本"思想，是与这个时代文学发展状况紧密联系的。经部书籍编辑中的"儒道融通"特色，则与这个时代的学术发展倾向相通相应。

四是价值性。编辑思想的第四个特征是价值性。柯林武德在《历史的观念》中认为："历史的过程不是单纯事件的过程而是行动的过程，它有一个由思想的过程构成的内在方面；而历史学家所要寻求的正是这些思想过程。一切历史都是思想史。"③ 在柯林武德看来，一切历

---

① 王振铎，胡义兰．编辑活动的规律和特点［J］．出版科学，2005（5）：21.
② 王振铎，胡义兰．编辑活动的规律和特点［J］．出版科学，2005（5）：21.
③ ［英］柯林武德著，何兆武、张文杰译．历史的观念［M］．北京：商务印书馆，2009：304.

史都是思想史，蕴含于历史进程中"行动过程"的"思想过程"才是历史发展的内在动力。柯林武德的看法，无疑对思想之用有夸大之嫌，但纠正了过往人们忽视历史思想之价值的偏颇。历史思想是这样，编辑活动中的编辑思想也是这样。辩证唯物主义认为，来源于实践的认识，总是对实践起着指导作用。编辑思想作为编辑主体的认识、观念，必然会对编辑工作产生影响，显现价值。这些价值、影响，具体地体现在编辑作品在书籍演变史上的作用和地位上。比如，南朝萧统编辑的文学总集《文选》，只保留文学作品，而删除了此前总集编辑中"属于文学批评范畴的文体辨析、作家小传、作品品评等内容"，这样"它就较早地将文学总集与文学批评著作区分开来"①，而开创了一种总集编辑体例，或者用王振铎先生的话说，是创造了一种"文"体。

综上所述，笔者以为，实践性、开放性、社会性和价值性，构成了编辑思想的基本特征。实践性、开放性，是讲编辑思想的来源；社会性和价值性是言编辑思想的影响。本书对魏晋南北朝编辑思想的论述，将围绕这四个特征展开，力求在分析总结编辑思想的过程中，充分考察编辑思想和社会历史的关系、编辑思想的渊源流变，并在此基础上对编辑思想的价值、影响进行实事求是的评价。

第四节　研究方法

编辑思想史研究是历史研究的一个分支，因此它的研究方法应该遵循历史研究的基本方法，如文献分析法、比较法、个案分析法。由于笔者所进行的是断代思想史研究，因此还要使用综合法或整体观照法。中国古代编辑活动的最大特点是编著合一，编辑活动和著作活动密不可分。这就需要在研究过程中运用抽象思维的方法，对编著合一的书籍进行"编""著"分离。

---

① 王立群.《文选》成书研究［M］. 北京：商务印书馆，2005：307.

一　文献分析法

文献分析法是历史研究最基本的方法。吴怀祺先生指出："研究史学思想史要结合有关的著作研究。这似乎不是个问题。我们强调这一点是要求史家、思想家的著作，特别是在代表作上，下功夫。"① 吴先生强调史学思想研究要重视对史学文献的分析。这一点对编辑思想史的研究，同样是适用的。编辑思想蕴含在编辑主体的编辑实践中。编辑主体的编辑成果，是编辑思想的产物，是编辑思想最直接的体现。因此，编辑思想研究的基本方法，就是对编辑主体的编辑成果进行具体入微的文本分析，通过文本分析来提炼、概括编辑主体的编辑思想。

二　比较法

比较法就是把不同事物或同一事物的不同方面进行对比，找出其中的异同。它包括横向比较和纵向比较两种。具体到编辑思想的研究，就是通过编辑主体之间的比较和编辑成果之间的比较，概括出主体思想之间的异同。对同一种编辑对象通过历史性的纵向比较，可以找出它们之间的差异性、发展性。比如同一种类型书籍的编辑，在不同时代，采用不同的编辑观念和方法。这种观念和方法之不同，可以通过比较得出。对编辑对象的共时性的横向比较，也是我们分析异同的重要方式。比如，史书编辑在同一个历史时期，可能因为编辑主体的不同而表现出不同的编辑目的、编辑方法，从而显示出不同的编辑思想。通过两相或者多相比较，就可以找出彼此的异同。

三　分类法

分类法是编辑思想研究不可或缺的研究方法之一。因为中国古代书籍卷帙浩繁，名目繁多，不同门类的书籍编辑目的、编辑方式各不相同，同一门类图书的编辑思想在整体倾向上往往表现出一定的一致性、

---

① 吴怀祺. 中国史学思想史［M］. 北京：商务印书馆，2007：23 - 24.

相似性。这就要求，在对一个时代编辑思想进行研究时，必须首先进行书籍分类。这也是很多编辑史研究者常用的一种方法。笔者将魏晋南北朝这一时期的书籍分为经部书籍、史部书籍、总集（别集）、类书、佛教典籍、科技书籍等几类。需要说明的是，这样一种分类方法并不是一种科学的分类方法。笔者并没有严格按照古代经、史、子、集的分类方式，也没有采取现代图书分类法而进行分类。原因在于，笔者展开研究的重点是书籍编辑思想，而古代编著合一的编辑活动特征，给我们进行编辑思想研究带来了很大难度。为了便于对这一时期的书籍进行"编""著"分离，便于更准确地把握研究对象，便于总结那些最有影响的书籍，笔者采用了这样一种更贴近当时书籍编辑实际状况的较为笼统的分类方法。

四　综合归纳法

综合归纳法是在个案研究的基础上，按照从个体到一般的认识规律，对事物的总体状况进行总结、概括的方法。综合归纳法是人文社会科学研究常用的方法之一。它常用于对事物的整体风貌、总体特征进行概括。任何一个时代都有属于这个时代的编辑思想，而这个时代的编辑思想又表现在微观和宏观、整体和个体两个方面。因此，无论是对同一种图书门类的整体编辑思想，抑或是这个时代的整体编辑思想进行认识，都需要进行恰当的综合归纳。

第五节　研究重点和难点

一　研究重点

笔者认为，该时期编辑思想的研究重点有以下三个方面：一是这个时代书籍编辑思想是什么，二是为什么会产生这种编辑思想，三是这种编辑思想的影响是什么。是什么，为什么，有何影响，构成了本书研究的三个重点。这三点也是编辑思想的基本内涵。是什么，是解决编辑思想的内容问题，是编辑思想研究的核心。为什么，是解决编辑思想的来源问题，是编辑思想研究的关键。有何影响，是对编辑思想的评价，是编辑思想研究的根本目的。笔者认为，编辑思想研究的根本目的，不是对编辑思想的源流进行辨章、考镜，而是对编辑思想做出批评，分析其影响，指出其得失，品评其优劣，进而为我们现实的编辑实践所服务。正如同《思想史研究》辑刊的发刊词所言："'思想'也许沉睡在'历史'里，思想史研究却是一种清醒的、活生生的当下活动。正是通过这种活动，在某些关键时刻，那些暂时休眠的伟大传统会苏醒过来，帮助我们突破现实的困顿和狭隘。"①

二　研究难点

研究的难点有两个方面：一是资料收集和整理困难。由于魏晋南北朝这一段历史跨度大，政权更迭频繁，战乱频繁不已，这就造成该时期的很多书籍文献散佚、失传。很多书籍文献的收集、整理，只能通过后世文献的相关记载，或辑佚本进行。这不仅给资料收集和整理带来困难，而且给文献分析和判断提出了挑战。二是分析、评价编辑思想的影响，是一个难点。因为，编辑思想的影响不限于当时，往往还表现在对后世同类书籍编辑的影响上。因此，在研究编辑思想影响时，需要分析后世同类图书编辑的特点。这也给笔者的研究提出很大挑战。

---

① 丁耘. 什么是思想史［M］. 上海：上海人民出版社，2005：2.

第一章 魏晋南北朝编辑思想的社会基础

马克思和恩格斯在《德意志意识形态》中说："历史并不是作为'产生于精神的精神'消融在'自我意识'中，历史的每一阶段都遇到有一定的物质结果、一定数量的生产力总和，人和自然以及人与人之间在历史上形成的关系，都遇到有前一代传给后一代的大量生产力、资金和环境，尽管一方面这些生产力、资金和环境为新的一代所改变，但另一方面，它们也预先规定新的一代的生活条件，使它得到一定的发展和具有特殊的性质。"① 马克思和恩格斯的这段话科学地指出了社会存在与社会意识的关系。社会存在决定社会意识，社会意识反作用于社会存在。编辑活动作为一种社会意识，在作用于社会存在的同时，不可避免地要受到社会存在的影响和制约。魏晋南北朝的编辑主体，生活在特定的时代背景之下。无论是他们的人生理想、学术趣味、审美风尚，还是编辑宗旨、编辑风格、编辑倾向，都必然受到整个社会政治、经济、文化等客观社会现实的制约。因此，研究魏晋南北朝的编辑思想，就要首先认识该时期编辑思想产生的社会背景。

第一节 政治和经济环境

一 分裂动荡的政治

从 220 年曹丕建魏代汉，到 589 年隋朝灭陈完成统一，其间三百七

---

① 〔德〕马克思、恩格斯著，中共中央马克思恩格斯列宁斯大林著作编译局译. 德意志意识形态（节选本）〔M〕. 北京：人民出版社，2003：48.

十年历史，被称为魏晋南北朝。魏晋南北朝是中国历史在经历了秦汉的大一统之后，又一个大分裂、大动荡和大变革时期。分裂、割据和动荡是这一时期社会政治的基本面貌。

早在三国鼎立之前，东汉政权就在农民起义的打击下名存实亡。各大军阀之间分裂割据，混战不已。北方的曹操、蜀汉的刘备和江东的孙权三个统治集团，经过各自努力逐渐形成了三国鼎立的政治局面。取代曹氏而起的西晋司马氏政权在两代人的努力之下，于太康元年（280年）消灭吴国，完成了南北统一。但是，仅十年之后，西晋王朝就因王权内斗，很快陷入动荡不安的局面。先是"八王之乱"，骨肉相残，权力更迭；继之是"五胡乱华"，少数民族政权竞相逐鹿中原，干戈相向。建兴四年（316年）十月，晋愍帝司马邺在出降匈奴族统治者刘曜后，被杀身亡，西晋正式灭亡。气数殆尽的西晋统治者先后南下，拥立晋元帝司马睿，建立偏安一隅的东晋政权。由此，国家再次陷入南北分裂之中。

在江南士族拥立下建立的东晋政权，由于统治者无能，政治腐败，自建立之日起就内忧外患不断。在不到一百年的时间里，东晋政权就气数殆尽，于永初元年（420年）被刘裕所建立的刘宋政权所替代，是谓南朝。与东晋遥相呼应的北方，并不比南方好到哪里去。少数民族统治者在北方战乱不已，相互吞并，政权更迭不断，社会动荡不已，史称十六国时期。

代东晋而起的南朝宋、齐、梁、陈四个朝代，也是政权更迭频繁，令人目不暇接。时间最长的刘宋王权，从永初元年（420年）刘裕称帝到建元元年（479年）灭亡，统治时间只有六十年；时间最短的萧齐政权，从建元元年（479年）萧道成称帝，到齐中兴二年（502年）灭亡，统治时间仅二十三年。正如罗宗强先生所言："南朝是一个朝代不断更迭的历史时期。刘宋六十年，南齐只有二十三年，梁朝五十五年，陈朝三十二年，仿佛走马灯，以相似的手段夺取政权，又以相似的手段交出政权。"① 与南朝相对应的北方，同样是干戈相向，政权更迭不已。

---

① 罗宗强. 魏晋南北朝文学思想史［M］. 北京：中华书局，1996：172.

先后经历了北魏、北齐、北周等诸多政权，直到开皇九年（589 年），隋朝灭陈，南北实现统一。屈指算来，在魏晋南北朝三百七十年的历史中，只有西晋不过三十余年的统一，其余三百多年整个国家都处于分裂之中。因此，大分裂、大动荡、大割据，是魏晋南北朝时期最基本的政治现实。

大分裂、大动荡、大割据的政治状况，让普通百姓饱受其苦，深受其害。建安时期，曹操曾在其诗《蒿里行》中写道："关东有义士，兴兵讨群凶。初期会盟津，乃心在咸阳。军合力不齐，踌躇而雁行。势利使人争，嗣还自相戕。淮南弟称号，刻玺于北方。铠甲生虮虱，万姓以死亡。白骨露于野，千里无鸡鸣。生民百余一，念之断人肠。"[①] 诗歌前五句是对当时政局动荡、群雄割据、战火不已的生动写照，后三句则是对割据动荡所造成的生灵涂炭、民不聊生状况的逼真摹写。西晋末年的"八王之乱"和"五胡乱华"，更是令民不聊生，生灵涂炭。例如：赵王伦之乱，《晋书》记载"自兵兴六十余日，战所杀害仅十万人"[②]；长沙王乂前后攻破成都王颖，"斩获六七万人"[③]；河间王颙和成都王颖战于新安，"道路死者不可胜数"[④]。"五胡乱华"中，永嘉五年（311年）六月，刘曜、王弥、石勒同寇洛川，王师败绩，不仅晋怀帝司马炽蒙尘，且"百官士庶死者三万余人"[⑤]。建兴五年（317 年），晋愍帝司马邺为刘聪所害。《晋书》在总结当时社会状况时这样说："帝之继皇统也，属永嘉之乱，天下崩离，长安城中户不盈百，墙宇颓毁，蒿棘成林。朝廷无车马章服，唯桑版署号而已。众唯一旅，公私有车四乘，器械多阙，运馈不继。"[⑥] 其实，早在建兴四年（316 年）春冬天十月，"京师饥甚，米斗金二两，人相食，死者太半"[⑦]，晋愍帝只能以面饼、

---

① 毛远明 . 历代帝王将相诗注析［M］. 北京：中国国际广播出版社，1995：25 – 26.

② 房玄龄 . 晋书［M］. 北京：中华书局，1974：1605.

③ 房玄龄 . 晋书［M］. 北京：中华书局，1974：1614.

④ 房玄龄 . 晋书［M］. 北京：中华书局，1974：1621.

⑤ 房玄龄 . 晋书［M］. 北京：中华书局，1974：123.

⑥ 房玄龄 . 晋书［M］. 北京：中华书局，1974：132.

⑦ 房玄龄 . 晋书［M］. 北京：中华书局，1974：130.

稀粥为食，而且把这些都吃完了。皇帝尚且如此，普通百姓状况更是可想而知。不仅普通百姓饱受动荡、战乱之苦，士人阶层在这样一个变乱不已的环境中也深受影响。他们的思想、心态、价值取向和此前有汉一代相较，发生了翻天覆地的变化，形成了一种新的时代精神。这种变化，不可能不影响到他们所从事的书籍编辑活动。新的编辑思想、编辑思潮、编辑风格开始出现，并形成这个时代所独有的特色、风貌和倾向。

二　缓慢发展的经济

大分裂、大动荡、大割据的社会现实，不仅造成了国家分裂，社会动乱，导致民不聊生，生灵涂炭，而且影响社会经济发展。大量百姓或死于兵燹，或终于疫病，或丧于饥荒，无暇顾及农业生产。农业生产受到严重破坏，粮食严重匮乏，很多地方出现"民人相食"的现象。《三国志·武帝纪》注引《魏书》说："自遭荒乱，率乏粮谷。诸军并起，无终岁之计，饥则寇略，饱则弃余。瓦解流离，无敌自破者，不可胜数。袁绍之在河北，军人仰食桑椹。袁术在江淮，取给蒲蠃。民人相食，州里萧条。"① 西晋末年的"八王之乱"，以及之后的"五胡乱华"更是让民不聊生，百业荒废，社会经济受到严重破坏。史书中说："及惠帝之后，政教凌夷，至于永嘉，丧乱弥甚。雍州以东，人多饥乏，更相鬻卖，奔迸流移，不可胜数。幽、并、司、冀、秦、雍六州大蝗，草木及牛马毛皆尽。又大疾疫，兼以饥馑，百姓又为寇贼所杀，流尸满河，白骨蔽野。"② 在十六国时期，北方各少数民族政权之间是战争频仍，兵火不断。据史书记载，后凉吕隆被沮渠蒙逊围攻时，谷价高涨，斗直钱五千文，以至人吃人，饿死者十多万人。由以上几个事例，可以管窥当时社会生产遭到破坏的情况。

动荡的社会现实，还孕育着变革和发展，有着不同寻常的另外一面。动荡在给老百姓带来苦难的同时，加强了南北之间、各民族之间的紧密联系，促进了彼此之间的融合、融通。因此，魏晋南北朝时期，还

---

① 陈寿著，裴松之注．三国志［M］．北京：中华书局，1959：14.
② 房玄龄．晋书［M］．北京：中华书局，1974：791.

是一个民族大融合时期。一方面是南北融合得到加强，加快了南方经济的发展。在南北分裂的过程中，由于北方战乱不断，南方相对稳定，因此北方人民"奔进流移"，大量南迁。这样就促进了江南经济的开发。另一方面是民族之间的融合，促进了彼此的进步。在分裂、割据的过程中，各民族之间交往频繁、杂居相处，相互学习。尤其是内迁的少数民族积极地学习汉族的先进生产方式、制度文化，实行"汉化"政策，有效地推动了社会生产的发展进步。例如，北魏孝文帝在掌握政权之后，就进行了包括政治、经济、文化、社会习俗等在内的一系列的"汉化"改革。这些政策既缓解了社会矛盾，又加强了民族融合，促进了北方经济的恢复和发展。与此同时，在魏晋南北朝不同的历史时期，一些英明的统治者也在不断地采取各种措施，重视农业生产，发展手工业，促进社会经济恢复发展。比如三国时期的曹操，实行屯田政策，重视农业生产，促进了北方经济的恢复和发展。再如统一北方的前秦苻坚也强调以农业为本，劝课农桑。史书记载："坚以境内旱，课百姓区种。惧岁不登，省节谷帛之费，大官后宫，减常度二等，百僚之秩，以次降之。"①重视农业和轻徭薄赋的政策，在一定程度上缓和了阶级矛盾，调动了老百姓农业生产的积极性，促进了生产的恢复和发展。

从总体上来说，魏晋南北朝时期的社会经济在遭受严重破坏的同时，还在缓慢地发展，并呈现出新的特点。比如，庄园经济比较发达。这些构成了当时士人阶层活动的经济基础，他们的文化活动、生活方式、思想倾向，则无不与这种经济形式关系甚大。作为一种最基本的文化生活，书籍的编辑活动也不例外。

第二节　异常活跃的学术思想

魏晋南北朝的学术思想，表现出与动荡不安的社会现实相辅相成的

---

① 房玄龄. 晋书［M］. 北京：中华书局，1974：2895.

一面，被称为一个思想大解放的时代。李泽厚先生对这一时期的学术思想这样评价道："魏晋在中国历史上是一个重大变化时期。无论经济、政治、军事、文化和整个意识形态，包括哲学、宗教、文艺等等，都经历转折。……这个时代是一个突破数百年的统治意识，重新寻找和建立理论思维的解放历程。"① 用繁荣一词来评价魏晋南北朝学术思想状况可能有失过誉，但用解放和活跃来形容此时的思想状况当不为过。该时期异常活跃的学术思想，主要表现在文学自觉、玄学兴起和佛学兴盛三个方面。

魏晋南北朝时期学术思想的第一个特色，是文学走向自觉。鲁迅先生曾指出："曹丕的一个时代可说是'文学的自觉的时代'，或如近代所说是为艺术而艺术（Art for Art's Sake）的一派。"② 文学自觉，实际上是指文学开始从经学的附庸地位中走出来而趋向独立。它本身的功能和性质越来越被人们所重视，文学之为文学的抒情功能、表现技巧和形式特点越来越被人们所发现和借重。文学自觉，在魏晋南北朝时期表现在很多方面。如文学家的文学观念的自觉。魏文帝曹丕文学与事功并重，他说："盖文章，经国之大业，不朽之盛事。年寿有时而尽，荣乐止乎其身，二者必至之常期，未若文章之无穷。是以古之作者，寄身于翰墨，见意于篇籍，不假良史之辞，不托飞驰之势，而声名自传于后。"③再如强调文学表现技巧。南朝刘宋时重视声律的永明体的出现，正是士人在创作中越来越重视文学形式美，强调表现技巧的结果。又如文学批评的兴起。这一时期有大量文学批评专著问世，如刘勰的《文心雕龙》和钟嵘的《诗品》，都是以文学活动为评论对象的文论专著。这充分地显示了文学已经成为有别于经学、史学的一种具有独立性的文化创构活动。魏晋南北朝时期的文学自觉，对当时的编辑活动产生了重大影响。其时的文学总集、别集、类书的大量涌现，与这一学术思潮有着至为密切的关系。

---

① 李泽厚．美的历程［M］．天津：天津社会科学院出版社，2002：112 – 113．
② 鲁迅．《鲁迅全集》卷三［M］．北京：人民文学出版社，2005：526．
③ 曹丕．典论·论文．载于《全上古三代秦汉三国六朝文·全三国文》卷八．

魏晋南北朝时期学术思想的第二大特色是，由正始年间兴起的玄学思潮比较活跃，影响深远。所谓玄学思潮，就是当时士人围绕《老子》《庄子》《周易》所展开的哲理讨论，包括带有本体论性质的有无问题、自然与名教的关系等。谈玄析理、坐而论道成为魏晋士人的时尚。甚至到了东晋、南朝，玄学之风的影响还在。翻阅史书，有大量记载当时士人好老庄，喜谈《易》的记载。阮籍"傲览群籍，尤好《庄》《老》"①；阮放"常说《老》《庄》，不及军国"②；嵇康"博览无不该通，长好《老》《庄》"③；谢鲲"不修威仪，好《老》《易》"④；郭象"好《老》《庄》，能清言"⑤；殷浩与叔父"俱好老易"⑥；殷仲堪"每云三日不读《道德论》，便觉舌本间强。其谈理与韩康伯齐名"⑦。与此同时，《世说新语》还有大量当时士人谈玄析理、共相切磋的记载。比如，《文学》篇记载："傅嘏善言虚胜，荀粲谈尚玄远，每至共语，有争而不相喻。裴冀州释二家之义，通彼我之怀，常使两情皆得，彼此俱畅。"⑧再如，"诸葛玄年少，不肯学问，始与王夷甫谈，便已超诣。王叹曰：'卿天才卓出，若复小加研寻，一无所愧。'玄后看《庄》《老》，更与王语，便足相衡"⑨，等等。这些都是当时士人耽于玄谈的记载。诸如何晏、王弼、阮籍、嵇康、裴颁、郭象、殷浩、殷仲堪等，都是名冠一时的玄学名士、玄学思想家。他们挥舞麈尾，相聚而谈，辨析玄理，形成了一种"大畅玄风"的文化思潮。魏晋玄学的兴起，无论是对当时的社会政治，还是学术发展，抑或文学创作等，都产生了深远影响。同时，玄学思潮也是魏晋南北朝书籍编辑的重要学术背景之一。它深刻地影响到经部、史部等书籍编辑的宗旨、编辑指导思想和具体编辑

---

① 房玄龄. 晋书［M］. 北京：中华书局，1974：1359.
② 房玄龄. 晋书［M］. 北京：中华书局，1974：1367.
③ 房玄龄. 晋书［M］. 北京：中华书局，1974：1369.
④ 房玄龄. 晋书［M］. 北京：中华书局，1974：1377.
⑤ 房玄龄. 晋书［M］. 北京：中华书局，1974：1396.
⑥ 房玄龄. 晋书［M］. 北京：中华书局，1974：2043.
⑦ 房玄龄. 晋书［M］. 北京：中华书局，1974：2192.
⑧ 刘义庆. 世说新语［M］. 南宁：广西民族出版社，1996：92.
⑨ 刘义庆. 世说新语［M］. 南宁：广西民族出版社，1996：93.

方法。

魏晋南北朝时期的第三个重要学术思潮，是佛学的兴盛。"南朝四百八十寺，多少楼台烟雨中。"这是诗人对南朝佛教兴盛的描述。根据相关史料记载，"在东晋南北朝之间，佛教事业达到了高潮。当时，全国各地寺院林立，广大民众乃至上层统治者都以信奉佛教为时尚，百姓尤喜出家为僧，北魏孝明帝时，僧尼竟号称有 200 万之多"①。佛教兴盛的高潮，是在南朝。南朝梁武帝萧衍以佞佛著称，不仅亲自编修佛经，阐扬佛理，而且多次"幸寺舍身"。《南史》记载："癸巳，幸同泰寺，设四部无遮大会。上释御服，披法衣，行清净大舍，以便省为房，素床瓦器。乘小车，私人执役。甲午，升讲法堂坐，为四部大众开《涅槃经》题。癸卯，群臣以钱一亿万奉赎皇帝菩萨大舍，僧众默许。"② 仅此几端，就可知梁武帝信奉佛教到何等程度。在政府的大力支持下，佛教在南北朝时期的发展速度是前所未有的。佛教的兴盛，离不开佛教典籍的编译、整理和广泛传播。无论是当时的北朝和南朝，与佛教传播如影随形的是佛教典籍的编译以及整理。在这个过程中涌现出了几位佛经编译大师。他们的佛经编译思想，也构成了魏晋南北朝编辑思想的华美乐章。

第三节　科技的进步

魏晋南北朝时期相关科学技术的进步，不仅促进了书籍的生产、流通，同时也是编辑活动发展的重要基础。这主要是纸写本的普及。

学术界基本达成共识，纸张最迟在西汉末年产生。但是，纸张作为书籍的载体普遍使用，却经历了一个漫长的过程。《后汉书·儒林传序》载："及董卓移都之际，吏民扰乱，自辟雍、东观、兰台、石室、宣明、鸿都诸藏典策文章，竞共剖散，其缣帛图书，大则连为帷盖，小

---

① 肖东发．中国编辑出版史［M］．沈阳：辽宁教育出版社，1996：161.
② 李延寿．南史［M］．北京：中华书局，1975：208.

乃制为滕囊。"① 由此可见，在东汉末年帛书还是主要的书籍载体，纸张并未流行。根据相关史料，到了两晋十六国时期，纸写本才开始取代缣帛而普及流行。《晋书》中记载西晋的文学家左思写成《三都赋》，"豪贵之家竞相传写，洛阳为之纸贵"②。东晋著作郎虞预曾向皇帝上表，用秘府纸表，撰写历史。他说："秘府中有布纸三万余枚，不任写御书而无所给，愚欲请四百枚，付著作吏，书写起居注。"③ 可见，纸写本在两晋时已较普及。元兴二年（403 年）底，东晋权臣桓玄废晋安帝司马德宗，称帝改国号楚。随后，下诏令停止使用简牍，以黄纸取而代之。他说："古无纸，故用简，非主于敬也，今诸用简者，皆以黄纸代之。"④ 至此，纸写本开始取代缣帛而成为普遍使用的书籍载体。

纸写本普及的结果是，书籍的生产成本大大下降，书籍的使用更加方便。因之，书籍的生产数量和规模不断扩大。而这正是书籍编辑活动之所以活跃的原因之一。

第四节　魏晋南北朝的书籍编辑实践

编辑思想是书籍编辑实践的行动指南，而编辑实践则是产生编辑思想的源泉。魏晋南北朝书籍编辑实践丰富，书籍类型多样。在传统经部书籍、史书等类型的基础上，还诞生了总集、别集、类书、佛经译品等新的书籍类型。这些不同门类的书籍编辑的思想具有一定的共通性、相似性。他们的编辑实践，成为编辑思想产生的丰厚土壤。其具体情况如下。

一　别集、总集大量涌现

别集、总集的大量涌现，可以说是魏晋南北朝书籍编辑的一大潮

---

① 范晔. 后汉书 [M]. 北京：中华书局，1965：2548.
② 房玄龄. 晋书 [M]. 北京：中华书局，1974：2377.
③ 徐坚.《初学记》卷二十一《纸第七》.
④ 徐坚.《初学记》卷二十一《纸第七》.

流。所谓别集，就是作家个人作品的总集，就像现在的作家全集一样。《隋书·经籍志》说："别集之名，盖汉东京之所创也。自灵均已降，属文之士众矣，然其志尚不同，风流殊别。后之君子，欲观其体势，而见其心灵，故别聚焉，名之为集。辞人景慕，并自记载，以成书部。"①这句话，不仅指出了别集的起始时间，而且说明了别集出现的原因。别集大约出现于东汉。兴盛的原因是，后来的士人为了欣赏、研究前代文学创作者和文学作品，才将单个创作者的作品汇集起来。由于别集数量庞大，最后发展成为一种独立的书籍类型。《隋书·经籍志》著录别集"四百三十七部，四千三百八十一卷。通计亡书，合八百八十六部，八千一百二十六卷"②。除去隋代18部，其余基本都是在魏晋南北朝时期编辑的。如果按照时间统计，这一时期别集编辑的基本情况如下表所示。

朝代	著录数量
三国	著录 32 部，计亡书 66 部
晋代	著录 156 部，计亡书 376 部
南朝	著录 179 部，计亡书 346 部
北朝	著录 19 部

由上述数字不难看出这一时期别集编辑之兴盛。这一时期的著名士人很多都有别集问世。如三国时期的曹操、曹丕、曹植父子，都有别集编辑。《隋书·经籍志》著录曹操的别集情况如下：《魏武帝集》二十六卷，梁三十卷，录一卷，梁又有《武帝逸集》十卷，亡；《魏武帝集新撰》十卷。曹丕的则有《魏文帝集》十卷，梁二十三卷。曹植的《陈思王曹植集》三十卷。这其中，曹操和曹丕别集有不同的卷数，说明他们的别集在当时有不同的版本。此外，著名文学家阮籍、嵇康、张华、左思、陆机、陆云、陶渊明、谢朓等均有别集问世；著名的政治人

---

① 魏征．隋书［M］．北京：中华书局，1974：1081.
② 魏征．隋书［M］．北京：中华书局，1974：1081.

物王朗、杜预、钟会、羊祜、山涛、庾亮、王羲之、桓温、王坦之等，也有别集编辑；著名思想家王肃、何晏、夏侯玄、欧阳建、皇甫谧、郭象、郭璞等也都有别集编辑。

所谓总集，就是多人作品的汇集。曹之先生在《中国古籍编撰史》中指出，多体总集出现是魏晋南北朝图书编辑的一大特点。他认为："《建安七子集》是我国最早的多体总集。晋代以后，总集逐渐增多。"① 《隋书·经籍志》著录该时期总集编辑的情况是："右一百七部，二千二百一十三卷。通计亡书，合二百四十九部，五千二百四十卷。"② 这些总集，又可以分为两大类：一类是诗文评著作。编者在汇集作品的同时，还对作品进行评论。如挚虞的《文章流别集》等。另一类是作品汇集，仅仅汇集作品，如刘义庆的《集林》，沈约的《集钞》，李充的《翰林论》，孔宁的《文苑》，萧统的《文选》《词林》《古今诗苑英华》《文海》《吴朝士文集》《妇人集》，谢灵运的《赋集》《诗集》《诗集钞》《诗英》《七集》，等等。这两类之中，又以第二类数量巨大。从《隋书》所著录的当时总集的书目来看，总集的编辑体例也很丰富，既有诗文评，还有诗文汇集。就诗文汇集来看，其包含的范围也甚广，诗文、赋、七、箴铭等多种文体形式，可谓应有尽有。因此，无论是从数量，还是从当时总集编辑的范围来看，可以确定无疑地认为，总集的编辑当为其时书籍编辑的一大潮流。

二　类书编辑开始出现

类书是出现于魏晋南北朝的一种书籍新类型。它是指按照一定的类别方式将文献资料原文编排在一起，并注明引文出处，以方便读者检索的书籍类型。《隋书·经籍志》著录了该时期的类书有十七部、二千九百七十一卷。张涤华在《类书流别》一书中，统计魏晋南北朝时期类书共十八种之多。主要有：《皇览》《要览》《合皇览》《史林》《四部要略》《皇览钞》《类苑》《华林遍略》《寿光书苑》《法宝联璧》《学

---

① 曹之. 中国古籍编撰史［M］. 武汉：武汉大学出版社，1999：454.
② 魏征. 隋书［M］. 北京：中华书局，1974：1089.

苑》《语对》《鸿宝》《语丽》《书图泉海》《帝王集要》《修文殿御览》。① 这些类书既分类广泛，又体例多样，无不为后世类书的编辑提供了借鉴。

三　经部书籍编辑活跃

经部书籍是指儒家的经典著作。经部书籍编辑起源于儒家创始人孔子编辑"六经"，形成于两汉经学研究实践。西汉元光元年（前 134年），汉武帝采纳了儒学大师董仲舒的建议，"卓然罢黜百家，表章六经"，定儒学于一尊。其后不久，政府开始建立博士弟子制度，设立"五经"博士，明六经（《诗》《书》《礼》《易》《乐》《春秋》），立道统。由此，两汉学者围绕儒家经典著作不断地编校、整理、注疏，开创了经学研究的传统和经部书籍编辑的传统。由于研究理路、旨趣、方法不同，两汉经学研究有今、古文两种学术流派之别。今文经学偏重于"微言大义"，古文经学则以"名物训诂"为依归。尽管今、古文经学在有汉一代长期纷争不已，但是都促进了书籍编辑的进步。因为无论是今文经学，还是古文经学，都是围绕儒家经典进行注疏、编写，都是编辑活动的类型。它们都是通过"解经"的方式来成书的。所谓解经，就是以孔子编辑的"六经"为基础，对其进行传、说、注、疏、诂、训、章句而已。由这些解经方式所形成的书籍，我们称为经部书籍。而这些书籍，既有著作成分，也有编辑成分。尤其是训诂、注疏等成书方式，更多的属于编辑活动。

到了魏晋时期，随着政治大一统局面的解体，经学逐步丧失了统治地位，士人对经学的信念开始动摇。皮锡瑞先生在《经学历史》中指出："经学盛于汉；汉亡而经学衰。"② 《三国志·杜畿传》中杜畿之子杜恕曾上疏指出："今之学者，师商、韩而尚法术，竞以儒家为迂阔，不周世用。此则风俗之流弊。"③ 在这里，杜恕对当时士人摒弃经学而

---

① 张涤华．类书流别［M］．北京：商务印书馆，1985：43－45.
② 皮锡瑞著，周予同注．经学历史［M］．北京：中华书局，1959：141.
③ 陈寿著，裴松之注．三国志［M］．北京：中华书局，1959：502.

崇信法家的情况表现出了深深忧虑。其时的董昭也曾上疏指出，文教之盛不复，经学之念丧失。他说："窃见当今年少，不复以学问为本，专更以交游为业；国士不以孝悌清修为首，乃以趋势游利为先。"① 由此不难看出当时经学衰落、士人思想多元化的情况。《三国志·儒家传记》注引《魏略序六》有这样一段话："从初平之元，至建安之末，天下分崩，人怀苟且，纲纪既衰，儒道尤甚。至黄初元年之后，新主乃复，始扫除太学之灰炭，补旧石碑之缺坏，备博士之员录，依汉甲乙以考课。申告州郡，有欲学者，皆遣诣太学。太学始开，有弟子数百人。至太和、青龙中，中外多事，人怀避就。虽性非解学，多求诣太学。太学诸生有千数，而诸博士率皆粗疏，无以教弟子。弟子本亦避役，竟无能习学，冬来春去，岁岁如是。又虽有精者，而台阁举格太高，加不念统其大义，而问字指墨法点注之间，百人同试，度者未十。是以志学之士，遂复陵迟，而末求浮虚者各竞逐也。正始中，有诏议圜丘，普延学士。是时郎官及司徒领吏二万余人，虽复分布，见在京师者尚且万人，而应书与议者略无几人。又是时朝堂公卿以下四百余人，其能操笔者未有十人，多皆相从饱食而退。"② 这段话更加具体地说明了当时经学衰败之貌，那就是人怀苟且，文教不兴，儒学衰败，最终导致志学之士陵迟，饱学之士鲜见。

需要指出的是，经学的衰落不等于经学发展的停滞。衰落是相对于极盛而言的。经学本身的价值，也要求其在新的时期获得发展，尤其是在政权巩固、动荡结束的时候。建安二十五年（220 年），曹丕改年号延康为黄初元年，废汉献帝，临朝称制，建立魏国。他一改曹操尚刑名、重法治的统治思想，开始寻求恢复经学的意识形态统治地位。黄初二年（221 年），他下诏尊孔崇礼，称孔子为"命世之大圣，亿载之师表"。黄初五年（224 年）四月，他"立太学，置五经课试之法，置春秋谷梁博士"。他还让人修复熹平石经，后又采掇亡书，令秘书郎郑默编校整理，是为《中经》。曹丕曾在诏书中说："今事多而民少，上下

---

① 陈寿著，裴松之注．三国志［M］．北京：中华书局，1959：442．
② 陈寿著，裴松之注．三国志［M］．北京：中华书局，1959：420 - 421．

相弊以文法，百姓无所措其手足。若泰山之哭者，以为苛政甚于猛虎，吾备儒者之风，服圣人之遗教……"① 由此可见，曹丕崇尚并致力于恢复经学，以求达到治乱兴平之目的。魏明帝曹睿继承了父亲曹丕的思想，更加致力于经学的恢复。太和二年（228 年）六月，他下诏称："尊儒贵学，王教之本也。自顷儒官或非其人，将何以宣明圣道？其高选博士，才任侍中常侍者。申敕郡国，贡士以经学为先。"② 高选博士的政策取得了成效，到魏明帝青龙元年（233 年），洛阳太学生已增至一千余人。与此同时，蜀吴两国也都有相应的恢复经学的措施。泰始元年（265 年）冬十二月，司马炎废掉魏帝常道乡公曹奂，禅位称帝，建立西晋。经过两代的努力，西晋灭掉了蜀国、吴国，统一了南北方。西晋司马氏政权一开始就以经学立国，崇尚名教，倡导经学。到泰始八年（272 年），太学生有七千余人。但是，很快"八王之乱"爆发，继之是"五胡乱华"，西晋王朝在内忧外患的沉重打击下很快覆灭，南北再次分裂，经学恢复再次陷入困境。南北分裂之后，司马睿建立的东晋政权偏安一隅，且一直处于变动不居的状态。一方面北方边患不已，另一方面内部战乱频仍，如王敦、桓温和苏峻等先后叛乱。在此情况下，东晋王朝虽然做过恢复经学的努力，但是始终收效甚微。再加上玄学之风浸润和佛学开始盛行，经学的发展到此时呈现出玄学化和佛学化的趋势，表现出更加多样化的发展特色。其后的南朝基本上沿着这样一个线路。与南方相对的北方，由于不同的政治环境，儒学的发展在这一时期形成了北方特色，后来被称为"北学"。

总体来看，魏晋南北朝时期经学虽然衰落，但发展并未停滞。与之相应，经学发展的载体——经部书籍的编辑，有很大发展。《隋书·经籍志》著录这一时期经部书籍"凡六艺经纬六百二十七部，五千三百七十一卷。通计亡书，合九百五十部，七千二百九十卷"。其中，又把经部的书籍分为《易》《书》《诗》《礼》《乐》《春秋》《孝经》《论语》《小学》等几个类别。这些书籍编辑表现出如下几个特点：一是编

---

① 陈寿著，裴松之注. 三国志［M］. 北京：中华书局，1959：84.
② 陈寿著，裴松之注. 三国志［M］. 北京：中华书局，1959：94.

辑数量很大。尽管在这一时期，经学的发展呈现衰微之势，但是经学的发展并未停滞，士人对经学的信念并未完全丧失。在政权稳定之后，统治者比较重视经学，如曹魏的曹丕、魏明帝，南朝的梁武帝萧衍，北魏的拓跋氏等，都崇儒兴学。同时，一些著名的士人在经籍编辑上孜孜不倦，无论是经部书籍的编辑思想，还是编辑方法，都表现出新的时代特色。如三国时王肃的经书编辑，何晏、王弼等人的经书编辑，都表现出不同于前代的新的价值取向。再如西晋杜预对《春秋》的经解。又如东晋范宁编辑的《春秋谷梁传》，微言大义，探幽析赜，自成一统。二是经部书籍的编辑体例创新不断。这一时期的经部书籍编辑体例在前代基础上不断创新，出现了诸如集解等的新型编辑体例，在书籍编辑体例上进行了创新，对后世影响深远。

四　史籍编辑蔚然成风

中国古代史书编辑的传统悠久。据传，早在上古时期，就"咸有史官，以纪言行"①。先秦时期的史学有很大发展，形成了编年体和国别体的史书编辑体例。到秦汉时期，史书编辑成就更大，司马迁的《史记》和班固的《汉书》，无论是在史学精神，还是编辑思想上，都对后世影响深远。在继承秦汉史书编辑传统的基础上，魏晋南北朝的史书编辑步入了一个新的时代。总体来看，魏晋南北朝的史书编辑有如下几点特征。

一是数量巨大。与前代相比，魏晋南北朝的史书编辑数量前所未有。据《隋书·经籍志·史部》著录："凡史之所记，八百一十七部，一万三千二百六十四卷。通记亡书，合八百七十四部，一万六千五百八十卷。"② 除去司马迁的《史记》、荀悦的《汉纪》等之外，大部分编辑于魏晋南北朝。《汉书·艺文志》是在汉代刘歆《七略》的基础上编辑而成的，基本反映了西汉之前的书籍文献。其中所录的史书有"《书经》十四家、五百四十八篇"。较之这个数量，魏晋南北朝的史书编辑数量倍增，可谓前所未有。

---

① 魏征. 隋书［M］. 北京：中华书局，1974：904.

② 魏征. 隋书［M］. 北京：中华书局，1974：992.

二是体裁众多。魏晋南北朝时期，史书的体裁更加多样、丰富、细化。史书不单有正史、杂史之别，而且出现了史注，对史书本身进行注释，如裴松之的《三国志注》、裴骃的《史记集解》等新的史书体裁。

三是史家迭现。这一时期史书编辑另一大特点是名著不断，名家迭现。如在断代史中有陈寿编辑的别具一格的《三国志》，南朝范晔的《后汉书》，南朝沈约的《宋书》，南朝萧子显的《南齐书》，北魏北齐魏收的《魏书》，等等。尤其是陈寿、范晔都是享誉后世的史书编辑大家，不仅史学思想博大精深，而且史书编辑思想内涵丰富。

四是私人编史成为风尚。如东晋之初的王隐，他父亲王铨就曾"私录晋事及功臣行状"。但是，由于过早逝世而书未编成，王隐继承了父亲的志向而编辑《晋书》。与王隐同时的虞预也曾"私撰晋书"，但由于生长于江南，不知道中朝之事，曾数访于王隐。《晋书》称虞预"借隐所著书窃写之"，最后搞得两人关系紧张，不欢而散。不过，虞预也算是当时私编史书的代表之一。他编辑的《晋书》四十余卷，均有历史记载。这些史事说明，魏晋南北朝时期在官修史书之外，私人编史也颇为流行。

五　佛教典籍编译兴盛

魏晋南北朝时期佛教兴盛。佛教的广泛传播，离不开佛经编译活动。而佛经编译活动则是我国古代书籍编辑活动的重要组成部分。

早在三国之前，佛经典籍的编译活动就开始零星出现。现存的《四十二章经》被认为是最早的佛经译品。据梁释慧皎的《高僧传》，《四十二章经》为东汉高僧摄摩腾和竺法兰两人共译。《高僧传》中说："有记云：'腾译《四十二章经》一卷，初缄在兰台石室第十四间中。'"[①] 其后的《竺法兰传》中则指出："（蔡）愔于西域获经，即为翻译《十地断结》、《佛本生》、《法海藏》、《佛本行》、《四十二章》等五部。移都寇乱，四部失本，不传江左。唯《四十二章经》今见在，

―――――――――――

① 释慧皎撰，汤用彤校注．高僧传［M］．北京：中华书局，1992：1-2.

可二千余言。"① 汉末，比较有名的佛经翻译高僧还有安清和支谶。据《高僧传》记载，安清是安息国王正后之太子，由于他笃信佛道，深惟苦空，厌离形器，最后让国位于叔父，出家修道，四方游化。《高僧传》中说安息"才悟机敏，一闻能达"，后来到达中原之后，很快就"通习华言"，"于是宣译众经，改胡为汉，出《安般守意》、《阴持入》、《大》、《小》、《十二门》及《百六十品》"②。安清前后所出经录，据《高僧传》云有三十九部，且"义理明析，文字允正，辩而不华，质而不野"。正是因为安清所译精良，因此他所出经论，被认为是"群译之首"。汉末的另一位译经大师是支楼迦谶，亦直称支谶，月支人。据《高僧传》载，支谶于汉灵帝时来到洛阳，"以光和中平之间，传译梵文，出《般若道行》、《般舟》、《首楞严》等三经，又有《阿阇世王》、《宝积》等十余部经"③。支谶译经，可谓深得经意，后来高僧道安在校定前经时曾说过："似谶所出，凡此诸经，皆审得本旨，了不加饰，可谓善宣法要弘道之士也。"④

到了三国时期，佛教得到进一步发展，出现了洛阳和建业两个一南一北的佛教重镇。北方的曹魏和西域诸国交通密切，形成了陆路佛教传播之径；南方的吴国与天竺等诸国交通频繁，除了通向北方的陆路交通，可能还有海路佛教传布之踪。据汤用彤的《汉魏两晋南北朝佛教史》，魏世译经有四位僧人，分别是昙柯迦罗、康僧铠、昙无谛、安法贤。《高僧传》云昙柯迦罗是天竺人，出身大富之家，天资颖悟，博学洽通，后舍弃世荣，出家精苦，志于佛道。昙柯迦罗在魏嘉平中（249年至253年）到达洛阳，其所译《僧祇戒心》为当时所看重。康僧铠也是来自外国的僧人，但《高僧传》并未言及他来自何地。他在嘉平末年来到洛阳，所译佛经有《郁伽长者》等四部、《无量清净平等觉经》等六部。三国时，南方吴国的佛经翻译名僧有支谦和康僧会二人。

① 释慧皎撰，汤用彤校注. 高僧传 [M]. 北京：中华书局，1992：3.
② 释慧皎撰，汤用彤校注. 高僧传 [M]. 北京：中华书局，1992：4 - 5.
③ 释慧皎撰，汤用彤校注. 高僧传 [M]. 北京：中华书局，1992：10.
④ 释慧皎撰，汤用彤校注. 高僧传 [M]. 北京：中华书局，1992：10.

支谦，亦名越，字恭明，西域月支人。他师从汉末高僧支谶的弟子支亮。《高僧传》言其"博览经籍，莫不精究，世间技艺，多所宗习，遍学异书，通六国语"。支谦深感佛教虽然其时传播甚广，但是经多梵语，于是就"收集众本，译为汉语"。从吴黄武元年（222年）至建兴中（252年至253年），他前后译有《维摩》《大般泥洹》《法句》《瑞应本起》等四十九经，并注《了本生死经》等。其所译经文被称为"曲得圣义，辞旨文雅"。康僧会，祖籍康居，世居天竺，大约是在赤乌十年左右到达建业。他对当时佛教传播的贡献之一是兴立图寺。据《高僧传》载，康僧会是以舍利之感应，让当时的吴主孙权肃然惊起，大为叹服，并为之置寺建塔，由是江左大法遂兴。这当然不无虚妄之辞，但是兴立图寺确是康僧会的一大功劳。此外，康僧会在译经事业上也功莫大焉，前后译出经文有《小品般若经》《六度集经》二部十四卷，同时还注《安般守意》《法镜》《道树》等三经，并为其制作经序。他所译经文被誉为"妙得经体，文义允正"，所注经文被称为"辞趣雅便，义旨微密"。

到了两晋和十六国时期，佛教有了更进一步的发展，不仅南北寺院众多，佛徒广布，而且教义大畅，名僧辈出。与此相随，佛经编译工作也更为深入，并出现了众多德高望重、成就斐然的佛经编译高僧。竺昙摩罗刹，又名法护，先祖月支人。《高僧传》云，竺法护本姓支氏，世居敦煌郡，八岁出家，师从外国沙门竺高座，"诵经日万言，过目则能。天性纯懿，操行精苦，笃志好学"①。晋武之世，他感到当时佛教有很大发展，寺庙图像，受崇京邑，但是人们对经文却不达蕴意。于是，竺法护慨然发愤，立志弘道，要在佛经编译和传布上做出贡献。他随师至西域，游历诸国，遍观群经。《高僧传》云其"外国异言三十六种，书亦如之，护皆遍学，贯综诂训，音义字体，无不备识"②。他随后从敦煌到达长安，"沿路传译，写为晋文"，前后所译般若、法华等各派经典达一百五十九部，三百零九卷之多。《高僧传》说他是"终身

---

① 释慧皎撰，汤用彤校注. 高僧传［M］. 北京：中华书局，1992：23.
② 释慧皎撰，汤用彤校注. 高僧传［M］. 北京：中华书局，1992：23.

写译，劳不告倦。经法所以广流中华者，护之力也"①。在编译思想上，竺法护追求"以弘通为业"，晚于其后的道安曾这样称赞竺法护的工作："凡所译经，虽不辩妙婉显，而宏达欣畅，特善无生，依慧不文，朴则近本。"② 除了竺法护之外，这一时期从事佛经编译的名僧还有很多，比如昙摩难提、僧伽提婆、竺法度、道安和鸠摩罗什等。当然，其中最有名、对后世影响最大的是道安和鸠摩罗什两位高僧。由于他们的贡献突出，在下面将会单独论述。

到了南北朝时期，佛教的发展更加深入。从理论本身演变来说，佛教自进入中国之始，就受到了中国思想文化的深刻影响，早期的佛教经义存在着佛道混融的特点。正如汤用彤先生所言："佛教在汉世，本视为道术之一种。其流行之教理行为，与当时中国黄老方技相通。"③ 魏晋时期，佛教在传播过程中不可避免地打上了玄学印记，受到当时玄学思潮的影响，其教义本身有着明显的以玄释佛，甚至玄佛合流的思想特点。罗宗宏先生在《魏晋南北朝文化史》中指出："玄学的虚无与佛学的空无，在哲学上同属于唯心主义哲学的体系，其思想学说有许多相似或相通之处。如在修心方面，玄谈家主张'清净无为'，佛学家主张'安般守意'。康僧会就曾巧妙地将两者结合起来，说'安为清，般为静，守为无，意名为，是清净无为也'。"④ 魏晋时期玄学与佛学的合流和交互影响，还表现在当时名僧和名士的酬唱交往之中。《世说新语》中有诸多篇章描写名僧支道林与当时的东晋名士玄谈、交往的故事。名僧和名士相互推重，实际上正反映了当时玄佛合流的思想现实。魏晋之后，在南北朝时期佛教的发展显得更加复杂、更加深入，并较之此前发生了很多变化，主要表现在两个方面：一是佛教本身的学派发生新的变化，出现了以《成实论》为宗的成实学派和以《中论》《十二门论》《百论》为宗的"三论宗"两个比较有影响的学派。当然，除此之外，

---

① 释慧皎撰，汤用彤校注. 高僧传 ［M］. 北京：中华书局，1992：23.
② 释慧皎撰，汤用彤校注. 高僧传 ［M］. 北京：中华书局，1992：24.
③ 汤用彤. 汉魏两晋南北朝佛教史 ［M］. 武汉：武汉大学出版社，2008：24.
④ 罗宗宏. 魏晋南北朝文化史 ［M］. 成都：四川人民出版社，1989：178.

还有其他不同的学派。二是南北佛教发生分化，形成南北分流之势。南朝佛教重义学，追求旷达之玄风；北朝佛教重行为，强调修心与养性。佛教发展的这种变化对当时的佛经编译产生了不小的影响，同时这种变化也是佛经编译的产物。活跃于这一时期的译经高僧有南朝的佛驮跋陀罗、法显、求那跋摩、求那跋多罗、真谛，等等。佛驮跋陀罗，又名觉贤，从小就度为沙弥，以习诵为业，博学群经，修学精勤，聪敏过人。觉贤后闻鸠摩罗什在长安，前往从之。《高僧传》言其二人"共论法相，振发玄微"。后受慧远之邀，前往庐山，译禅数诸经。大约是在晋义熙十一年（415年）到建业，止道场寺译经，前后所出有《观佛三昧海》六卷、《泥洹》和《修行方便论》等，凡一十五部，一百一十七卷。《高僧传》中这样描写觉贤译经的场面："乃手执梵文，共沙门法业、慧严等百有余人，于道场译出。"① 可见，当时的译经场面是何等壮观，百余人参与译经过程。觉贤编译思想的最大特点是会通追求，强调翻译过程中"究其幽旨，妙尽文意"。在翻译的过程中，首先是诠定文旨，然后会通华戎，最后才能达到妙尽经意。法显姓龚，平阳武阳人（今山西临汾）。法显三岁时就度为沙弥，远尘离俗。他当时深感"经律舛阙"，而誓志寻求真经。为寻求真经，晋隆安三年（399年），他与同学慧景、道整、慧应等自长安出发，西渡流沙，过西域，历三十余国而至天竺、师子国，求得《摩诃僧祇律》《杂阿毗昙心》《方等泥洹经》《弥沙塞律》《长杂》等经书。后经海路，历尽千险，随同商船回国。法显后来到达南朝刘宋国都建业，在道场寺译经，前后所译有《摩诃僧祇律》《方等泥洹经》《杂阿毗昙心》等部，最后圆寂于荆州辛寺，春秋八十有六。这一时期北方比较活跃的译经高僧有北魏孝文帝时的昙摩流支、法场、佛陀扇多等人，其后北周时期也有诸位僧人志于译道，如阇那耶舍、耶舍崛多、达摩流支等人。

六　科技典籍卷帙浩繁

随着科技的发展，魏晋南北朝时期科技典籍的编辑有很大进步。

---

①　释慧皎撰，汤用彤校注. 高僧传［M］. 北京：中华书局，1992：73.

这一时期的农学、医学、地理学等，都有巨著出现。尤其是贾思勰编辑的《齐民要术》、皇甫谧的《针灸甲乙经》、陶弘景的《本草经集注》等，对后世的同类书籍编辑影响深远，其中蕴含的编辑思想值得探讨。

第二章　魏晋南北朝总集编辑思想

《隋书·经籍志》著录该时期总集编辑的情况是："右一百七部，二千二百一十三卷。通计亡书，合二百四十九部，五千二百四十卷。"①但是，由于著述观念的原因，其中一部分书籍并非我们现在概念中的总集，而是文学专论。如刘勰的《文心雕龙》、钟嵘的《诗品》，基本上没有编辑活动成分，因此并不在本章论述范围。

第一节　魏晋南北朝的总集编辑思想

总集因何而产生呢？《隋书·经籍志》说："总集者，以建安以后，辞赋转繁，众家之集，日以滋广，晋代挚虞，苦览者之劳倦，于是采摘孔萃，芟剪繁芜，自赋以下，各为条贯，合而编之，谓为《流别》。是后文集总钞，作者继轨，属辞之士以为覃奥，而取则焉。"②《隋书·经籍志》认为，总集起源于晋代挚虞编辑的《文章流别集》。总集编辑兴盛的原因则是"众家之集，日以滋广"，即别集编辑太多，造成"览者之劳倦"。面对如此状况，为了方便读者阅读，挚虞就从别集中"采摘孔萃，芟剪繁芜，自赋以下，各为条贯，合而编之"。清代学者永瑢在《四库全书总目·总集类一》中对这一时期总集编辑兴盛原因是这样概括的，他说："文籍日兴，散无统纪，于是总集作焉。一则网罗放佚，使零章残什，并有所归；一则删汰繁芜，使菁稗咸除，菁华毕出。是固

---

① 魏征.隋书［M］.北京：中华书局，1974：1089.
② 魏征.隋书［M］.北京：中华书局，1974：1089－1090.

文章之衡鉴，著作之渊薮矣。"① 在永瑢看来，总集编辑思想包含两个方面：一是使"零章残什""并有所归"的汇集思想；二是"删汰繁芜""菁华毕出"的取精思想。在此基础上，他认为当时总集编辑思想，可以概括为"固文章之衡鉴，著作之渊薮"思想。综合《隋书·经籍志》和永瑢的看法，可以得出两点结论：一是都认为总集的产生与当时别集的兴盛密不可分。二是总集的编辑都有取精思想。《隋书·经籍志》称其为"采摘孔萃，芟剪繁芜"，而永瑢名之为"莠稗咸除，菁华毕出"。而实现这一思想的具体方法，就是通过网罗放佚，并有所归，然后做到删汰繁芜，菁华毕出。换言之，就是按照一定的标准和体例编辑"选本"，通过"选本"汇集菁华，确定文体范本，以供读者"衡鉴"、师法。但是，总集这一"选本"取精编辑思想并不是一开始就形成的，而是经历了一个逐步发展的过程。从总集编辑实践来看，最早的总集并不是以选本形态出现的，而是在选本中有着文体辨析的内容。因此，这一时期总集编辑思想经历了一个从编以辨体，到编以选本的转变过程。

一　辨体思想

《隋书·经籍志》将晋挚虞的《文章流别集》列为总集之首。挚虞，字仲洽，京兆长安人，历任中郎、太子舍人、尚书郎、秘书监等职。《晋书》谓："虞撰《文章志》四卷，注解《三辅决录》，又撰古文章，类聚区分为三十卷，名曰《流别集》，各为之论，辞理惬当，为世所重。"② 这里的"类聚区分"就是对文章文体进行分门别类，按类选录；"各为之论"就是在按类选录的基础上，再对文章进行鉴赏评价。惜乎，挚虞的这部总集早已失传，无法窥其原貌，只能从相关文献来认识该书编辑思想。首先，该书有作品选录，表现了"选本"取精思想。《文章流别集》是一部总集，因此选录作品是毫无疑问的事情。《文选》李善注有这样几则材料：一是李善在张衡的《南都赋》题目下

---

① 永瑢.《四库全书总目》卷一百八十七集部四十，清乾隆武英殿刻本.
② 房玄龄. 晋书 [M]. 北京：中华书局，1974：1427.

作注说："挚虞曰：南阳郡治宛，在京之南。故曰：南都。"① 二是李善在班彪的《北征赋》题目下作注说："《流别论》曰：更始时，班彪避难凉州，发长安，至安定，作《北征赋》也。"② 三是他在《东征赋》题目下作注说："《流别论》曰：发洛至陈留，述所经历也。"③ 四是他在《思平赋》题下的"旧注"两字下作注说："挚虞《流别》题云：衡注。"④ 这四则材料是挚虞对这四篇赋作的评论，说明他必定选录有这四篇赋作。其次，该书以辨析文体为主，主要体现的是辨体思想。清代严可均的《全晋文》在《艺文类聚》《太平御览》《北堂书钞》等书中收录了《流别集》的十二则佚文，分别对颂、赋、诗、七、箴、铭、诔、哀辞、哀策、对问、碑铭这几种文体进行了文体辨析。例如，其中对颂体的辨析是这样的："颂，诗之美者也。古者圣帝明王，功成治定而颂声兴。于是史录其篇，工歌其章，以奏于宗庙，告于鬼神。故颂之所美者，圣王之德也；则以为律吕。或以颂形，或以颂声，其细已甚，非古颂之意。昔班固为《安丰戴侯颂》，史岑为《出师颂》《和熹邓后颂》，与《鲁颂》体意相类，而文辞之异，古今之变也。扬雄《赵充国颂》，颂而似雅。傅毅《显宗颂》，文与《周颂》相似，而杂以风雅之意。若马融《广成》《上林》之属，纯为今赋之体，而谓之颂，失之远矣。"⑤ 在这里，挚虞首先提出了自己对颂体的认识，然后指出其时的文章实践存在颂体认识混乱现象。在挚虞看来，傅毅《显宗颂》"杂以风雅之意"，只是与真正颂体相似而已；马融的《广成》《上林》则是赋体，与颂体相去甚远。再如，他对赋体的辨析是这样的："赋者，敷陈之称，古诗之流也。古之作诗者，发乎情，止乎礼义。情之发，因辞以形之；礼仪之旨，须事以明之。故有赋焉，所以假象尽辞，敷陈其志。前世为赋者有孙卿、屈原，尚颇有古诗之义。至宋玉，则多淫浮之病矣。楚辞之赋，赋之善者也。故扬子称赋莫深于《离骚》。贾谊之

---

① 萧统编，李善注．《文选》卷四，胡克家刻本．
② 萧统编，李善注．《文选》卷九，胡克家刻本．
③ 萧统编，李善注．《文选》卷九，胡克家刻本．
④ 萧统编，李善注．《文选》卷十五，胡克家刻本．
⑤ 挚虞．文章流别论．载于《全上古三代秦汉三国六朝文·全晋文》卷七十七．

作，则屈原俦也。古诗之赋，以情义为主，以事类为佐。今之赋，以事形为本，以义正为助。情义为主，则言省而文有例矣；事形为本，则言当而辞无常矣。文之烦省，辞之险易，盖由于此。夫假象过大，则与类相违；逸辞过壮，则与事相违；辨言过理，则与义相失；丽靡过美，则与情相悖。此四过者，所以背大体而害政教。是以司马迁割相如之浮说，扬雄疾'辞人之赋丽以淫'。"① 在这里，挚虞先提出对赋的源流和文体特征的认识，然后在此基础上对古今赋体的异同进行概括，最后还指出赋体创作中容易出现的"四过"。由以上分析不难看出，辨析文体是《文章流别集》的主要内容。挚虞编辑《文章流别集》的主要目的，还不是选本取精，方便读者，而是辨析文体，以正体乱。其实，该书选录篇名之下还附有作者小传和鉴赏评析。上述《文选》李善注所引两则材料，说明挚虞对所选录文章是有记述的。一是班彪《北征赋》中，李善注引《流别论》说："更始时，班彪避难凉州，发长安，至安定，作《北征赋》也。"② 二是曹大家《东征赋》中，李善注引《流别论》说："发洛至陈留，述所经历也。"③ 这都是对所选文章缘起的记述，或为创作地点，或为创作原因。另外，《古文苑》章樵注中也有两条佚文。一是卷七《羽猎赋》题下注引《流别论》："挚虞《文章流别论》云：建安中，魏文帝从武帝出猎，赋，命陈琳、王粲、应场、刘桢并作。琳为《武猎》，粲为《羽猎》，场为《西狩》、桢为《大阅》。凡此各有所长，粲其最也。"④ 此条记载不仅叙述创作缘由和创作背景，而且对所选文章进行评鉴，认为王粲之作最好。二是卷八《思亲为潘文则作》，题下注引："挚虞《文章流别》云：王粲所与蔡子笃及文叔良、士孙文始、杨德祖诗，及所为潘文则作《思亲诗》，其文当而整，皆近乎雅矣。"⑤ 这里则是对选录篇章的鉴赏评析，高度肯定王粲诗作的风格。由上，可以看出，挚虞的《文章流别集》不仅有作品选录，而且

---

① 挚虞．文章流别论．载于《全上古三代秦汉三国六朝文·全晋文》卷七十七．
② 萧统编，李善注．《文选》卷九，胡克家刻本．
③ 萧统编，李善注．《文选》卷九，胡克家刻本．
④ 无名氏著，章樵注．《古文苑》卷七，四部丛刊景宋本．
⑤ 无名氏著，章樵注．《古文苑》卷八，四部丛刊景宋本．

有文体辨析，还有作品评鉴。作为总集的开创之作，《文章流别集》实乃一部融文学作品和文体辨析为一体，并以文体辨析为编辑宗旨的总集。

继《文章流别集》之后，另一部比较有影响的总集，是李充的《翰林论》。李充，字弘度，曾任东晋记室参军、大著作郎等职。李充"幼好刑名之学，深抑虚浮之士"。《晋书》称"于时典籍混乱，充删除烦重，以类相从，分作四部，甚有条贯，秘阁以为永制"[①]。《隋书·经籍志》著录李充的《翰林论》三卷（南朝梁时为五十四卷），应该是他在做大著作郎时所编辑。惜乎该书已经亡佚。《文选》李善注《海赋》有这样一条："李尤《翰林》论曰：木氏《海赋》，壮则壮矣，然首尾负揭，状若文章，亦将由未成而然也。"[②] 王立群先生认为此处之"李尤"当为"李充"。他还说，《翰林论》五十四卷之多，如果仅仅为文章辨体之作，不会如此卷帙浩繁，当选录有作品无疑。[③]《文选》李善注卷二十一《百一诗一首》题下还有这样一条注："李充《翰林论》曰：应休琏五言诗百数十篇，以风规治道，盖有诗人之旨焉。"[④] 这明显是该书对所录应璩诗作的评介，认为其诗歌主旨是风规治道。《文选》李善注卷四十八《剧秦美新》题下有注："李充《翰林论》曰：扬子论秦之剧，称新之美，此乃计其胜负，比其优劣之义。"[⑤] 这里也明显是对所选扬雄的《剧秦美新》一文的鉴评。与此同时，清代严可均《全晋文》在《初学记》《太平御览》中辑录了《翰林论》八条，分别是：

> 或问曰：何如斯可谓之文？答曰：孔文举之书，陆士衡之议，斯可谓成文矣。
>
> 潘安仁之为文也，犹翔禽之羽，衣被之绮縠。

---

① 房玄龄．晋书［M］．北京：中华书局，1974：2391.
② 萧统编，李善注．《文选》卷十二，胡克家刻本．
③ 王立群．《文选》成书研究［M］．北京：商务印书馆，2005：303－304.
④ 萧统编，李善注．《文选》卷二十一，胡克家刻本．
⑤ 萧统编，李善注．《文选》卷四十八，胡克家刻本．

　　容象图而赞立，宜使辞简而义正，孔融之赞扬公，亦其义也。

　　表，宜以远大为本，不以华藻为先。若曹子建之表，可谓成文矣；诸葛亮之表刘主，裴公之辞侍中，羊公之让开府，可谓德音矣。

　　驳，不吕华藻为先，世以傅长虞每奏驳事，为邦之司直矣。

　　研玉名理，而论难生焉，论贵于允理，不求支离，若嵇康之论，成文美矣。

　　在朝辨政而议奏出，宜以远大为本，陆机议晋断，亦名其美矣。

　　盟檄发于师旅，相如喻蜀父老，可谓德音矣。①

　　这八条全部为文体辨析，前两条说明文之特征，后六条分别对赞、表、驳、论、议奏、盟檄等文体特征进行了说明。而且在这个文体辨析中，李充注重论述结合。在说明一种文体特征之后，他都是以作家的具体创作来进行论述。由此可知，文体辨析是《翰林论》的重要内容之一。综上所述，《翰林论》的编辑体例与挚虞的《文章流别集》基本一致，都是包含了文章选录、文体辨析和作家作品批评。而这种体例反映的正是这一时期总集编辑辨体的思想。早期的总集编辑在汇集作品的同时，强调对文体的辨析，重视对作家作品的批评鉴赏。

　　二　选本思想

　　《文章流别集》和《翰林论》是两晋时期的总集。到了南朝，总集编辑得到了进一步发展，其编辑思想也发生了变化。编以辨体的思想，逐步为编以选本的思想所替代。其标志就是萧统编辑的《文选》的出现。

第二节　萧统的编辑思想

　　萧统，字德施，梁武帝萧衍的长子，在天监元年（502 年）十一月

---

　　① 李充. 翰林论. 载于《全上古三代秦汉三国六朝文·全晋文》卷五十三.

被立为太子。史书称其"生而聪睿","性仁孝",为人宽厚。梁武帝中大通三年（531年），萧统因病早逝，年仅三十一岁，谥号昭明，因此萧统又被称为昭明太子。萧统自幼聪慧，博览群书，雅好文学，《梁书》称其"读书数行并下，过目皆忆。每游宴祖道，赋诗至十数韵。或命作剧韵赋之，皆属思便成，无所点易"①。萧统喜欢接纳文士，彼此切磋砥砺文艺。史书载："（萧统）性宽和容众，喜愠不形于色。引纳才学之士，赏爱无倦。恒自讨论篇籍，或与学士商榷古今。闲则继以文章著述，率以为常。于时东宫有书几三万卷，名才并集，文学之盛，晋、宋以来未之有也。"② 在萧统的东宫，聚集着一群富有才华、学养深厚的文人学士，诸如刘孝绰、王筠、陆倕、张率等人，形成了以萧统为中心的文学集团。萧统和这些人"情兼师友"，酬唱交游，或赋诗为文，砥砺文学，或编典著书，商榷古今。

在南朝总集编辑十分兴盛的背景下，其时的文人学士无不投身于文章著述和文集编辑，萧统自然不会置身其外。《梁书》载："（萧统）所著文集二十卷；又撰古今典诰文言，为《正序》十卷。五言诗之善者，为《文章英华》二十卷。《文选》三十卷。"③ 据此，萧统的编辑作品至少有三十卷《文选》、十卷本的古今典诰集《正序》和二十卷本五言诗集《文章英华》三部。其实，除了这三部总集，据《隋书·经籍志》，萧统还编有二十卷本的杂言诗集《古今诗苑英华》。另外，萧统在《答湘东王求文集及〈诗苑英华〉书》中也提到此书的编辑情况。他说："又往年因暇，搜采英华，上下数十年间，未易详悉，犹有遗恨，而其书已传，虽未为精核，亦粗足讽览。集乃不工，而并作多丽。"④ 这说明，此书编辑于萧统处理政务之余，编选作品的年限是"上下数十年间"。"犹有遗恨"则说明萧统对该书并不满意。这或许是其后编辑《文选》的一个原因。

---

① 姚思廉．梁书［M］．北京：中华书局，1973：166.
② 姚思廉．梁书［M］．北京：中华书局，1973：167.
③ 姚思廉．梁书［M］．北京：中华书局，1973：171.
④ 萧统著，俞绍初校注．昭明太子集校注［M］．郑州：中州古籍出版社，2001：156.

因为萧统谥号昭明，因此《文选》又称《昭明文选》。《文选》的编辑当是在上述诸书完成之后成书的，但是其准确的成书时间史无明文，无法准确查考。学术界倾向于认为，《文选》是在普通四年（523年）开始编辑的，因为此年东宫新置学士，梁武帝敕令编辑的大型类书《华林遍略》已于天监十五年完成。为配合此书，他就支持萧统编辑一部集诗、赋、文为一体的文学总集。《文选》成书的时间大约是在大通元年（527年），前后历时四年左右。由于资料匮乏，学术界对《文选》的成书方式意见并不一致。一种意见认为，《文选》是先成长编再删繁就简而成。持这一观点的，以清人朱彝尊为主。他在《书〈玉台新咏〉后》说："昭明《文选》初成，阅有千卷，既而略其芜秽，集其清英，存三十卷。"[①] 在朱氏看来，《文选》成书分为两个阶段：其一为阅"千卷"之书先成长编，其二为略"芜秽"而存"清英"，即删繁就简。另一种意见认为，《文选》成书为据前贤总集编辑而成。持这一观点的，始于为《文选》作注的唐代六臣之一的刘良。他认为，《文选》"赠答"中存在编序混乱的问题，而造成这一状况的原因正是《文选》的编辑是据前贤总集选编所致。针对这两种观点，学术界进行了深入研究，但是并未达成共识。

《文选》全书三十卷，收录了先秦至梁代作家一百三十位，作品五百四十篇，可谓卷帙浩繁，规模浩大。这样一部文学总集之所以能够编辑成功至少有赖以下两个方面的条件：一是梁武帝的支持。梁武帝虽然以武力迫使齐和帝退位而登上帝位，但非常重视文治。天监四年（505年），他下诏开五馆，立国学，置五经博士，本人常常莅临馆学，"躬自讲说"。除此之外，梁武帝具有较高的文学修养，早年就曾入竟陵王萧子良的西邸，成为当时著名的文人集团"竟陵八友"之一。他喜欢与文人酬唱交往，重视书籍文献的编辑出版。如他曾亲自编纂《历代赋》十卷，还主持编纂了大型类书《华林遍略》，为当时士人为赋作文提供方便。萧统编辑《文选》正是在梁武帝的强有力的支持下才得以

---

① 王立群.《文选》成书研究［M］. 北京：商务印书馆，2005：26.

完成的。无论是东宫十学士的设置，还是图书文献的提供，都离不开梁武帝的倾力相助。因此，梁武帝的支持是《文选》编辑能够取得成功的重要条件之一。二是萧统本人出色的文学造诣和编选能力。萧统是《文选》的主要编辑者。《梁书·昭明太子传》说萧统"生而聪睿"，博览群书，"过目皆忆"。他在文学创作上很有才华。萧统有文集二十卷，后由身为东宫十学士之一的刘孝绰作注，流传于世。在《昭明太子集序》中，刘孝绰对萧统之文作如下评价："深乎文者，兼而善之，能使典而不野，远而不放，丽而不淫，约而不俭，独擅众美，斯文在斯。"① 此语对萧统之文的评价，或有夸大溢美之处，但是，既典且质确是萧统为文的特点，也是他的文学观。文学上的卓越才华，尤其是萧统本人对文学的独特认识，对于《文选》这样一部文学总集的编辑来说至关重要。它决定着总集编辑质量，是《文选》能够编辑成功的另一重要条件。

一 "集其清英"的选本思想

在《文选·序》中，萧统说明了《文选》的编辑目的，阐明了其"集其清英"的选本思想。他首先提出了自己对文学发展的认识，认为文学是一个不断发展的过程，应该以变化的观念来肯定文学的新变。他说："若夫椎轮为大辂之始，大辂宁有椎轮之质。增冰为积水所成，积水曾微增冰之凛。何哉？盖踵其事而增华，变其本而加厉。物既有之，文亦宜然。随时变改，难可详悉。"② 他以椎轮变大辂、积水变增冰为喻，说明事物都是变化发展、进步的。他认为，文学也是这样，随时而变，踵事增华。紧接着，他又从文学史的角度分析了不同种类文体发展的源流、状况，阐述了赋、颂、箴、论、铭、诔、赞等不同文体的特征和流变。他认为赋体起源于古诗，并且处于不断发展变化的过程之中。他说："至于今之作者，异乎古昔，古诗之体，今则全取赋名。荀、宋表之于前，贾、马继之于末。自兹以降，源流寔繁……若其纪一事，咏

---

① 萧统著，俞绍初校注. 昭明太子集校注［M］. 郑州：中州古籍出版社，2001：245.
② 萧统著，俞绍初校注. 昭明太子集校注［M］. 郑州：中州古籍出版社，2001：163.

一物，风云草木之兴，鱼虫禽兽之流，推而广之，不可胜载矣。"① 他认为，四言诗始于汉初韦孟的《讽谏诗》，五言诗源于李陵的《与苏武诗》。他说："自炎汉中叶，厥途渐异。退傅有'在邹'之作，降将著'河梁'之篇，四言五言，区以别矣。"② 总之，萧统认为，文学不是一成不变的，而是随时而变的。在文学发展的过程中，不同的文体慢慢出现，用他的话说是"众制蜂起，源流间出"③，"作者之致，盖云备矣"④。萧统认为，文学的这种发展性和文学体裁的变动性，给人们带来的不仅是文体辨析的问题，而且还有阅读者的"兼功"遍览问题。也就是说，面对数不胜数"名溢于缥囊"的文学创作者，和举不胜举"卷盈乎缃帙"的文学作品，读者阅读存在作品无限性和阅读有限性的矛盾。要解决这一问题，就必须对不计其数的文学作品进行选本编辑，去粗取精，去伪存真，去芜存优，形成选本，从而供读者披览。他说："余监抚余闲，居多暇日，历观文囿，泛览辞林，未尝不心游目想，移晷忘倦，自姬汉以来，眇焉悠邈，时更七代，数逾千祀。词人才子，则名溢于缥囊；飞文染翰，则卷盈乎缃帙，自非略其芜秽，集其清英，盖欲兼功太半，难矣。"⑤ 由此不难看出，"集其清英"的选本思想是《文选》的编辑主要出发点。《文选》是为解决作品的无限性和个体读者阅读有限性的矛盾而编辑的。而这一切，又与萧统变化、发展的文学观有着至为密切的关系。正是因为变动不居的文学发展，让萧统深刻地认识到读者阅读中存在阅读有限性和作品无限性的矛盾，进而做出编定选本的选择。

二 "以能文为本"的选录标准

问题是，面对上千年的不计其数的文学作品，如何从中"略其芜秽，集其清英"呢？即使是从既有总集中再选，也需要首先确定一个

---

① 萧统著，俞绍初校注. 昭明太子集校注［M］. 郑州：中州古籍出版社，2001：164.
② 萧统著，俞绍初校注. 昭明太子集校注［M］. 郑州：中州古籍出版社，2001：164.
③ 萧统著，俞绍初校注. 昭明太子集校注［M］. 郑州：中州古籍出版社，2001：164.
④ 萧统著，俞绍初校注. 昭明太子集校注［M］. 郑州：中州古籍出版社，2001：164.
⑤ 萧统著，俞绍初校注. 昭明太子集校注［M］. 郑州：中州古籍出版社，2001：164.

选录标准，而且是文学作品的选录标准。这个标准既要保证选录作品的涵盖性，又要确保"清英"之作的入选。萧统在《文选·序》中详细地论述了他对总集选录标准的考虑。如前所述，他分析了赋、诗、颂、箴、论、铭、诔、赞等三十多种文体的特征、流变，并指出这些不同的文体之所以为人喜爱，是因为他们具有"入耳之娱""悦目之玩"的功用。他说："众制蜂起，源流间出。譬陶匏异器，并为入耳之娱，黼黻不同，俱为悦耳之玩。"① 他认为，这些文体都是选录的对象。同时，他指出，除了史书中的赞论序述之外，经书、子书和史书都不在其选录的范围之内，原因是它们都"不以能文为本"。他说："若夫姬公之籍，孔父之书，与日月俱悬，鬼神争奥。孝敬之准式，人伦之师友，岂可重以芟夷，加之剪截？老、庄之作，管孟之流，盖以立意为宗，不以能文为本，今之所撰，又亦略诸。若贤人之美辞，忠臣之抗直，谋夫之话，辩士之端，冰释泉涌，金相玉振。所谓坐狙丘，议稷下，仲连之却秦军，食其之下齐国，留侯之发八难，曲逆之吐六奇，盖乃事美一时，语流千载，概见坟籍，旁出子史。若斯之流，又亦繁博，虽传之简牍，而事异篇章，今之所集，亦所不取。至于记事之史，系年之书，所以褒贬是非，纪别异同，方之篇翰，亦已不同。"② 在这里，萧统首先指出经书不在编选之列。他认为，"姬公之籍，孔子之书"乃"孝敬之准式，人伦之师友"，其功用在于教化，不在"能文"。然后，他指出子书也不在选录之列。他认为，老庄管孟之作，是"以立意为宗，不以能文为本"，因此也不加选录。萧统认为，其他子书虽然传之简牍，但是事异篇章，与文学不同，功用侧重于谋事而不在"能文"，因此也不加选录。至于史书，萧统认为它与文学也不相同，功用在褒贬是非，记录事实，因此也不加选录。但是，萧统认为，史书中的赞、论、叙、述要加以选录，原因是它们具备"综辑辞采""错比文华""事出于沉思，义归乎翰藻"的文学特征。他说："若其赞论之综辑辞采，序述之错比文

---

① 萧统著，俞绍初校注．昭明太子集校注［M］．郑州：中州古籍出版社，2001：164.
② 萧统著，俞绍初校注．昭明太子集校注［M］．郑州：中州古籍出版社，2001：164.

华，事出于沉思，义归乎翰藻，故与夫篇什杂而集之。"① 由此可见，《文选》选录的标准实际上是文学的标准，"以能文为本"构成了萧统《文选》编辑的基本原则。选录的文章要具有"入耳之娱""悦目之玩"的性质，要讲究"综辑辞采，错比文华"，要表现文学所特有的功能。

确立这样一个文学作品编选的标准，是与当时整个社会的文学思想状况及萧统本人的文学观密切相关的。魏晋南北朝是一个文学自觉的时代。由于社会动荡不安，政治斗争异常激烈，整个士人阶层的思想已从两汉经学的束缚中解放出来，而变得更加多元。他们不再热衷于追求在政治上建功立业，而是趋于远离世事，谈玄论道，明哲保身和挥洒翰墨。文学自觉，表现在文学实践中就是整个文学界比较重视文学的创作技巧，比较强调文学所特有的性质、功能。主缘情和求华美成为这一时期的主要创作观念，尤其是南朝文学更是如此。所谓"永明体"，即是讲求声韵和对偶，就是这一文学观念的产物。这样一种文学观念不能不对萧统编辑《文选》产生影响，"以能文为本"被确定为《文选》的选录标准正是文学自觉观念的必然产物。另外，《文选》的选录标准也来源于萧统本人的文学观。萧统的文学观，强调文学特有的性质，有主缘情、讲华美的倾向。《古今诗苑英华》编成之后，他在《答湘东王求文集及〈诗苑英华〉书》中说："夫文典则累野，丽亦纷浮，典而不野，文质彬彬，有君子之致。吾尝欲为之，但恨未逮耳。"② 可见，萧统的文学观比较强调文学自身的属性，重视文学创作的表现形式，追求文辞典丽和修辞华美，只不过他希望不要因过于典丽和华美而造成文章的形式大于内容。

三 "次文之体，各以汇聚"的体例观

确定了选文标准之后，就面临着如何对符合这些标准的作品进行分类编排。萧统的方法是"次文之体，各以汇聚"。他说："诗赋体既不

---

① 萧统著，俞绍初校注. 昭明太子集校注 [M]. 郑州：中州古籍出版社，2001：164
② 萧统著，俞绍初校注. 昭明太子集校注 [M]. 郑州：中州古籍出版社，2001：155.

一，又以类分。类分之中，各以时代相次。"① 从整个《文选》的体例来看，基本是按照这种思想来编排的。首先是把选文大致分为三个大总类，即赋、诗、文。其次，在三个总的分类之下，按以类相从的原则对选文进行更细的文体划分。如赋类分为京都、郊祀、耕藉、畋猎、纪行、游览、宫殿、江海、物色、鸟兽、志、哀伤、论文、音乐、情共十五个小类。诗选分为补亡、述德、讽谏、励志、应诏、责躬、关中、公宴、咏史、百一、游仙、招隐、反招隐、军戎、郊庙、献诗、乐府、挽歌、杂歌、咏怀、临终等二十四个小类；文选分为诏、册、令、教、文、表、上书、启、弹事、笺、奏记、书、移、檄、设论、辞、颂、赞、符命、史论、史述赞、难、对问、箴、铭、诔、哀、碑文、墓志、行状、吊、祭文等三十五种。最后，是在不同的文体之下，按照时代的顺序来排列选文。如赋类的京都体包括了班固、张衡、左思三位作家的九篇作品。其排列的顺序是班固的《两都赋》二首在前，张衡的《西京赋》《东京赋》《南都赋》在后，次之是左思的四篇赋作，这都是按照作品创作的时代顺序来排列的。当然，在编辑过程中，也存在次文类年代乱序的状况，比如"音乐"赋中收录了王褒、傅毅、马融、嵇康、潘岳、成公绥六位作家的赋作，其中成公绥的生卒年为231—273年，潘岳的生卒年为247—300年，无论以生年还是卒年为序，成公绥都在潘岳之前，但是《文选》却将潘岳置成公绥之前，这明显不符合次文类"各以时代相次"的体例原则。

总体而言，《文选》形成了一个层次清晰、纲目分明的结构体系。表面看来，这只是一个结构问题，似乎无足轻重。其实，这里面包含了文学总集编辑如何进行分类、体例如何设计的重大问题。在齐梁时代，文学的创作虽然步入了一个较为自觉的时代，但是人们对文学的认识还很有限，尤其对文体的类型还缺乏较为明确的观念。在此情况下，萧统的《文选》就提供了一个文体分类标准。他把文学作品分成了"赋""诗""骚""七""诏""册"等几十种类型。整部总集的结构也建立

① 萧统著，俞绍初校注.昭明太子集校注［M］.郑州：中州古籍出版社，2001：165.

在他对文体类型的细分基础之上。在这一基础之上，他又按照"类分之中，各以时代相次"的编辑原则进行结构编排。尽管还存在诸多问题，出现失序现象，但在当时是很有影响的。

需要指出的是，《文选》选文不以时论。有学者在谈到萧统《文选》的编辑思想时指出，"详古略今"是《文选》的选录特点之一。其实，萧统《文选》在选文时不以时论。据曹道衡先生统计，《文选》总共收录 660 多篇作品，其中先秦作品 23 篇，两汉作品约 100 篇，三国作品 101 篇，两晋作品 196 篇，南朝宋齐梁三代作品 246 篇。从作品数量上看，以两晋和南朝为多，从中看不出"详古略今"的选录特点。而且，他以诗为例指出，"诗"体作品是"详今略古"的。这说明，萧统《文选》的选录标准不是以时为论，而是以作品价值而论的。正如曹道衡先生所言："萧统在承认后代文学可以超过前代的同时，并不认为后人之作一定比古人好。"①

四　萧统编辑思想评价

《文选》是我国现存最早的文学总集。唐代李善在《上〈文选〉注表》中称《文选》为"后进英髦，咸资准的"②，《师友诗传录》中有言"'枕籍《骚》、《选》，死生李、杜'……皆少陵'熟精《文选》理也'"③。由此可见，《文选》的文学价值和文献价值是何其之高。作为一部文学总集，《文选》的编辑殊非易事，《四库全书简明目录》称"古人总集，以是书为弁冕，良无忝焉"④，就是说它作为总集的编辑思想价值，对后世总集编辑有深远影响。

作为我国第一部文学总集，《文选》对后世的文学创作的影响是深远的。古人曾有"《文选》烂，秀才半"的说法。《苕溪渔隐丛话》中说："今人不为诗则已，苟为诗，则《文选》不可不熟也。《文选》是

①　曹道衡．兰陵萧氏与南朝文学［M］．北京：中华书局，2004：161.

②　萧统著，俞绍初校注．昭明太子集校注［M］．郑州：中州古籍出版社，2001：274.

③　郭预衡．中国古代文学史长编·秦汉魏晋南北朝卷［M］．北京：首都师范大学出版社，2000：462.

④　永瑢．四库全书简明目录［M］．上海：上海古籍出版社，1985：827.

文章祖宗。自两汉而下，至魏、晋、宋、齐，精者斯采，萃而成编，则为文章者，焉得不尚《文选》也。"① 到了唐代，李善为《文选》作注释，被称为"绝笔之作"。其后，有五臣者为《文选》作注，与李善注合，被编为《六臣注文选》。到目前，研究《文选》的工作仍在不断进行，甚至有"选学"一说。作为一部文学总集，《文选》对后世总集编辑的影响巨大。如其后徐陵的诗歌总集《玉台新咏》在选录标准的确定上就对《文选》有一定的借鉴，都比较强调文学的辞采和抒情功能。据《新唐志》记载，继《文选》之后，就有孟利贞的《续文选》、卜长福的《续文选》、卜隐之的《拟文选》等问世，都是效仿《文选》而编辑的文学总集。编辑于宋初的《文苑英华》更是以《文选》为范本，编选体例基本上是对《文选》的沿用，因此它又有"《文选》续"之称。

从总集编辑发展的角度来看，《文选》编辑一改此前总集编辑选文、辨体不分的状况，开创了一种纯粹的"选本"类型。这标志着总集的编辑思想完成了从辨体思想到选本思想的转变。编选佳作，创造"选本"，成为一种编辑范例，对文学的创作产生重要影响。

第三节　徐陵《玉台新咏》的编辑思想

继《文选》之后，另一部比较有名的总集是徐陵的《玉台新咏》。该书汇集了东周至南梁表现女性主题的诗歌 660 首左右。因此，该书被称为我国文学史上"专题选本的滥觞"②。但是，该书问世后，并未受到重视，以至于《梁书》《南史》均未记载此书。直到明末清初，此书才受到学界重视，诗评家冯舒、冯班兄弟有《校订玉台新咏》，清代吴兆宜有《玉台新咏笺注》、纪昀有《玉台新咏校正》等著作。作为一部

---

① 郭预衡. 中国古代文学史长编·秦汉魏晋南北朝卷［M］. 北京：首都师范大学出版社，2000：463.

② 穆克宏. 试论《玉台新咏》［J］. 文学评论，1985（6）：114.

文学总集，《玉台新咏》既体现了当时的总集编辑思想，又表现出新的编辑特色。

一般认为，《玉台新咏》的编者为南朝梁陈时代的徐陵。今人也有认为编者不是徐陵的。章培恒先生在《〈玉台新咏〉张丽华所"撰录"考》一文中认为，《玉台新咏》的编者为梁元帝之妃徐瑗，还有学者认为该书"编成于陈代一位宫中妃子"。《隋书·经籍志》著录《玉台新咏》时谓"《玉台新咏》十卷，徐陵撰"①，之后历代书目都沿袭这一观点。唐代刘肃在其编辑的《大唐新语》中说："先是，梁简文帝为太子，好作艳诗，境内化之，浸以成俗，谓之宫体。晚年改作，追之不及，乃令徐陵撰《玉台集》，以大其体。"② 可见，该书是奉简文帝萧纲之命而编辑成书，徐陵为执行编者。

徐陵，字孝穆，东海剡人。他的父亲徐摛，是南梁赫赫有名的大文学家，历任戎昭将军、太子左卫率等职。《陈书》中称徐陵"八岁能属文。十二，通《庄》、《老》义。既长，博涉史籍，纵横有口辩"③。徐陵可谓天资聪颖，才华横溢。再加上其父徐摛是当时晋安王萧纲的老师，因此，在梁普通二年（521 年），即其 17 岁的时候，徐陵就步入仕途，任宁蛮军事一职。中大通三年（531 年），萧纲被立为皇太子，入主东宫，徐陵就顺其然成为追随在皇太子左右的东宫学士。《玉台新咏》大约编成于这一时期。

一 彰大宫体的编辑宗旨

《玉台新咏》全书十卷，选录诗歌六百六十余首，均以妇女为主题，风格大都艳丽婉约。在该书序中，徐陵委婉地道出了该书的编辑宗旨。他在序中着力描写了生活于后宫的"丽人"的美丽和才情。他说："其人也 …… 楚王宫里，无不推其细腰；卫国佳人，俱言讶其纤手。……妆鸣蝉之薄鬓，照堕马之垂鬟。反插金钿，横抽宝树。南都石

---

① 魏征. 隋书［M］. 北京：中华书局，1974：1084.

② 刘肃. 大唐新语［M］. 北京：中华书局，1984：42.

③ 姚思廉. 陈书［M］. 北京：中华书局，1973：325.

黛,最发双蛾。北地燕脂,偏开两靥。……真可谓倾国倾城,无对无双者也。"① 这些"丽人"不仅有"倾国倾城"之美貌,而且有绝代无双之诗情。他说:"加以天时开朗,逸思雕华,妙解文章,尤工诗赋。琉璃砚匣,终日随身;翡翠笔床,无时离手。清文满箧,非惟芍药之花;新制连篇,宁止蒲萄之树。九日登高,时有缘情之作;万年公主,非无累德之辞。其佳丽也如彼,其才情也如此。"② 在描写了丽人的美丽和才情后,徐陵指出这些丽人"属意于新诗",而编辑的这十卷"艳歌",正是供她们"披览"。他说:"无怡神于暇景,惟属意于新诗。庶得代彼皋苏,微蠲愁疾。但往世名篇,当今巧制,分诸麟阁,散在鸿都。不籍篇章,无由披览。于是燃脂暝写,弄笔晨书,撰录艳歌,凡为十卷。"③ 通过该书的序文,可以看出,"撰录艳歌",供丽人披览,是《玉台新咏》的编辑宗旨,但又不止于此。因为《玉台新咏》是受命于萧纲编辑,必然有更深层的编辑目的。如前所述,唐代刘肃认为,萧纲命徐陵编辑该书的宗旨是"以大其体"。此之"体",即为宫体。所谓宫体诗,就是南梁时形成的以描写闺阁生活为主、文风轻艳的诗歌。《隋书·经籍志·集部总论》中所言:"简文之在东宫,亦好篇什。清辞巧制,止乎衽席之间;雕琢蔓藻,思极闺闱之内。后生好事,递相仿习。朝野纷纷,号为宫体。"④ 简文帝萧纲是宫体诗创作的重要实践者和倡导者之一。在他的周围,有一大批宫体诗人,如徐陵的父亲、萧纲的老师徐摛,是宫体诗的主要倡导者,还有庾肩吾、庾信父子,张率、刘孝绰、刘遵等人,纷纷进行宫体诗创作。《玉台新咏》编辑之时,正是宫体诗创作的盛极之时。因此,唐代刘肃的"以大其体"有着为宫体诗创作正名、张目之意。对此,王运熙、杨明先生在《魏晋南北朝文学批评史》中指出:"所谓'以大其体',即张大其体、为宫体张目之意,亦即广收博取汉以来的作品,以表明此类诗作向来有之,实有回

---

① 张葆全.玉台新咏译注 [M].南宁:广西师范大学出版社,2007:518-519.
② 张葆全.玉台新咏译注 [M].南宁:广西师范大学出版社,2007:520.
③ 张葆全.玉台新咏译注 [M].南宁:广西师范大学出版社,2007:521.
④ 魏征.隋书 [M].北京:中华书局,1974:1090.

护其失之意。"①

二　彰显诗史的编辑体例

同为文学总集，《文选》和《玉台新咏》的最大不同是：前者为多体总集，后者为单体总集。在编辑体例上，如前所述，《文选》是"次文之体，各以类聚"，即先按照文体进行分类汇编，然后不同的小类之下再按时间顺序编排诗文。因此，《文选》的编辑体例有诗文发展的历史意识，但更多的还是文体辨析观念，是对先秦至梁文体发展实绩的展示。《玉台新咏》则不同，是单体总集，且主题集中，展现的是汉代至南梁同题诗歌发展的实绩，显示的自然是诗歌发展的诗史意识和诗体意识。这具体地表现在该书的编辑体例上。该书 10 卷，卷一收诗 40 首，皆为汉代作品；卷二收诗 39 首，均为魏晋作品；卷三收诗 39 首，都为晋宋作品；卷四收诗 44 首，均为宋齐作品；卷五收诗 69 首、卷六收诗 60 首，均为梁代已故诗人诗作；卷七收诗 70 首，均为梁代帝王之作；卷八收诗 56 首，均为梁代臣子之作；卷九收诗 89 首，卷十收诗 153 首，则分别是对汉代至南梁七言、五言诗的汇编，也体现出了鲜明的时间顺序。由此可见，徐陵是按照时间的线索来选编作品的，表现出的是鲜明的诗史意识。与此同时，该书的编辑体例还显示了作者独到的诗体发展眼光。从诗体形式来说，该书卷一收录的均是汉代五言二韵诗，即古乐府；卷二、卷三、卷四、卷五、卷六是五言诗；卷七、卷八则是今体诗（宫体诗）；卷九是七言诗，杂收一首四言、二首六言；卷十五言古绝句。这种有意为之的诗体分类，显示了编者深刻的诗体发展意识。清代齐召南在校勘该书所加按语中指出，第一、二卷"词皆古意"，第三卷"艳体犹与古调相同"，第四卷"小谢（脁）已为宫体滥觞"，第五卷"艳体已成"。对此，金克木先生在《〈玉台新咏〉三问》一文中曾精辟地指出："这书就明白显示了文体变化，最后分溯七言、五言诗形式历程，已经看得出向唐代诗体过渡的苗头了。全书排出了由乐府到

---

① 王运熙，杨明.《中国文学批评通史·魏晋南北朝卷》［M］. 上海：上海古籍出版社，1996：304.

宫体以及七言、杂言古诗、五言绝句的发展路线。这不是仅仅因为只收一种内容的诗照时代排列而自然显现的，那样就不必依照形式另列七言、五言附后了。可见编者徐陵虽承帝王意旨，顺时代风气，却是在可能的情况下抒发了自己的文学史观点。他选编的诗的程序系统显示了诗的发展路线：乐府诗——拟乐府诗——古体诗——今体诗（宫体）——杂言、七言歌（歌谣）——五言绝句（歌谣）。"① 由此可见，《玉台新咏》的编辑体例绝不是徐陵无意为之，而是包含了深刻编辑用意的匠心独运。他正是要通过这种独特编辑体例，揭示诗歌发展的基本历程，说明宫体诗的出现是诗歌发展的必然，从而达到"张大宫体"的编辑宗旨。

三 缘情求美的编选标准

在评价《玉台新咏》的过程中，前世学者由于认识角度不同，表现出褒贬不一的批评取向。南宋词人刘克庄和清代诗人王士禛就曾对该书进行严厉批评。刘克庄在其《后村诗话》中评价该书"然赏好不出月露，气骨不脱脂粉，雅人庄士，见之废卷"②。王士禛在其《带经堂诗话》中称《玉台新咏》"所录皆靡靡之音"③。这两种批评意见，前者是针对《玉台新咏》的内容而言的，后者是针对该书选录作品的风格而言的。两者涉及的根本问题，都是如何看待宫体诗。很明显，刘克庄之所以认为《玉台新咏》令"雅人庄士，见之废卷"，是因为《玉台新咏》内容多关闺阁之情，主题均围绕女性展开，即所谓"赏好不出月露，气骨不脱脂粉"。这种观点是站在传统功利文学观的角度来看待宫体诗创作的。传统文学观念，比较强调文学的社会功能，尚雅正，讲讽谏，重道统。比如，孔子的兴观群怨说。他讲："诗可以兴，可以观，可以群，可以怨。迩之事父，远之事君；多识于鸟兽草木之名。"这一由孔子所开创的重功利的儒家文论思想，对后世的文学创作和文艺批评产生了深远影响。但是，这一文艺观的影响也有不好的一面，就是

---

① 戴文葆. 历代编辑家列传（十）[J]. 出版工作，1986（10）：54-55.
② 刘克庄.《后村先生大全集》卷一百七十三，见于《四部丛刊初编》影印.
③ 王士禛. 带经堂诗话 [M]. 北京：人民文学出版社，1963：101.

过于重视文学的社会功能，而容易忽视文学抒情的功能；过于强调文学的社会性，而容易忽略文学创作主体的个性。《玉台新咏》张大的"宫体诗"，从文学发展的规律来看，正是在特定的历史背景下，对传统文艺思想的反正和改变。无论是在文学创作主题的开拓，还是文学创作形式的创新上，宫体诗都有值得肯定的价值。

徐陵在《玉台新咏》序中说，撰录十卷皆为"艳歌"。王士祯批评《玉台新咏》"皆为靡靡之音"。胡应麟也说："《玉台》但辑闺房一体，靡所事选。"① 纪容舒说："按此书之例，非词关闺闼者不收。"但是，从《玉台新咏》所选录的宫体诗的具体情况来看，所录并非全为"艳歌"，所选并非"但辑闺房"。因为，其中有大量诗歌表达的主题是对古代广大妇女不幸命运的关注。比如我们熟悉的古乐府《古诗为焦仲卿妻作》，表达的主题实际是焦仲卿妻子这位贤良女性的不幸命运。再如我们熟知的《日出东南隅行》，实际是对美丽贤良的民间女子罗敷对爱情坚贞、不畏权贵的美好品格的歌颂。以上两首，均非"艳歌"。仅此几端，可以看出，《玉台新咏》虽然主题围绕女性展开，但所录诗歌并非全为"艳歌"。正如许梿在《六朝文絜》中所言："是书所录为梁以前诗凡五言八卷，七言一卷，五言二韵一卷。虽皆绮丽之作，尚不失温柔敦厚之旨。未可概以淫艳斥之。"② 其实，徐陵的"艳歌"之"艳"，并非艳丽之意，而实指诗歌言情之真、之深。在该书的序中，他曾经描写过笔下的"丽人""九日登高，时有缘情之作；万年公主，非无累德之辞"。这里的"缘情之作"，实际上不仅是丽人们表达抒发真情实感的状态，而且也是徐陵编选诗歌的标准。从该书所选诗歌的主题来看，大致包括男女的恋情、女性的闲情、闺主的悲情等几个方面。但是，无论哪一种感情抒发，可以说大都有感而发，情真意切，真实动人。比如卷七选录了简文帝萧纲的《咏内人昼眠》，其诗如下："北窗聊就枕，南檐日未斜。攀钩落绮障，插捩举琵琶。梦笑开娇靥，眠鬟压落花。簟文生玉腕，香汗浸红纱。夫婿恒相伴，莫误是娼家。"这首诗

① 胡应麟.《诗薮》外编卷二，明刻本.
② 许梿评选，黎经浩笺注.《六朝文絜笺注》卷二，清光绪枕溢书溢刻本.

虽然描写了女子情态，但并不失温婉敦厚，没有过于露骨之处。相反，从"夫婿恒相伴"一句中，读到的是诗人略带调侃却又真挚的夫妇之情。

四 追求华美的书籍设计观

《玉台新咏》一书的原始版本早已亡佚，但是，从该书的序中可以看出作者追求华美的书籍设计观。徐陵在该书序中说："于是，丽以金箱，装之宝轴。三台妙迹，龙伸蠖屈之书；五色花笺，河北胶东之纸。高楼红粉，仍定鱼鲁直文；辟恶生香，聊防羽陵之蠹。灵飞太甲，高擅玉函；鸿烈仙方，长推丹枕。至如青牛帐里，余曲既终；朱鸟窗前，新妆已竟。方当开兹缥帙，散此绦绳，永对玩于书帷，长循环于纤手。"①"丽以金箱，装之宝轴"是说该书用卷轴的装饰、黄金的书箱来进行外在装帧。"三台妙迹，龙伸蠖屈之书"意指由蔡邕一样的大书法家抄写，使得该书的字体呈现出艺术化的特点。这是说该书的编辑字体要求之精美。"五色花笺，河北胶东之纸"，此句是言该书用纸之华丽，要用出产于"河北胶东"的五色花笺纸。"高楼红粉，仍定鱼鲁直文"是说该书在编辑过程中修改错讹之处，要用高楼女子所用的胭脂铅笔。"辟恶生香，聊防羽陵之蠹"，是说该书防止虫蛀要用昂贵的香料。由此可见，编者对这本书的用纸、字体、编辑修改、外在书籍设计等的要求之高。这充分体现了编者追求华美的编辑设计观。

---

① 张葆全．玉台新咏译注［M］．南宁：广西师范大学出版社，2007：521.

第三章　魏晋南北朝别集编辑思想

如前所述，魏晋南北朝时期的别集编辑比较兴盛。梁元帝萧绎在《金楼子·立言》中说："诸子兴于战国，文集盛于二汉，至家家有制，人人有集。"① 这一说法有夸大其词之嫌，但是从中可以看到两汉文人学士编辑别集的热情。到了魏晋南北朝，别集编辑显得更加兴盛。这一时期别集编辑的状况，不仅表现在《隋书·经籍志》收录之中，而且可以从相关史书记载中管窥一二。张可礼在《别集述论》一文中统计，《晋书·文苑传》记载了两晋应贞、成公绥、左思、赵至、邹湛、枣据、褚陶、王沈、张翰等16位文士，其中应贞、成公绥、庾阐、曹毗、顾恺之5人，有别集行于世，占31%；《南齐书·文学传》收录文士10人，有别集的2人，占20%；《梁书·文学传》收录文士25人，其中有18人有别集，占72%；《陈书·文学传》收录文士14人，有9人有别集，占64%。② 这说明当时文士编辑别集的确是一种风气。

第一节　别集编辑类型

从编辑者不同的角度，可以将别集分为两种类型：一种是作者自编之集，另一种是他编之集。

一　自编成集

《三国志·文帝纪》注引《魏书》："帝……与素所敬者大理王朗书

---

①　萧绎.《金楼子》卷四，清知不足斋丛书.
②　张可礼. 别集述论［J］. 山东大学学报，2004（6）：15.

曰：'生有七尺之形，死惟一棺之土，惟立德扬名，可以不朽，其次莫若著篇籍。疫疬数起，士人凋落，余独何人，能全其寿？'故论撰所著《典论》、诗赋盖百余篇，集诸儒于肃成门内，讲论大义，侃侃无倦。"①此之"论撰"应该就是汇编之意。这说明，曹丕的别集乃为自编成集。

　　曹植也曾自编别集。他在其赋集《前录自序》中说："余少而好赋，其所尚也。雅好慷慨，所著繁多。虽触类而作，然芜秽者众。故删定别撰，为《前录》七十八篇。"② 这段话清楚地说明《前录》这部赋集，是由曹植亲自删减编辑而成。

　　南齐的张融也曾自编别集。《南齐书·张融传》云："融自名集为《玉海》。司徒褚渊问《玉海》名，融答：'玉以比德，海崇上善。'文集数十卷行于世。"③《四库全书总目》还认为，自制集名始于张融的《玉海》。

　　南梁江淹的《前集》《后集》也是自编别集。《梁书·江淹传》记载："凡所著述百余篇，自撰为前后集。"④ 这就是《四库全书总目》所言"其区分部帙，则江淹有《前集》，有《后集》"⑤。

二　他编成集

　　他编成集可以分为政府编辑和其他个人编辑。《三国志》曾记载，陈思王曹植死后，魏明帝曹睿令人将曹植作品结集。《三国志》云："撰录植前后所赋颂诗铭杂论凡百余篇，副藏内外。"⑥ 这是典型的政府主持编辑别集。《三国志》中还记载过西晋陈寿受诏"撰蜀相诸葛亮集奏之"。这说明《诸葛亮集》是政府主持编辑的。除了政府主持编辑别集，还有其他个人编辑文人别集。比如昭明太子就曾编辑过大诗人陶渊明的作品，是为《陶渊明集》。

---

① 陈寿著，裴松之注．三国志［M］．北京：中华书局，1959：88.

② 曹植．前录自序，载于《全上古三代秦汉三国六朝文》．

③ 萧子显．南齐书［M］．北京：中华书局，1972：52.

④ 姚思廉．梁书［M］．北京：中华书局，1973：61.

⑤ 永瑢．《四库全书总目》卷一百四十八集部一，清乾隆武英殿刻本．

⑥ 陈寿著，裴松之注．三国志［M］．北京：中华书局，1959：576.

第二节　别集编辑体例

由于该时期大部分的别集已亡佚，现很难详究它们的体例编排。《三国志·诸葛亮传》末附录了《诸葛亮集》的目录和表文，从中可以管窥到其时别集体例之一斑。其目录如下："《开府作牧》第一、《权制》第二、《南征》第三、《北出》第四、《计算》第五、《训厉》第六、《综核上》第七、《综核下》第八、《杂言上》第九、《杂言下》第十、《贵和第》十一、《兵要》第十二、《传运》第十三、《与孙权书》第十四、《与诸葛瑾书》第十五、《与孟达书》第十六、《废李平》第十七、《法检上》第十八、《法检下》第十九、《科令上》第二十、《科令下》第二十一、《军令上》第二十二、《军令中》第二十三、《军令下》第二十四。"① 这个目录至少说明两条信息：一是其时别集都应有目录，二是其时别集都按一定顺序编排，而《诸葛亮集》是按照类别来编排文章的。

除了目录，这一时期有的别集还有序跋。如前所述，曹植的七十八篇赋集《前录》就有序言。还有，萧统编辑的《陶渊明集》，就有其所作《陶渊明集序》。

第三节　别集编辑思想

魏晋南北朝时期的别集不仅数量巨大，而且内容庞杂。有单一体裁的别集，如文人的赋、诗汇编，也有汇编文人多种体裁的综合性文集。从编辑类型来看，以自编成书居多。由于这些别集的内容不同，因此编辑思想并不一致。从当时部分别集编辑来看，有以下几种编辑思想倾向

---

① 陈寿著，裴松之注．三国志［M］．北京：中华书局，1959：929.

较有影响。

一　传世思想

魏文帝曹丕在自编别集中表现出了鲜明的传世思想。他在《典论·论文》中以文学与事功并重，提出为文学可以像事功一样实现人生价值的永恒。他说："盖文章，经国之大业，不朽之盛事。年寿有时而尽，荣乐止乎其身，二者必至之常期，未若文章之无穷。是以古之作者，寄身于翰墨，见意于篇籍，不假良史之辞，不托飞驰之势，而声名自传于后。"[①] 文学界将曹丕的这一观点视为一种新的文学观，认为曹丕的文学观显现了一种文学的自觉。其实，这也是曹丕的编辑观，一种追求编辑作品传世的编辑思想。曹丕之所以认为文学可以像事功一样名垂不朽，正是基于他对古代编著活动的仔细观察和思考。他认为人生都是有限的，而编辑著述可以无限存在。因为他看到古代的作者，并没有借助史家的如椽大笔，却一样声名不朽。造成这一现象的原因，就在于这些作者"寄身于翰墨，见意于篇籍"，即他们进行了创作，并被编辑成为文集，为后世所传诵。他这种追求作品的传世意识，生动地表现在他自编的别集实践中。在《与王朗书》中，他说："生有七尺之形，死惟一棺之土，惟立德扬名，可以不朽，其次莫若著篇籍。"[②] 这句话充分地说明了，他编辑的根本目的，就是要追求作品的传世，要像立功立德一样名垂不朽。

二　扬名思想

南朝梁时的王筠，曾自编很多别集。王筠，字元礼，梁时著名文人，深受当时文坛之首沈约的器重。《南史》称"筠自撰其文章，以一官为一集，自《洗马》、《中书》、《中庶》、《吏部》、《左佐》、《临海》、《太府》各十卷，《尚书》三十卷，凡一百卷，行于世"[③]。"以一

---

① 曹丕.典论，载于《全上古三代秦汉三国六朝文·全三国文》卷八.

② 陈寿著，裴松之注.三国志［M］.北京：中华书局，1959：88.

③ 李延寿.南史［M］.北京：中华书局，1975：611.

官为一集"，王筠自编别集不下八部。他在《与诸儿书论家门集》中道出了自己热衷别集编辑的个中原因。他说："史传称安平崔氏及汝南应氏，并累叶有文才，所以范蔚宗云崔氏'世擅雕龙'。然不过父子两三世耳，非有七叶之中，名德重光，爵位相继，人人有集，如吾门世者也。"① 可见，王筠是以王氏显赫的家族、光耀的文庭自居的。他认为王氏家族"名德重光，爵位相继，人人有集"。编辑别集既是王氏家族良好的传统，又是王氏家族的地位、声名的象征。他还引用沈约之语，告诫诸儿要继承编辑文集这一传统，光大王氏家族的门第。他说："沈少傅约常语人云：'吾少好百家之言，身为四代之史。自开辟以来，未有爵位蝉联、文才相继如王氏之盛也。'汝等仰观堂构，思各努力。"② 由此，就不难理解王筠为何热衷编辑别集，"以一官为一集"。光耀门楣，显示王氏家族"名德重光，爵位相继"的扬名思想，才是王筠热衷编辑别集的根本出发点。编以扬名思想，在当时的别集编辑中占据很大的潮流。这一别集编辑思想，与当时盛行的门阀之风不无关系。魏晋南北朝时期实行的是士族门阀制度，整个社会门第观念盛行。以王筠为代表的这种编以扬名的编辑思想，实乃当时社会门阀观念的表现。

三 言教思想

除了编以扬名、传世的思想倾向，这一时期的别集编辑还有编以言教的一面。萧统曾为东晋大诗人陶渊明编辑别集，并为其作序。在《陶渊明集序》中，萧统首先对陶渊明的诗文大加推崇，充分肯定陶渊明创作的艺术价值，认为陶作富有文采，超凡脱俗，独树一帜。他说："有疑陶渊明诗，篇篇有酒。吾观其意不在酒，亦寄酒为迹者也。其文章不群，辞采精拔，跌宕昭彰，独超众类，抑扬爽朗，莫之与京。横素波而傍流，干青云而直上。语时事则指而可想，论怀抱则旷而且真。加以贞志不休，安道苦节，不以躬耕为耻，不以无财为病，

---

① 李延寿．南史［M］．北京：中华书局，1975：611．
② 李延寿．南史［M］．北京：中华书局，1975：611．

自非大贤笃志，与道污隆，孰能如此乎？"① 在这段话中，萧统不仅指出了陶渊明文章之美、风格独特，而且分析了陶渊明文章背后所显示的人格之美、道德风范。他认为，陶渊明具有宽广的胸怀，真诚的情怀，不渝的志向和安贫乐道的心性。萧统认为，陶渊明的这种道德风范、人格之美，和他的文章融为一体，他的文章正是其道德风范的写照。因此，他"爱嗜其文，不能释手，尚想其德，恨不同时"②。萧统认为，汇集陶渊明作品，编辑陶渊明别集，可以让读者通过阅读陶作而陶冶性情，完善人格，提升道德。他说："尝谓有能观渊明之文者，驰竞之情遣，鄙吝之意袪，贪夫可以廉，懦夫可以立。岂止仁义可蹈，抑乃爵禄可辞。不必傍游太华，远求柱史，此亦有助于风教也。"③ 由此可见，萧统编辑《陶渊明集》的主要宗旨不是别的，而是"有助于风教"。编以言教，成为萧统编《陶渊明集》的主要编辑思想。

四 范文思想

编以范文是这一时期别集编辑的另一大思想倾向。刘孝绰曾奉萧统之命于普通三年编有《昭明太子集》。在该别集序中，刘孝绰首先叙述了萧统的文学游处活动，指出萧统在监抚之余，饱读诗书，雅好文章，讨论经纪。他说："虽一日二日，摄览万机，犹临书幌而不休，对欹案而忘息。况复延纳侍讲，讨论经纪。去圣滋远，愈生穿凿。枝分叶散，殊路俱驰。灵台辟雍之疑，禋宗祭社之缪，明章申老之议，通颜理王之说，量核然否，剖析同异，察言抗论，穷理尽微。"④ 在萧统的周围，聚集着一大批文人学士，彼此酬唱游处，著文切磋，并形成以萧统为中心的文学集团。刘孝绰指出，萧统在当时文学游处活动

---

① 萧统著，俞绍初校注. 昭明太子集校注［M］. 郑州：中州古籍出版社，2001：200.
② 萧统著，俞绍初校注. 昭明太子集校注［M］. 郑州：中州古籍出版社，2001：200.
③ 萧统著，俞绍初校注. 昭明太子集校注［M］. 郑州：中州古籍出版社，2001：200 - 201.
④ 萧统著，俞绍初校注. 昭明太子集校注［M］. 郑州：中州古籍出版社，2001：244 - 245.

中发挥着领军作用，并表现出非同寻常的"远大之才"。他说："是以隆儒雅之大成，游雕虫之小道。握牍持笔，思若有神；曾不斯须，风飞雷起。至于宴游西园，祖道清洛，三百载赋，该极连篇。七言致拟，见诸文学；博弈兴咏，并命从游。书令视草，铭非润色，七穷炜烨之说，表极远大之才。皆喻不备体，词不掩义，因宜适变，曲尽文情。"① 刘孝绰认为，很少有作家在创作中兼善各体。他说："窃以属文之体，鲜能周备。长卿徒善，既累为迟；少孺虽疾，俳优而已。子渊淫靡，若女工之蠹；子云侈靡，异诗人之则。孔璋词赋，曹祖劝其修今；伯喈答赠，挚虞知其颇古。孟坚之颂，尚有似赞之讥；士衡之碑，犹闻类赋之贬。"② 在这段话中，刘孝绰对司马相如、班固、陆机、蔡邕等名家的创作进行了批评，认为他们或文风有疵，或文体不辨。在此基础上，他对萧统之文推崇备至，认为萧统才是兼善各体，博采众长，文质相合的文学大家。他说："深乎文者，兼而善之，能使典而不野，远而不放，丽而不淫，约而不俭，独擅众美，斯文在斯。"③ 由此可见，刘孝绰编辑萧统别集的宗旨在于编以范文，宣扬萧统的著述，为其他人学习、创作提供范本。

五 备佚思想

别集编辑还有一个重要思想，那就是备佚思想，即防止作者的文章或文稿散佚、丢失。《三国志》曾记载，陈思王曹植死后，魏明帝曹睿令人将曹植作结集。《三国志》云："景初中诏曰：'陈思王昔虽有过失，既克己慎行，以补前阙，且自少至终，篇籍不离于手，诚难能也。其收黄初中诸奏植罪状，公卿已下议尚书、秘书、中书三府、大鸿胪者皆削除之。撰录植前后所著赋颂诗铭杂论凡百余篇，副藏内外。"④ 从将编辑的曹植别集"副藏内外"，可以看出编者编辑曹植别集一个重要

---

① 萧统著，俞绍初校注. 昭明太子集校注 [M]. 郑州：中州古籍出版社，2001：245.
② 萧统著，俞绍初校注. 昭明太子集校注 [M]. 郑州：中州古籍出版社，2001：245.
③ 萧统著，俞绍初校注. 昭明太子集校注 [M]. 郑州：中州古籍出版社，2001：245.
④ 陈寿著，裴松之注. 三国志 [M]. 北京：中华书局，1959：576.

思想就是要备佚，防止他所著篇章遗失。其实，不独曹植别集，魏晋南北朝时期大部分别集编辑都包含着备佚思想。因为别集编辑的一个重要作用就是可以将作者的大部分文稿汇编成书，而汇编成书的书稿较之单篇书稿，肯定更便于人们保存，更利于传之久远。

第四章　魏晋南北朝史书编辑思想

中国有着源远流长的史书编辑传统。先秦两汉时期，史书编辑就非常发达，出现了编年体和国别体等不同类型的史书，诞生了《春秋》《史记》《汉书》等诸多优秀的编辑作品，形成了以经世致用为核心的史书编辑思想。我国第一部编年体史书《春秋》就有明确的经世意识、切世思想。在《史记·太史公自序》中，司马迁曾对孔子编修《春秋》的编辑思想进行深入分析。他借用上大夫壶遂的疑问提出孔子编修《春秋》的目的是什么，曰："昔孔子何为而作《春秋》哉？"[1] 然后，他用董仲舒的话指出，孔子编修《春秋》是有明确的指导思想的："孔子知言之不用，道之不行也，是非二百四十二年之中，以为天下仪表，贬天子，退诸侯，讨大夫，以达王事而已矣。"[2] 最后，他明确地指出，《春秋》的编辑思想是"上明三王之道，下辨人事之纪，别嫌疑，明是非，定犹豫，善善恶恶，贤贤贱不肖，存亡国，继绝世，补敝起废，王道之大者也"[3]。而这正是一种明确的经世意识、切世思想，即通过"垂空文以断礼义"，明是非而立王道。继《春秋》之后的《左传》，继承了孔子的经世、切世思想，同样表现出鲜明的树立道统、垂训鉴戒意识。之后的《史记》《汉书》，经世致用的编辑思想更加明确。司马迁在《报任安书》中说："近自托于无能之辞，网罗天下放失旧闻，考之行事，稽其成败兴坏之理，凡百三十篇，亦欲以究天人之际，通古今之

---

① 司马迁. 史记 [M]. 北京：中华书局，1959：3297.
② 司马迁. 史记 [M]. 北京：中华书局，1959：3297.
③ 司马迁. 史记 [M]. 北京：中华书局，1959：3297.

变，成一家之言。"① "究天人之际，通古今之变"，简言之，即总结历史发展规律。虽然司马迁并没有说出自己总结历史规律的目的是什么，但通过他对《春秋》编辑思想的分析，可以确定《史记》编辑思想是以经世致用为主旨的。他要通过对历史兴亡规律的探寻，以资政当代，裨益后人。到了魏晋南北朝时期，史学编辑呈现出自觉状态，经世致用的史书编辑思想不仅得到确立，而且内涵变得更加丰富。

第一节　史书编辑自觉与经世致用编辑思想

一　史书编辑自觉

魏晋南北朝的史书编辑有很大发展，并呈现出自觉状态。魏晋南北朝史书编辑的自觉，主要表现在两个方面：一是编辑家史书编辑主体意识的自觉。较之先秦两汉，魏晋南北朝时期的史书种类不断增多，数量急剧增长，显现了这一时期编辑家编辑史书的热情和自觉意识。《文献通考》在论述先秦两汉的史书编辑状况时说："盖《春秋》即古史，而《春秋》之后，惟秦、汉之事，篇帙不多。"② 但是，到了魏晋时期，史书编辑情况大为改变。不仅种类繁多，类别殊出，而且数量剧增，"倍于经典"③。南朝梁阮孝绪编辑的书目《七录》将这一时期的史书分为十二部（类），录书一千二百种、二千二百四十八帙、一万四千八百八十八卷。这个数量是先秦两汉时期"篇帙不多"的状况所远远不能比拟的。由此，不难看出这一时期史书编辑数量是何其多，史家编辑史书的主体意识是何其自觉。二是经史分途，史部书籍走向独立。两汉时期，经史不分，史学依附于经学之下。包括刘歆编辑的书目《七略》和班固的《汉书·艺文志》，都没有将史部书籍单独列出，而是列于经部书籍和子部书籍之中。但是，到了魏晋南北朝时期，经史逐渐分途，

---

① 班固. 汉书 [M]. 北京：中华书局，1962：2735.
② 马端临.《文献通考》卷一百九十一经籍考十八，清浙江书局本.
③ 僧祐，道宣. 弘明集·广弘明集 [M]. 上海：上海古籍出版社，1991：112.

史部书籍开始走向独立。西晋秘书监荀勖编辑的书目《新簿》采用了四部分类的书目分类方法。《隋书·经籍志》对其书籍分类情况作了如下说明："一曰甲部，纪六艺纪小学等书；二曰乙部，有古诸子家、近世子家、兵书、术数；三曰丙部，有史记、旧事、皇览簿、杂事；四曰丁部，有诗赋、图赞、汲冢书，大凡四部合二万九千九百四十五卷。但录题及言，盛以缥囊，书用缃素。至于作者之意，无所论辩。"① 在这个分类体系中，不同于《七略》的一个很大特征是，《新簿》将史书从《七略》中的"六艺略"抽出而列入丙部，从而突出史书的书目地位，为以后史部书籍的形成奠定了基础。继荀勖之后的李充所编的《晋元帝四部书目》，同样采用了四部分类的书目编辑思想。据《隋书·经籍志》载："著作郎李充，以勖旧簿校之，其见存者，但有三千一十四卷。充遂总没众篇之名，但以甲乙为次。"② 《隋书·经籍志》虽然说《晋元帝四部书目》是据《新簿》所编，但只是说它以"甲乙为次"，由此还不能断定它采用四部分类的书目编辑方法。《晋书·李充传》云："服阕，为大著作郎。于时典籍混乱，充删除烦重，以类相从，分作四部，甚有条贯，秘阁以为永制。"③《广弘明集》也称李充任大著作郎期间"鸠聚图书为四部，三百五帙，三千一十四卷"④。可见，李充的《晋元帝四部书目》采用四部分类法当属无疑。更重要的是，较之《新簿》，《晋元帝四部书目》将史书从丙部移置于乙部，而将子书从乙部置于丙部。这样就进一步完善了四部分类法，基本确定了我国古代书目经、史、子、集的分类体系。在这个过程中，可以清楚地看到史书编辑逐渐走向自觉，最终因经史分途而走向独立，成为古代书籍编目的一个类别。

二　史书编辑的经世致用思想

魏晋南北朝时期史书编辑的自觉，是与编辑者的史书编辑思想密不

---

① 魏征. 隋书［M］. 北京：中华书局，1974：906.
② 魏征. 隋书［M］. 北京：中华书局，1974：906.
③ 房玄龄. 晋书［M］. 北京：中华书局，1974：2390－2391.
④ 僧祐，道宣. 弘明集·广弘明集［M］. 上海：上海古籍出版社，1991：113.

可分的。经世致用的史书编辑思想在先秦两汉时期已经萌芽、发展。但是，包括司马迁、班固在内的史学家，虽有卓越的史书编辑实践，却没有明确地概括出史书编辑的根本目的。换言之，他们都还没有从理论上更深入地思考史书编辑和社会发展的关系何在。到了魏晋南北朝时期，随着史书编辑的自觉，史书编辑家对这一问题的思考更加深入。在这方面做出巨大贡献的是南朝宋时的史学家、编辑家范晔。范晔在狱中曾在给诸甥侄的信中，谈及《后汉书》的编辑宗旨时这样说："虽事不必多，且使见文得尽；又欲因事就卷内发论，以正一代得失……"[1] 可见，"正一代得失"是范晔编辑《后汉书》明确的编辑思想，也是他对史书编辑价值的独特认识。在他看来，史书的编辑是与社会现实有着密切关系的。史家可以通过就事发论，针砭时弊，激浊扬清，匡扶正义，从而达到影响社会发展的目的。王锦贵先生指出，较之司马迁、班固的史书编辑思想，范晔的经世致用思想更明确、更鲜明、更直接。他说："范晔是有史以来明确揭示历史文献与社会现实之间的正确关系的第一位史学家。"[2] 事实上，司马迁史书编辑思想的核心是鉴戒，但是到了范晔，史书编纂的鉴戒宗旨已经演变为垂训。换言之，史书的经世致用思想，到范晔完成一种认识的升华，把鉴戒思想确定为一种更为具体、更为确切的功能指向。正是在这个意义上，范晔"正一代得失"思想的提出，标志着源远流长的史书编辑的经世致用思想正式确立。经世致用的编辑思想在该时期很多的史书编辑中都有所体现。它不仅影响着不同门类史书编辑的方式、手法，而且制约着他们的史料剪裁、叙述风格，成为该时期史书编辑的"灵魂"。具体来讲，它主要有以下几个方面的表现。

一是"式规万叶"的垂训思想。垂训后世、鉴戒来者的垂训思想，是经世致用思想的内核。这种以史为鉴的思想，渊源于司马迁的《史记》编辑。他在《史记·高祖功臣侯者年表》中写道："居今之世，志古之道，所以自镜也，未必尽同。帝王者各殊礼而异务，要以成功为统

① 范晔. 后汉书 [M]. 北京：中华书局，1965：3297.
② 王锦贵. 中国纪传体文献研究 [M]. 北京：北京大学出版社，1996：95.

纪，岂可混乎？"① 显然，在司马迁看来，历史是现实的一面镜子。他认为，通过对社会历史现象的考察，可以总结出蕴含于其背后的社会发展规律，从而成为当代统治者的镜鉴。他所说的"究天人之际，通古今之变"，就是记录历史事实，探索历史兴衰成败的规律。这种史书编辑的鉴戒思想，在魏晋南北朝有了进一步发展。如前面所述的范晔编辑的《后汉书》就从鉴戒意识发展为"正得失"的思想，南朝齐沈约编辑的《宋书》同样体现了鲜明的鉴戒思想。沈约，字休文，吴兴武康人。《梁书》中称沈约"流寓孤贫，笃志好学，昼夜不倦"②，博览群书，善于属文。沈约历仕宋、齐、梁三代，先后任齐著作郎、中书郎、司徒右长史、尚书左丞，梁骠骑司马、散骑常侍、吏部尚书等职。沈约一生著述、编辑成就甚丰，《梁书》称其"所著《晋书》百一十卷，《宋书》百卷，《齐纪》二十卷，《高祖纪》十四卷，《迩言》十卷，《谥例》十卷，《宋文章志》三十卷，文集一百卷：皆行于世。又撰《四声谱》……"③《宋书》编辑于南朝齐永明五年（487年），全书一百卷，分为本纪、志、列传三个部分。沈约在写给齐高帝的《上宋书表》中，首先阐述了史书编辑的重要性，指出史书的编辑可以"树德往朝，立勋前代"，他说："伏惟皇基积峻，帝烈弘深，树德往朝，立勋前代。若不观风唐世，无以见帝妫之美；自非睹乱秦余，何用知汉祖之业。是以掌言未记，爰动天情，曲诏史官，追述大典。"④ 然后，明确地指出了《宋书》的编辑思想，他说："窃惟宋氏南面，承历统天，虽世穷八主，年灭百载，而兵车驱动，国道屡屯，垂文简牍，事数繁广。若夫英主启基，名臣建绩，拯世夷难之功，配天光宅之运，亦足以勒铭钟鼎，昭被方策。及虐后暴朝，前王罕二，国畔家祸，旷古未书，又可以式规万叶，作鉴于后。"⑤ 在沈约看来，编辑《宋书》既是对英主前贤的表彰，又是对后主败纪的反思。更重要的是，这种表彰和反

---

① 司马迁. 史记［M］. 北京：中华书局，1959：878.
② 姚思廉. 梁书［M］. 北京：中华书局，1973：233.
③ 姚思廉. 梁书［M］. 北京：中华书局，1973：243.
④ 欧阳询.《艺文类聚》卷五十五，清代文渊阁四库全书本.
⑤ 欧阳询.《艺文类聚》卷五十五，清代文渊阁四库全书本.

思，可以成为后世师法的标准，对后世有很大的鉴戒作用，即"式规万叶，作鉴于后"。继《宋书》之后，由梁武帝命吴均编辑的《通史》，同样以经世致用的鉴戒思想为宗旨。《梁书·吴均传》称其所撰《通史》"起三皇，讫齐代，均草本纪、世家功已毕，唯列传未就"①。据《梁书·萧子显传》，梁武帝萧衍对《通史》十分满意，"尝从容谓子显曰：'我造《通史》，此书若成，众史可废。'"② 据《梁书·武帝纪》，梁武帝曾经对该书"躬制赞序"。可惜的是，《通史》已经亡佚，梁武帝的这篇赞序也无从查考，但是，从梁武帝对该书的自负口吻，可以看出该书在总结史实，探索规律上，当有过人之处。同时，《通史》也是我国第一部以"通史"命名的通史著作，其"通古今之变"而垂训鉴戒的编辑宗旨不言自明。这一时期东晋史学家、编辑家裴松之为陈寿的《三国志》作的史注，也是以鉴戒垂训为指导思想。他在《上〈三国志〉注表》中首先指出了编辑史书的必要性，认为史书可以明智、鉴远。他说："臣闻智周则万里自宾，鉴远则物无遗照。虽尽性穷微，深不可识，至于绪余所寄，则必接乎粗迹。是以体备之量，犹曰好察迩言。畜德之厚，在于多识往行。"③ 然后，他明确指出为陈寿《三国志》作注的指导思想就是鉴戒垂训，他说："虽一贯坟典，怡心玄赜，犹复降怀近代，博观兴废。将以总括前踪，贻诲来世。"④ 由上可知，鉴戒垂训的思想，构成了魏晋南北朝时期史书编辑的基本思想。

二是"服务本朝"的导向思想。较之秦汉时期，魏晋南北朝时期的史书编辑，更强调为本朝统治者服务，体现出一种鲜明的导向思想。一方面，从史书编辑主体来看，政府对史书编辑的干预较之秦汉时期更强。在先秦两汉时期，大部分史书的编辑都还是私修史书，而非官修史书。包括《史记》《汉书》在内的很多正史，都是由史家个人编辑而成的。这些史家、编辑家，虽然位居史官，日食朝俸，但是在编辑的过程

---

① 姚思廉. 梁书 [M]. 北京：中华书局，1973：699.
② 姚思廉. 梁书 [M]. 北京：中华书局，1973：511.
③ 陈寿著，裴松之注. 三国志 [M]. 北京：中华书局，1959：1471.
④ 陈寿著，裴松之注. 三国志 [M]. 北京：中华书局，1959：1471.

中有较强的独立性。由于受到政府干预较少，因此他们可以相对自由地秉笔直书、依实褒贬，甚至可以如司马迁那样"触犯龙颜"，批评当朝帝王。但是，到了魏晋时期，政府对史书的编辑更为关注，史书编辑机构日益专职化。据史料载，魏明帝太和年间（227—232 年），曹魏政府开始设立著作郎一职，专门负责修撰国史。这就一改秦汉时期无专职史官的状况。到了南朝齐时，崔祖思上疏政府由著作官专司起居注，以纠正秦汉以来"君举必书"未有专人专职负责的状况。由此，形成了著作官员专司起居注的制度，日记君主言行及政务处置，以实现"君举必书，尽直笔而不污。上无妄动，知如丝之成纶"① 的修史目标。到了北齐时，史书编辑已开始实行监修制，魏收所编辑的《魏书》实乃由尚书右仆射高堂隆监修。这无不说明，在魏晋南北朝时期，政府越来越重视史书的编辑，同时加强了对史书编辑的干预。另一方面，从史书编辑的实践来看，编辑主体宣扬和维护本朝统治的思想倾向也十分明显。例如，晋人陈寿编辑《三国志》之时，就十分强调导向作用，竭尽全力地维护西晋政权的"合法性"。在曹氏和司马氏的政权权力争夺上，陈寿的史料剪裁表现出与其他史学家迥然不同的"史实"。《三国志》称魏帝齐王芳被司马师所废，是因为齐王芳不理政事，仁德沦丧，《三国志》引太后之令称其"春秋已长，不亲万机，耽淫内宠，沉漫女德，日延倡优，纵其丑谑"②。但是，裴松之注引鱼豢的《魏略》则与此相反，称太后之废齐王芳乃出于司马师的逼迫。由此可见，作为晋人的陈寿在编辑史书时对本朝利益的维护，实由其服务本朝的导向思想所决定。

编辑于这一时期的大部分断代史，都反映出服务本朝的导向思想。尤其是在涉及王朝更替之际的史事编辑上，如何回护本朝、维护正统，是编辑者无法回避的问题。比如沈约所编辑的《宋书》，出于对萧齐政权的维护，在史事的剪裁上，就将拥护前朝的行为"概曰反，曰有罪"。再如魏收所编辑的《魏书》，就将对峙的南方萧齐政权斥为"岛

---

① 萧子显．南齐书［M］．北京：中华书局，1972：520.

② 陈寿著，裴松之注．三国志［M］．北京：中华书局，1959：128.

夷",而沈约的《宋书》则称北魏政权为"索虏"。

三是"以谱别宗"的资用思想。到了魏晋南北朝时期,史书的门类更加丰富。除了正史之外,还出现了一种新的史书体裁——谱牒之书。所谓谱牒之书,就是有关家谱、族谱、宗谱之类的文献记载。谱牒之书,是史书的一个门类。《隋书·经籍志》将谱牒之书,归入史书门类,并且指出编辑谱录有"第其门阀"的重要作用。清代学者章学诚在《文史通义》中认为谱牒之书乃史书的一大门类,他说:"且有天下之史,有一国之史,有一家之史,有一人之史。传状志述,一人之史也;家乘谱牒,一家之史也;部府县志,一国之史也;综记一朝,天下之史也。"① 魏晋南北朝时期,谱牒之书的编辑极为兴盛。据阮孝绪《七录序目》,这一时期的谱牒之书的数量有四十二种、四百二十三帙、一千六十四卷之巨。② 其中,比较著名的有南朝梁王僧儒奉梁武帝萧衍之名编辑的《百家谱》,贾执编辑的《姓氏英贤谱》《百家谱》,等等。

谱牒之书编辑的兴盛,与魏晋南北朝的士族门阀制度有着密切关系。所谓士族门阀制度,就是士族这一特殊社会阶层在政治上、经济上享有特殊权力的社会制度。士族,又称世族、名门望族,是基于宗族的血统而形成的社会阶层。与士族相对应的是庶族、寒门。士族阶层一般都是世代官宦的豪门望族,比如南渡的王氏家族、谢氏家族、萧氏家族,都世代位居庙堂高位,掌握朝廷重权。士族制度的形成大致有两个方面的因素。一方面,这些名门望族在经济上有很大的势力,都拥有自己的庄园,甚至武装力量,成为该时期历朝统治者都必须依赖的统治基础。另一方面,由曹魏时期实行的"九品中正"官员选拔制度,强化了士族的政治特权。"九品中正"官员选拔制度,是按照士人的品行等级进行官员选拔,但是,品评士人品行等级的权力则落到了各州郡的士族手中。这就导致本来应以人的道德、才华高低为等级品评的标准,演变为以门第的高低为等级品评的标准。如此一来,家世高低、门第高低,成为士人能否入仕的唯一标准,以至于后来的品评"不顾才实,

---

① 章学诚. 文史通义,民国嘉业堂章氏遗书本.
② 僧祐,道宣. 弘明集·广弘明集 [M]. 上海:上海古籍出版社,1991:113-114.

衰则消下，兴则扶上，一人之身，旬日异状。或以货赂自通，或以计协登进，附托者必达，守道者困悴。无报于身，必见割夺"①，甚至导致出现"上品无寒门，下品无势族"的选官状况。"九品中正"的官员选拔制度，强化了士族的政治特权。与此同时，士族阶层为了维护自身的政治特权，还竭力地与庶族阶层划清界限，明确士族和庶族之间禁止通婚，生活方式有异，巩固既有的门第观念。魏晋南北时期的谱牒之书的编辑，正是在这样的背景下出现的，其编辑思想无疑是为"第其门阀"服务的。编辑族谱、宗谱、姓氏谱的目的，就是彰显门第，维护和巩固士族阶层既有的各项社会特权。

第二节　陈寿《三国志》的编辑思想

魏晋南北朝史家辈出，史学名著迭现，其中最有影响力的史作之一就是陈寿的《三国志》。"二十四史"中《三国志》与《史记》《汉书》《后汉书》齐名，被称为前四史。刘勰的《文心雕龙》称其"文质辨洽，荀张比之于迁固，非妄誉也"②，认为它是一部享有盛誉之书。清代学者钱大昕赞其"叙事之可信"，认为他的史家风范超过"范、欧阳"③。这里的"范、欧阳"，乃大史书家、编辑家范晔和欧阳修。《三国志》之所以能够取得如此成就，是与陈寿独特的编辑思想密不可分的。

陈寿，字承祚，四川南充人。《晋书·陈寿传》称其"少好学，师事同郡谯周。仕蜀为观阁令史，宦人黄皓专弄威权，大臣皆曲意附之，寿独不为之屈，由是屡被谴黜"④。这说明两点，一是陈寿从小对历史有浓厚兴趣，曾经师承当时的著名史学家谯周学习。二是陈寿为人耿

---

① 房玄龄．晋书［M］．北京：中华书局，1974：1274．
② 刘勰著，李明高译．文心雕龙译读［M］．济南：齐鲁书社，2009：156．
③ 钱大昕．《潜研堂集》卷二十四，清嘉庆十一年本．
④ 房玄龄．晋书［M］．北京：中华书局，1974：2137．

直，不随波逐流，因此官场受挫，屡被谴黜。魏国灭蜀后，司空张华"爱其才……举为孝廉，除佐著作郎，出补阳平令。撰蜀相《诸葛亮集》，奏之，除著作郎，领本郡中正。撰魏、吴、蜀三国志，凡六十五篇"①。《晋书》并没有说明《三国志》的成书时间，但是说明了此书受到当时的重视："时人称其善叙事，有良史之才。夏侯湛时著《魏书》，见寿所作，便坏己书而罢。张华深善之，谓寿曰：'当以《晋书》相付耳。'其为时所重如此。"② 这说明《三国志》是受到时人认可的。

《华阳国志·陈寿传》云："吴平后，寿乃鸠合三国史，著魏、吴、蜀三书六十五篇，号《三国志》，又著《古国志》五十篇。"③ 这说明《三国志》是在晋灭吴统一后所作，但是其具体成书时间由于史料匮乏，现难以确定。需要注意的是，《三国志》成书之时是各自为书的，《旧唐书·经籍志》将《魏书》列入正史类，而《吴书》和《蜀书》列入编年类，这样分类说明至少在唐代之前《三国志》的三书是独自流传的。

《三国志》之所以能够成书，至少有赖以下三个条件：一是陈寿本人的史才。不仅从《晋书》中的记载，能够看出陈寿的史才受到张华等人的推崇，《华阳国志·陈寿传》同样对陈寿的史才给予肯定，说"中书监荀勖、令张华深爱之，以班固、史迁不足方也。"④ 这里将陈寿之史才说得高于班固和司马迁，固然有夸大之词，但至少说明陈寿确实有良史之才。当时著名的政治家、军事家、编辑家杜预对陈寿也是备加推崇，曾经上表荐陈寿做散骑侍郎。二是当时的史料基础。在陈寿《三国志》成书或魏灭蜀、吴之前，当时的吴国已经有韦昭的《吴书》和魏国王沈的《魏书》等史书，这些都是陈寿编史的材料基础。加上陈寿早年就有撰史志向，再加上他是蜀国人，熟悉蜀事，早年就留心材料收集。这些是《三国志》成书的材料基础。三是张华等人的鼎力襄

① 房玄龄.晋书［M］.北京：中华书局，1974：2137.
② 房玄龄.晋书［M］.北京：中华书局，1974：2137.
③ 陈寿著，裴松之注.三国志［M］.北京：中华书局，1959：1475.
④ 陈寿著，裴松之注.三国志［M］.北京：中华书局，1959：1475.

助。如前所述，张华等人对陈寿之才是备加推崇，也正是因此陈寿而仕宦佐著作郎、著作郎等职，这些都是他编史必不可少的条件。

一　以宣正统的编辑宗旨

陈寿的《三国志》有着强烈的正统思想。这种正统思想首先反映在该书的编辑体例上。《三国志》之前，史书的体裁有国别体、编年体和纪传体，如《国语》《春秋》《史记》。但是，陈寿所处的时代已与前代俨然不同，三国鼎立，各据一方。面对如此复杂的历史，如果单纯地承继此前任何一种史书体裁，都不能准确地、更好地反映历史现实。写三国的历史，必须解决以哪一国为正统的问题，但同时又要符合当时的历史现实。《三国志》的创新之处在于，在继承司马迁所创立的纪传体史书体例的基础上各为纪传、分国叙写，创立了一种"纪传体的分国史"。《三国志》全书分《魏》《吴》《蜀》三书，总共六十五卷，其中《魏》书三十卷，《蜀》书十五卷，《吴》书二十卷。这种体例的独特之处在于两点：一是分国叙写。即按照魏、蜀和吴三国鼎立的历史事实分别叙写历史，分为三书，在体例上各不统摄，独立成书，充分尊重历史的现实。二是各为纪传。在分国叙写的同时，又各为纪传，《魏》之诸帝中称纪，《蜀》《吴》之帝称主。这样既充分地尊重了历史事实，又突出了各自不同的历史地位，并凸显出尊魏为正统的思想。当然，这一点曾饱受后人责难，如东晋的习凿齿和南宋朱熹，都认为陈寿身为蜀人而不该以魏为正统。清代学者永瑢在《四库全书简明目录》中说："寿不以正统予蜀，为后儒之论端。然晋承魏祚，寿为晋臣，伪魏是伪晋也，未免于不论其世。"① 这里其实只是陈寿尊魏为正统的一个原因。更重要的在于，魏国是当时三国的中心，也代表历史发展的方向，而这才是陈寿尊魏为正统的更深层原因。陈寿这种尊魏为正统的思想，同时也是他追求历史真实精神的体现。对于《三国志》的体例，钱大昕《潜研堂集》也给予了充分的肯定："陈承祚《三国志》，创前人未有之

① 永瑢. 四库全书简明目录［M］. 上海：上海古籍出版社，1985：182.

例，悬诸日月而不刊者也。魏氏据中原日久而晋承其禅，当时中原人士知有魏不知有蜀、吴也。自承祚书出，始正三国之名。"①

陈寿的正统思想，还表现在他对封建嫡长子继承制的维护上。在《袁绍传》《刘表传》中，他批评两者都不遵循正统的嫡长子继承制，认为这种破坏传统继承制的做法是导致他们两人败覆的重要原因之一。他说："袁绍、刘表，咸有威容、器观，知名当世。表跨蹈汉南，绍鹰扬河朔，然皆外宽内忌，好谋无决，有才而不能用，闻善而不能纳，废嫡立庶，舍礼崇爱，至于后嗣颠蹶，社稷倾覆，非不幸也。"② 在记叙曹操选择继承人的过程中，陈寿同样表现出了鲜明的正统思想。《崔琰传》载，魏国初建之时未立太子，曹操在曹丕和曹植之间犹豫不决，向群臣咨询意见。曹植虽然是崔琰的兄女婿，但崔琰却明确地向曹操直谏立长不立庶，他说："盖闻《春秋》之义，立子以长，加五官将仁孝聪明，宜承正统。琰以死守之。"③ 陈寿记载曹操对崔琰此举的态度是"太祖贵其公亮，喟然叹息"④。在对崔琰的史论中，陈寿说："崔琰高格最优，鲍勋秉正无亏，而皆不免其身，惜哉。"⑤ 这里的"高格"实乃对崔琰以上举事的赞赏，也正是陈寿的正统思想的反映。

二 天命人事并重的编辑观

陈寿的《三国志》有着浓厚的天命论思想，这既是陈寿的史学观，也是他的史学编辑观。在记录一些重大历史事件的因果发展时，陈寿常常用天命来解释历史现象。比如，在记录曹操大破袁绍时，陈寿说："初，桓帝时有黄星见于楚、宋之分，辽东殷馗善天文，言五十岁当有真人起于梁、沛之间，其锋不可当。至是凡五十年，而公破绍，天下莫敌矣。"⑥ 他通过这种星象变化来暗示曹操破袁绍，是天意。在记录曹

① 钱大昕.《潜研堂集》卷二十四，清嘉庆十一年本.
② 陈寿著，裴松之注. 三国志［M］. 北京：中华书局，1959：217.
③ 陈寿著，裴松之注. 三国志［M］. 北京：中华书局，1959：368－369.
④ 陈寿著，裴松之注. 三国志［M］. 北京：中华书局，1959：368－369.
⑤ 陈寿著，裴松之注. 三国志［M］. 北京：中华书局，1959：369.
⑥ 陈寿著，裴松之注. 三国志［M］. 北京：中华书局，1959：22.

魏代汉时，陈寿说："初，汉熹平五年，黄龙见谯，光禄大夫桥玄问太史令单飏：'此何祥也？'飏曰：'其国后当有王者兴，不及五十年，亦当复见。天事恒象，此其应也。'内黄殷登默而记之。至四十五年，登尚在。三月，黄龙见谯，登闻之曰：'单飏之言，其验兹乎'。"[①] 这也是通过所谓"异象"，来说明曹魏代汉乃是一种天命。在记录刘备改号称帝之时，陈寿同样用天命观来说明这一历史事件的合理性。他说："是后在所并言众瑞，日月相属。"[②] 并引用议郎刘豹等人的话来进一步说明这种天命观，说："汉初兴，五星从岁星谋。岁星主义，汉位在西，义之上方，故汉法常以岁星候人主。当有圣主起于此州，以致中兴。"[③] 在记录西晋统一全国，代曹魏而兴时，陈寿同样以天命论来解释这一历史现象，称其为"天禄永终，历数在晋"[④]。

在用天命来说明朝代兴替、事功成败的同时，陈寿比较重视人事在历史兴衰中的重要作用。比如，在评论曹操之所以取得很大的事功时，陈寿说："汉末，天下大乱，雄豪并起，而袁绍虎视四州，强盛莫敌。太祖运筹演谋，鞭挞宇内，临申、商之法术，该韩、白之奇策，官方授材，各因其器，矫情任算，不念旧恶，终能总御皇机，克成洪业者，惟其明略最优也。抑可谓非常之人，超世之杰矣。"[⑤] 这里，明显是将历史的成败得失归于曹操个人的才能、谋略。在论述曹氏政权之所以被司马氏所取代时，陈寿说："古者以天下为公，唯贤是与。后代世位，立子以嫡。若嫡嗣不继，则宜取旁亲明德，若汉之文、宣者，斯不易之常准也。明帝既不能然，情系私爱，抚养婴孩，传以大器，托付不专，必参枝族，终于曹爽诛夷，齐王替位。高贵乡公才慧夙成，好问尚辞，盖亦文帝之风流也。然轻躁忿肆，自蹈大祸。陈留王恭己南面，宰辅统政，仰遵前式，揖让而禅，遂飨封大国，作宾于晋，比之山阳，班宠有

① 陈寿著，裴松之注．三国志 [M]．北京：中华书局，1959：58.
② 陈寿著，裴松之注．三国志 [M]．北京：中华书局，1959：887.
③ 陈寿著，裴松之注．三国志 [M]．北京：中华书局，1959：888.
④ 陈寿著，裴松之注．三国志 [M]．北京：中华书局，1959：154.
⑤ 陈寿著，裴松之注．三国志 [M]．北京：中华书局，1959：55.

加焉。"① 这里也是从君主才能品德的角度说明曹氏政权为何被司马氏所攫取。

三　严谨细致的编辑作风

史料选取是史书编辑的重要内容。史料选取的准确性、典型性，决定着史书编辑水平的高低。魏晋南北朝时期史书的史料选取继承了秦汉时期开创的求真求是精神，表现了一代编辑家严肃认真的史书编辑态度。在论述《三国志》的史料选取时，清代学者赵翼在《廿二史札记》中说："《三国志》虽多回护，而其剪裁斟酌处，亦自有下笔不苟者。参订他书，而后知其矜慎也。"② 他认为，陈寿史料的选取表现出了严谨细致的编辑作风和求真求是的编辑精神。据《汉晋春秋》载，魏文帝宠郭后而赐死甄后，然后让郭后将魏明帝抚养成人。魏明帝即位之后，得知此事，就将郭后逼杀。据鱼豢的《魏略》记载，甄后临死之前，将魏明帝托付给李夫人抚养。在郭后驾崩之后，李夫人向魏明帝说了甄后"被潜惨死，不得大殓之状"。魏明帝听后哀感流涕，让像殡甄后一样对待郭后。由此可见，当时史书有关郭后之死存在"逼杀"和"不逼杀"两种说法。而陈寿《三国志》在记载这个事情时，只在《魏明帝纪》中云"皇太后崩"，《郭后传》中云"太后崩于许昌，葬首阳陵西"，而没有言及郭后被魏明帝逼死之事。赵翼指出，陈寿这样选取史料充分显示了严谨细致的编辑作风和选取史料的求真求是精神。对一些没有经过证实的讹传之史料，陈寿绝对不轻易相信、编辑入书。他说："盖甄之赐死系实事，故传书之；郭之逼杀系讹传，故传不书。亦足见记事之慎也。"③ 再如毌丘俭谋反一事。《世说新语》称："司马师奉天子征俭，俭既破，天子先归。"裴松之在注《三国志》时，遍考诸书，认为只有在诸葛诞谋反时，司马昭挟太后和常道乡公征伐，而在征伐毌丘俭时，并未有天子亲行。陈寿在《三国志》中记载此事时，只

---

① 陈寿著，裴松之注. 三国志［M］. 北京：中华书局，1959：154.
② 赵翼.《廿二史札记》卷六，清嘉庆五年湛贻堂刻本.
③ 赵翼.《廿二史札记》卷六，清嘉庆五年湛贻堂刻本.

是说："司马景王征俭，斩其首。"在此，他未提天子亲征之事。由此可见，陈寿编书选材之精审严核。正是基于这样的原因，钱大昕才谓其"叙事之可信"，并认为陈寿的史才超过范晔和欧阳修。

四 追求简约的剪裁理念

《晋书·陈寿传》称《三国志》成书之后，"时人称其善叙事，有良史之才。夏侯湛时著《魏书》，见寿所作，便坏己书而罢"①。"善叙事"是《晋书》对《三国志》的评价。《晋书》中记载了这样一个故事："梁州大中正尚书郎范頵等上表曰：'昔汉武帝诏曰'司马相如病甚，可遣悉取其书'，使者得其遗书，言封禅事，天子异焉。臣等按：故治书侍御史陈寿作《三国志》，辞多劝诫，明乎得失，有益风化。虽文艳不若相如，而质直过之。愿垂采录。'于是诏下河南尹、洛阳令就家写其书。"② 这里，范頵对《三国志》的评价是"文艳不若相如，而质直过之"。这里讲的就是《三国志》的叙事风格，谓其叙述质朴，言意相合。《华阳国志·陈寿传》中称中书监荀勖、令张华认为陈寿的史才"以班固、史迁不足方也"。这里的史才当指《三国志》的叙事艺术。如何叙事实际上是史书编辑的一个重大问题。唐代著名史学家刘知几在《史通·叙事》中说："夫史之称美者，以叙事为先。"③ 而且他还论述了叙事的三个文风问题：一是叙事必须简要，二是叙事主张用晦，三是叙事不可虚妄。按照这三个标准来看，《三国志》被称为"善叙事"，最重要的原因就在于它叙事简要，文辞简约，即"文艳不若相如，而质直过之"。而叙事的简要风格又在于材料剪裁的得当和编辑语言的精当。赵翼在《廿二史札记》中说："袁宏《汉纪》，曹操薨，子丕袭位，有汉帝命嗣丞相魏王一诏，寿《志》无之。《献帝传》，禅代时，有李伏、刘廙、许芝等劝进表十一道，丕下令固辞，亦十余道，寿《志》亦尽删之，惟存九锡文一篇，禅位策一通而已。故寿书比《宋》、

---

① 房玄龄.晋书［M］.北京：中华书局，1974：2137.

② 房玄龄.晋书［M］.北京：中华书局，1974：2138.

③ 刘知几.《史通》卷六，四部丛刊景明万历刊本.

《齐》、《梁》、《陈》诸书，较为简净。董卓之乱，曹操尚未辅政，故《魏纪》内不详叙，而其事又不可不记，则于《卓传》内详之，此叙事善于位置也。"① 在这里，赵翼通过比较举出了三个事例。一是较之袁宏《汉纪》，陈寿省去了汉帝命嗣丞相魏王一诏；二是删去《献帝传》中的劝进表；三是《魏纪》中略叙曹操尚未辅政之事。通过这三个事例，可以看出陈寿编书讲究剪裁运化，强调选材求精求简求略。这正是他叙事风格简洁明了的内在原因。同时，《三国志》的编辑语言也极其简洁明净，堪称言简意赅，文约意丰。比如闻名于世的官渡之战中曹操突袭袁绍粮草一事，陈寿的叙述仅寥寥数十字："袁绍运谷车数千乘至，公用荀攸计，遣徐晃、史涣邀击，大破之，尽烧其车。"② 在这寥寥数十字中，既交代了袁绍方面的状况，又用"公用荀攸计"几个字说明了曹操的当机立断。一个"遣"和一个"邀"字把曹操作为政治家和军事家的运筹帷幄、指挥若定写得清清楚楚。"大破之，尽烧其车"几个字，则将这场战役的结果叙述得清晰可见。再如为世人所津津乐道的刘备三顾诸葛亮于茅庐一事，陈寿的叙述也是十分简约却又不失生动。陈寿是这样叙述的："徐庶见先主，先主器之，谓先主曰：'诸葛孔明者，卧龙也，将军岂愿见之乎？'先主曰：'君与俱来。'庶曰：'此人可就见，不可屈致也。将军宜枉驾顾之。'由是先主遂诣亮，凡三往，乃见。"③ 在这里，陈寿用"先主遂诣亮，凡三往，乃见"几个字就将刘备的求贤若渴和礼贤下士描述得十分生动，尤其其中"遂"字和"凡"字，前者说明了刘备听了徐庶话后的急切，后者表现了刘备求贤的诚恳。凡此等等，不一而足。由此不难看出，陈寿编辑语言的简约明净，文质相若。

总之，陈寿的《三国志》包含了丰富的编辑思想。"天命史观，亦重人事"既是其史学思想的哲学基础，也是其编辑思想的哲学基础。"宣正统"和"明仁德"思想，构成了其编辑宗旨。"分国叙写"则是

①　赵翼. 《廿二史札记》卷六，清嘉庆五年湛贻堂刻本.
②　陈寿著，裴松之注. 三国志［M］. 北京：中华书局，1959：21.
③　陈寿著，裴松之注. 三国志［M］. 北京：中华书局，1959：912.

其具体的编辑体例，是服务于其编辑宗旨的；"善叙事"则构成了其独特的编选理念和编辑风格。

在陈寿编辑《三国志》之前，已经有鱼豢的《魏略》、王沈的《魏书》和韦昭的《吴书》等三国史书。《三国志》书成之后，其他诸书悉数被取而代之，就连正在编辑《魏书》的夏侯湛也放弃计划，罢笔停作。① 原因无他，陈寿《三国志》无论是史料选取，抑或是叙事风格，都令他人望尘莫及。而这一切，都得益于编辑者独特的编辑思想。

第三节　裴松之《三国志注》的编注思想

这一时期的史书编辑，还有一个新的史书体裁，那就是史注，很兴盛。这一时期有很多编辑家为《史记》《汉书》《后汉书》《三国志》等书作注。其中，比较著名的有南朝刘宋时期裴骃的《史记集解》、南朝梁刘昭的《后汉书注》，以及南朝宋裴松之的《三国志注》。其中，最有影响的当属裴松之的《三国志注》。

裴松之，字世期，河东闻喜人。《宋书·裴松之传》称其少年聪慧，"八岁，学通《论语》《毛诗》"，"博览坟籍，立身简素"②。他历任东晋殿中将军、尚书祠部郎，南朝宋国子博士、中书侍郎、永嘉太守等职。据《宋书》，"上使注陈寿《三国志》，松之鸠集传记，增广异闻，既成奏上，上善之，曰：'此为不朽矣。'"③ 可见，裴松之的《三国志注》是在朝廷的支持下编辑的，并且在当时就得到皇帝的高度评价，享有令誉，被称为"不朽之书"。详审此书，该书编注思想主要表现在以下几个方面。

一　"以补其阙"的补阙思想

裴松之在《上〈三国志注〉表》中说："臣前被诏，使采三国异同

① 房玄龄．晋书［M］．北京：中华书局，1974：2138.
② 沈约．宋书［M］．北京：中华书局，1974：1698.
③ 沈约．宋书［M］．北京：中华书局，1974：1698.

以注陈寿国志。寿书铨叙可观，事多审正。诚游览之苑囿，近世之嘉史。然失在于略，时有所脱漏。臣奉旨寻详，务在周悉。上搜旧闻，傍摭遗逸。按三国虽历年不远，而事关汉、晋。首尾所涉，出入百载。注记纷错，每多舛互。其寿所不载，事宜存录者，则罔不毕取以补其阙。"① 裴松之认为，陈寿编辑的《三国志》是一部良史，"铨叙可观，事多审正"，但是缺点是过于简略，时有所漏。因此他奉旨作注，力在寻详，务在周悉。他指出，为《三国志》作注的一个重要指导思想是补《三国志》之阙，即"寿所不载，事宜存录者，则罔不毕取以补其阙"。为了注好《三国志》，裴松之广搜博采，备寻史料。他搜集了汉、魏、晋时期的文献材料几近二百种，广引各家著作，摘录之后附于《三国志》各卷之后。据有关学者统计，裴注参考书目多达一百八十七种，征引"史书三十九种、史料一百零一种，其他魏晋时代著作四十七种"②。这不仅大大丰富了原书的内容，而且成为名副其实的"组构型"编辑作品。那么，裴松之是如何对《三国志》进行补阙的呢？《四库全书总目》将此归纳为四种途径："一曰传所有之事，详其委曲；一曰传所无之事，补其阙佚；一曰传所有之人，详其生平；一曰传所无之人，附以同类。"③ 比如，《三国志·董卓传》中记载"卓性残忍不仁，遂以严刑胁众，睚眦之隙必报，人不自保"④，裴松之在这段话后就引用《魏书》和《英雄记》的资料作注："《魏书》曰：卓所愿无极，语宾客曰：'我相，贵无上也。'《英雄记》曰：卓欲震威，侍御史扰龙宗诣卓白事，不解剑，立挝杀之，京师震动。发何苗棺，出其尸，枝解节弃于道边。又收苗母舞阳君杀之，弃尸于苑枳落中，不复收敛。"⑤ 这里明显是对"传所有之事，详其委曲"。如《魏志·袁涣传》记载："（吕）布诛，涣得归太祖。"在此句之后，裴松之引用《袁氏世纪》作注："《袁氏世纪》曰：布之破也，陈群父子时亦在布之军，见太祖皆拜。涣独高揖不为礼，太祖甚严惮之。时太祖又给

---

① 陈寿著，裴松之注．三国志［M］．北京：中华书局，1959：1471.

② 逯耀东．魏晋史学的思想与社会基础［M］．北京：中华书局，2006：245.

③ 《四库全书总目》卷四十五，清乾隆武英殿刻本．

④ 陈寿著，裴松之注．三国志［M］．北京：中华书局，1959：174.

⑤ 陈寿著，裴松之注．三国志［M］．北京：中华书局，1959：174.

众官车各数乘,使取布军中物,唯其所欲。众人皆重载,唯涣取书数百卷,资粮而已。众人闻之,大惭。涣谓所亲曰:'脱我以行阵,令军发足以为行粮而已,不以此为我有。由是厉名也,大悔恨之。'太祖益以此为重焉。"① 这里,明显是对所无之事的补阙。再如《魏志·袁涣传》在记载袁涣的生平时提到其父袁滂,但仅说其"为汉司徒",其他并无所述。裴松之引用袁宏《汉纪》在其后作注:"袁宏《汉纪》曰:滂字公熙,纯素寡欲,终不言人之短。当权宠之盛,或以同异致祸,滂独中立于朝,故爱憎不及焉。"② 这里明显是对"传所有之人"的生平补充。如《魏志·高柔传》记载了高柔之孙高浑袭封其祖之爵,但并没有提及高柔之子的情况。裴松之则引用《晋诸公赞》将高柔之子高俊、高诞、高光的情况做了简单介绍。

二 "以备异闻"的备异思想

裴松之在《上〈三国志注〉表》中指出,他作注不仅要补《三国志》之阙,而且要备史料之异,力求将其所见不同的史料悉数列出,以备异闻。他说:"或同说一事而辞有乖杂,或出事本异,疑不能判,并皆抄内以备异闻。"③ 那么,如何备异呢?裴松之的编辑方法是,对一些同一注条,在不同来源的史料中选择一个相对完善的作为主注,列之于前,其他材料作为子注列之于后。在编排列注的过程中,裴松之对这些材料不做具体评价。比如,针对《魏书·武帝传》"太祖乃变易姓名,间行东归"条,裴松之为其作注:"《魏书》曰:太祖以卓终必覆败,遂不就拜,逃归乡里。从数骑过故人成皋吕伯奢。伯奢不在,其子与宾客共劫太祖,取马及物,太祖手刃击杀数人。《世语》曰:太祖过伯奢。伯奢出行,五子皆在,备宾主礼。太祖自以背卓命,疑其图己,手剑夜杀八人而去。孙盛《杂记》曰:太祖闻其食器声,以为图己,遂夜杀之。既而凄怆曰:

---

① 陈寿著,裴松之注. 三国志 [M]. 北京:中华书局,1959:333.
② 陈寿著,裴松之注. 三国志 [M]. 北京:中华书局,1959:333.
③ 陈寿著,裴松之注. 三国志 [M]. 北京:中华书局,1959:1471.

'宁我负人，毋人负我。'遂行。"① 这三个不同来源的材料，针对曹操杀故友吕伯奢一事而记载不同，评判不一，裴松之将它们悉数列出，不加论辩，目的正在于以备异闻，供人研判。再如，《魏书·刘表传》"刘表字景升，山阳高平人也。少知名，号八俊"条，裴松之为其作注："张璠《汉纪》曰：'表与同郡人张隐、薛郁、王访、宣靖、公绪恭、刘祗、田林为八友，或谓之八顾。'《汉末名士录》云：'表与汝南陈翔字仲麟、范滂字孟博、鲁国孔昱字世元、勃海苑康字仲真、山阳檀敷字文友、张俭字符节、南阳岑晊字公孝为八友。'谢承《后汉书》曰：'表受学于同郡王畅。畅为南阳太守，行过乎俭。表时年十七，进谏曰：奢不僭上，俭不逼下，盖中庸之道，是故蘧伯玉耻独为君子。府君若不师孔圣之明训，而慕夷齐之末操，无乃皎然自遗于世。'"② 裴松之引用《汉纪》和《汉末名士录》两个不同材料，说明当时针对《三国志》所言的"八俊"有不同说法，因此抄录备异，以供考证。

裴松之的备异思想，反映了他编史注力求博洽的编辑观念。他说："自就撰集，已垂期月。写校始讫，谨封上呈。窃惟缀事以众色成文，蜜蜂以兼采为味，故能使绚素有章，甘逾本质。"③ 裴松之认为，史注的编辑应该像蜜蜂酿蜜一样广搜史料，博采众长，然后在此基础上对其详加审辩，择善而从。只有这样，才能如缀事成文、蜜蜂酿蜜一样使"绚素有章，甘逾本质"，即反映出历史的"真实"。

三 "以惩其妄"的断疑思想

在为《三国志》作注的过程中，裴松之不仅强调史料的编组重构，而且重视编辑主体意识的发挥。他在《上〈三国志注〉表》中说："若乃纰缪显然，言不附理，则随违矫正以惩其妄。其时事当否及寿之小失，颇以愚意有所论辩。"④ 在裴松之看来，史注编辑不仅要对史料进

---

① 陈寿著，裴松之注. 三国志［M］. 北京：中华书局，1959：5.
② 陈寿著，裴松之注. 三国志［M］. 北京：中华书局，1959：210.
③ 陈寿著，裴松之注. 三国志［M］. 北京：中华书局，1959：1471.
④ 陈寿著，裴松之注. 三国志［M］. 北京：中华书局，1959：1471.

行补述，还要对史料进行严加考证和批评。即对那些"纰缪显然，言不附理"的错误之处，要"随违矫正以惩其妄"；对"时事当否及寿之小失"的疑问之处，要"有所论辩"。这些惩妄和论辩主要反映在他的自注之中。据统计，裴松之为《三国志》全书作注有二千三百八十九条，其中裴松之自注有二百五十九条，其余大部分为收集资料的补阙、备异之注。他的自注大部分以"臣松之按"和"臣松之以为"起始。比如《魏书·文帝纪》中"十二月，初营洛阳宫，戊午幸洛阳"条的自注是："臣松之案：诸书记是时帝居北宫，以建始殿朝群臣，门曰承明，陈思王植诗曰：'谒帝承明庐'是也。至明帝时，始于汉南崇德殿处起太极、昭阳诸殿。《魏书》曰：以夏数为得天，故即用夏正，而服色尚黄。《魏略》曰：诏以汉火行也，火忌水，故'洛'去'水'而加'佳'。魏于行次为土，土，水之牡也，水得土而乃流，土得水而柔，故除'佳'加'水'，变'雒'为'洛'。"① 这里的"臣松之案"是对所注"洛阳宫"和所引《魏书》《魏略》材料的解释。

裴松之的编辑思想还表现出了严肃认真的编辑态度。他在《上〈三国志注〉表》中谦虚地说自己"顽劣""愚钝"，称他编辑此书是怀着"酬圣旨""塞愆责"的强烈责任感，抱着"愧惧之深，若坠渊谷"的敬畏之心完成的。他说："臣寔顽乏，顾惭二物。虽自馨励，分绝藻缋，既谢淮南食时之敏，又微狂简斐然之作。淹留无成，祇秽翰墨，不足以上酬圣旨，少塞愆责。愧惧之深，若坠渊谷。"②

第四节　范晔《后汉书》的编辑思想

魏晋南北朝时期，与《三国志》同被列为"四史"的是南朝宋时范晔编辑的《后汉书》。范晔，字蔚宗，顺阳人。《宋书·范晔传》说

---

① 陈寿著，裴松之注. 三国志［M］. 北京：中华书局，1959：76.
② 陈寿著，裴松之注. 三国志［M］. 北京：中华书局，1982：1471-1472.

他"少好学，博涉经史，善为文章，能隶书，晓音律"①。范晔是晋豫章太守范宁的孙子，出身贵胄，袭封武兴县五等侯。历任高祖相国掾、彭城王义康冠军参军、尚书外兵郎、秘书丞、尚书吏部郎等职。元嘉元年（424年），因事触怒义康而左迁宣城太守。后来又屡迁左卫将军、太子詹事等职。元嘉二十二年（445年），因为与孔熙先、谢综等人密谋拥立彭城王刘义康，被人告发而受诛，时年四十八岁。《宋书·范晔传》中称"左迁晔宣城太守。不得志，乃删众家《后汉书》为一家之作"②。由此可知，《后汉书》当是范晔在任宣城太守期间所作。范晔编辑时原定与《汉书》相应，成书十纪、十志、八十列传，合为百卷。但是由于谋反事件，原定的十志书并未完成。现在的《后汉书》中的律历、礼仪、祭祀、天文、五行、郡国、百官、舆服八志三十卷，是其后编辑家从司马彪的《续汉书》中补取而来的。

在《后汉书》编辑成书之前，当时不乏有关后汉时期的史作。据《隋书·经籍志》著录，当时就有三国时吴国谢承的《后汉书》、晋司马彪的《续汉书》、晋薛莹的《后汉记》、晋华峤的《后汉书》、晋谢沈的《后汉书》等，以及东汉政府官修的《东观汉记》。范晔的《后汉书》主要是以东汉的《东观汉记》为依据，参考诸多史书，"删众家"剪裁运化而成，是典型的编辑作品。此书成书后，其他后汉史书逐渐被淘汰，到唐代被列为正史的"四史"之一。

一　"正一代得失"的垂训鉴戒思想

在《后汉书》之前，已有后汉一朝的诸多史书，范晔为什么还要编辑此书呢？换言之，《后汉书》的编辑目的是什么呢？范晔因事系狱后，曾有《狱中与诸甥侄书》一文。在此文中，他说："既造《后汉》，转得统绪。详观古今著述及评论，殆少可意者。班氏最有高名，既任情无例，不可甲乙辨，后赞于理近无所得，唯志可推耳。……欲遍作诸志，《前汉》所有者悉令备。虽事不必多，且使见文得尽，又欲因事就

---

① 沈约. 宋书 ［M］. 北京：中华书局，1974：1819.
② 沈约. 宋书 ［M］. 北京：中华书局，1974：1820.

卷内发论，以正一代得失，意复未果。"① 在这里，他说他要仿效《汉书》，遍作诸志，因事就卷发论，"以正一代得失"。"以正一代得失"，其实不仅是编辑诸志的目的，也是范晔编辑《后汉书》的宗旨。范晔对前人编辑史作极其不满，认为"古今著述及评论，殆少可意者"。在他看来，班固的《汉书》是前代史书的佼佼者，但是仍然存在诸多问题，突出地表现在两个方面：一是任情无例，不遵循司马迁开创的史书体例；二是后赞于理近无所得，史论无可称道。尤其是第二点让范晔极其不满。在《后汉书》中，范晔非常重视通过材料的剪裁反映这一思想。比如在《王充王符仲长统列传》中，他不惜笔墨抄录了王符的《潜夫论》的五篇文章《贵忠篇》《浮移篇》《实贡篇》《爱日篇》《述赦篇》，"指讦时短，讨谪物情"，论政得失；又抄录了仲长统《昌言》中的《理乱篇》《损益篇》《法诫篇》三篇文章，评历史之兴亡，言为政之大道。再如他加设《皇后纪》对东汉一代"权归女主"这一历史现象进行揭露和反思。这反映的也是他对东汉历史兴亡问题的思考。范晔的"正一代得失"的垂训鉴戒思想还表现在他的史论编辑中。范晔继承了司马迁开创的史论传统，对诸多历史人物事迹叙述之后都要进行褒贬评价，表达史家看法。他的史论往往是先有论，后有赞。比如在《孝灵帝纪》中，他在传末论曰："《秦本纪》说赵高谲二世，指鹿为马，而赵忠、张让亦给灵帝不得登高临观，故知亡敝者同其致矣。然则灵帝之为灵也优哉！"② 又赞曰："灵帝负乘，委体宦孽。征亡备兆，《小雅》尽缺。麋鹿霜露，遂栖宫卫。"③ 有的只有赞，而没有论。比如在《马援列传》中，他在传末赞曰："伏波好功，爰自冀、陇。南静骆越，西屠烧种。徂年已流，壮情方勇。明德既升，家祚以兴。廖乏三趣，防遂骄陵。"④ 而在《循吏》《酷吏》等类传和《六夷》诸传中，他在传前列序论，传尾附总论，有时传中还有论。范晔对自己的论赞非

① 范晔. 后汉书 [M]. 北京：中华书局，1965：2.
② 范晔. 后汉书 [M]. 北京：中华书局，1965：359.
③ 范晔. 后汉书 [M]. 北京：中华书局，1965：360.
④ 范晔. 后汉书 [M]. 北京：中华书局，1965：863.

常重视，极为自信。他认为，《后汉书》中的很多论赞"笔势纵放"，乃天下奇作，其中有的不亚于贾谊的《过秦论》。他说："至于循吏以下及六夷诸序论，笔势纵放，实天下之奇作。其中合者，往往不减《过秦篇》。尝共比方班氏所作，非但不愧之而已。"① 范晔之所以敢将自己的论赞与贾谊和班固相比拟，不仅是因为他史论富有气势，观点独到，还因为他在这里寄托了论兴衰、正得失的史作意旨。他说："吾杂论传，皆有精意深旨。"这里的"精意深旨"当是他"以正一代得失"的编辑宗旨。

二　"既有裁味"的"整理"思想

范晔对《后汉书》的编辑非常自负。他认为，和班固的《汉书》相比，资料丰富广博可能比不上，但资料编组重构则毫不逊色。他说："博赡不可及之，整理未必愧也。吾杂论传，皆有精意深旨，既有裁味，故约其词句。"② 这说明范晔有着明确的编修整合思想，即"有精意深旨，既有裁味"。这一"整理"思想突出地表现在他对史书内容及体例的安排上。与《史记》《汉书》相似的是，《后汉书》继承并发展了他们人物列传以类相从的分类思想，除了人物专传，其他各传都"以类相从"，按类编叙。与此同时，为了更准确地反映东汉社会现实，范晔又增设了《党锢》《宦者》《独行》《逸民》《方术》《列女》《皇后》《文苑》等新类传。而《皇后》设在本纪之中，原因在于东汉后期朝政多由女性把持；《党锢》类传选入了刘淑、李膺、杜密、刘祐、魏朗等二十一名党人，反映了当时党锢之争的现实；《宦者》类传编选了郑众、蔡伦、孙程、曹腾、曹节、吕强、张让等八位宦官，反映了当时宦官当权的状况；《独行》类传选入了二十四位独行之士；《方术》类传选了包括华佗在内的三十四位方术之士；《逸民》类传则是对隐逸之士的记载；《列女》类传记载了十七位女子的事迹；《文苑》类传是专一为文学家所设。在这七个新增类传体例中，《列女》和《文苑》两个

---

① 范晔. 后汉书 ［M］. 北京：中华书局，1965：2.
② 范晔. 后汉书 ［M］. 北京：中华书局，1965：2.

类传最值得称道，均开了史书列传的先河，并且被以后史书编辑者所承继。与此同时，范晔还将《汉书》的民族传，重新分设为《东夷列传》《南蛮西南夷列传》《西羌传》《西域传》《南匈奴列传》《乌桓鲜卑列传》六卷，这样就使得民族传更加精细化、条理化、系统化。范晔所增加的类传内容、调整的类传体例，既是对纪传体体例的创新，又是对其的完善。正是在这个意义上，他对此表现出高度自信，称史书编辑"体大而思精"，没有与其堪比者。他说："纪、传例为举其大略耳，诸细意甚多。自古体大而思精，未有此也。"①

三　求精求新的传世意识

范晔编辑思想中有极强的精品意识。在谈到自己的论赞时，他高度自信，自赏之情溢于言表。他说："赞自是吾文之杰思，殆无一字空设，奇变不穷，同含异体，乃自不知所以称之。此书行，故应有赏音者。"②"殆无一字空设"，表现的是他求精求优的编辑观念，说明在写论赞之时，他十分重视锻句炼字，精雕细琢，力避沉调冗词，力求字字珠玑。"奇变不穷，同含异体"则反映了他求变求新的编辑思想，说明范晔追求编辑语言新奇，立争论述新意迭出。从他的论赞实际状况来看，范晔之言不虚。他的论常常立意高远，切中时弊；他的赞文采骈文之风，四字一句，韵味十足。如《光武帝纪》传末的赞曰："炎正中微，大盗移国。九县飙回，三精雾塞。人厌淫诈，神思反德。光武诞命，灵贶自甄。沈几先物，深略纬文。寻、邑百万，貔虎为群。长毂雷野，高锋彗云。英威既振，新都自焚。虔刘庸、代，纷纭梁、赵。三河未澄，四关重扰。神旌乃顾，递行天讨。金汤失险，车书共道。灵庆既启，人谋咸赞。明明庙谟，赳赳雄断。于赫有命，系隆我汉。"③ 这些赞语可谓句式整齐，文采粲然，字斟句酌，言简意丰。范晔希望此书能

---

① 范晔. 后汉书［M］. 北京：中华书局，1965：2.
② 范晔. 后汉书［M］. 北京：中华书局，1965：2.
③ 范晔. 后汉书［M］. 北京：中华书局，1965：87.

够传世，能够为知音所赞赏。他说："此书行，故应有赏音者。"① 但是，他又担心世人不能洞悉他编辑过程中的"体大思精"之用意，"恐世人不能尽之"。他还担心世人"贵古贱今"，此书湮没不闻。这些都说明范晔具有明确的精品意识和传世意识，对此书编辑求精求优，寄予厚望。

像范晔希望的那样，《后汉书》不仅成为史书编辑经典之作，传之久远，而且不乏后世知音。唐代著名史学家刘知几认为论赞"必择其善者，则干宝、范晔、裴子野是其最也"，高度评价《后汉书》的论赞。南宋学者王应麟说："史裁如范，千古能有几人。"王应麟的这句话实际上是对《后汉书》在史书编辑体例上所做贡献的高度评价。由范晔所"整理"而成的类传体例，既继承了司马迁所开创的史书类传传统，同时又有所创新，这一点对此后史书编辑的影响是不言自明的。

第五节　刘义庆《世说新语》的编辑思想

在魏晋南北朝的史书编辑中，有一类书籍颇值得注意，那就是以记录人物逸闻琐事为主的杂史。这类书籍在魏晋南北朝比较兴盛，如河东裴启的《语林》、东晋郭澄之的《郭子》、南朝宋刘义庆的《世说新语》、梁沈约的《俗说》等都出现于此时。其中成就最大、影响最为深远的当属宋临川王刘义庆编辑的《世说新语》。南宋董棻在刊刻《世说新语》的题记中说："宋临川王义庆采撷汉、晋以来佳话，为《世说新语》，极为精绝，而犹未为奇力。"② 明嘉靖吴郡袁耿在《世说新语序目》中指出："尝考载记所述晋人话言，简约玄澹，尔雅有韵。世言江左善清谈，今阅《新语》，信乎其言之也。临川撰为此书，采掇综叙，明畅不繁。"③ 由此可见，《世说新语》不仅具有很高的史学价值，而且

① 范晔. 后汉书 [M]. 北京：中华书局，1965：2.
② 余嘉锡. 世说新语笺疏 [M]. 北京：中华书局，1983：933.
③ 余嘉锡. 世说新语笺疏 [M]. 北京：中华书局，1983：931.

文学价值也令人称道。尽管我们称《世说新语》是一部杂史，但是实际上它是一部编辑作品，是编者在一定的史料基础上编辑而成的，它的成书蕴含了丰富的编辑思想，这也是它之所以能够影响深远的重要原因之一。

《世说新语》主要记录了汉末至东晋时士人阶层的奇闻逸事和言行举止，全面反映了当时士人阶层的生活和思想状况。对于该书的编者，学界还没有定论，现在主要有两种看法：一是认为它是由临川王刘义庆主编而成于众手，持此观点者以鲁迅为代表。他在《中国小说史略》中说："然《世说》文字，间或与裴郭二家书所记相同，殆亦犹《幽明录》《宣验记》然，乃纂辑旧文，非由自造：《宋书》言义庆才词不多，而招聚文学之士，远近必至，则诸书或成于众手，未可知也。"① 曹之先生在《〈世说新语〉编纂考》中也支持这一观点。另一种观点认为《世说新语》是由刘义庆一人编纂，持此观点者以《〈世说新语〉研究》的作者王能宪为代表，同时古代大部分的著书目录也都把刘义庆作为《世说新语》的编辑者来看待。其实，无论是哪种观点，都无法否认临川王刘义庆在该书成书上的编辑之功，尤其是他作为主编在发凡起例、审选定稿等方面所起的作用。因此，认识刘义庆的生平和思想，对全面把握《世说新语》的成书是很有意义的。

刘义庆是宋武帝刘裕之侄，长沙王刘道邻之子。《宋书》中说他"为性简素，寡嗜欲，爱好文义，才词虽不多，然足为宗室之表"②。可见他比较爱好文学，曾著有《幽明录》三十卷、《集林》二百卷等。《宋书》中还称他"招聚文学之士，近远必至。太尉袁淑，文冠当时，义庆在江州，请为卫军谘议参军，其余吴郡陆展、东海何长瑜、鲍照等，并为辞章之美，引为佐史国臣。太祖与义庆书，常加意斟酌"③。如果说《世说新语》是成于众人之手的话，他所招聚的文学之士应该在其中有抄纂之功，尤其是陆展、鲍照、袁淑诸人。

① 鲁迅. 鲁迅全集·卷九 [M]. 北京：人民文学出版社，2005：63-64.
② 沈约. 宋书 [M]. 北京：中华书局，1974：1477.
③ 沈约. 宋书 [M]. 北京：中华书局，1974：1477.

　　《世说新语》的编纂时间最早始于元嘉十年（433 年）左右。原因有二：一是书中所录人物最晚者是谢灵运，而谢灵运卒于元嘉十年。按照古书记人记事不选生人这个惯例，该书编纂时间最早应该始于此年。二是据《宋书》和《南史》记载，刘义庆从元嘉九年开始担任荆州刺史、平西将军诸职，正是在这一时期，陆展、袁淑、何长瑜等大批文士才开始来到他的周围。因此，此书如果成于众手，编纂的时间也应该不早于元嘉十年。刘义庆卒于元嘉二十一年（444 年），因此，此书的编纂时间应该在元嘉十年到元嘉二十一年之间。

　　由于时间久远和传播过程中的变化，历代对《世说新语》的卷帙和门类的记载不甚相同。卷帙有十卷、八卷、六卷和三卷等之说，内容的分类也有三十六门、三十九门等之说。现在通行的是由宋代晏殊整理、董棻刊刻的三卷、三十六门本。

　　宋高似孙在《纬略》中指出：“宋临川王义庆采撷汉、晋以来佳话，为《世说新语》。”这是说《世说新语》是采辑旧文的结果。鲁迅先生也认为《世说新语》是“乃纂辑旧文，非由自造”之书，是在采辑旧文的基础上编辑而成的。从旧文逸事到自成新体，一定有某种思想予以指导，否则难以自成新体。详审此书，它的编辑思想主要有以下三个方面。

一　采掇综叙、提供借鉴的编辑宗旨

　　由于史料缺乏，尤其序跋已经散佚，现已无法找到刘义庆关于《世说新语》编辑目的的具体表述。但是，大致可以通过两个方面来推测《世说新语》的编辑目的：一是本书所反映的作者的思想倾向；二是时代的风尚。《世说新语》记载的主要内容是汉末魏晋以来士人的言行举止。这些言行举止虽然各不相同，但总体上都表现出一种共同的时代风尚和追求，即求真情、尚脱俗、任自然、贵玄理。无论是其中的谈玄名理之风、品评鉴人之事，还是醉酒任性之情、忠孝贤淑之义等，都是这一时代精神的表现。现在人们常将这一时代风尚和追求称为“魏晋风度”或“魏晋风流”。李泽厚在《美的历程》中指出：“《世说新语》津津有味地论述那么多的神情笑貌，传闻逸事，其中并不都是功臣名将们的赫赫战功或忠臣义士的烈烈操守，相反，更多倒是手执麈尾，口吐玄言，扪虱而谈，辩才无碍，重点展示的是内在的智慧，高超的精神，脱俗的言行，漂亮的风貌。"①鲁迅先生在《魏晋风度及文章与药及酒之关系》中也对魏晋风度做了解释。表现魏晋风度或魏晋风流可以说是《世说新语》的主题。从主题内容反映出的编者态度来看，刘义庆对求真情、尚脱俗、任自然、贵玄理这一时代风尚是高度肯定和赞赏的。例如，他对谈玄名理之风不惜笔墨，反复摹写，采掇综叙。由此推测此书编纂的目的是表彰魏晋风度，为当时士人的品鉴学习提供典范。鲁迅先生曾认为，《世说新语》可看作一部名士的教科书，恐怕也是基于这样的考虑。

二 分类系事、以小取胜的体例观

《世说新语》的编辑思想还表现在其编辑体例的确立上。《世说新语》的编辑体例有两点特色：一是分类系事；二是以小取胜。

所谓分类系事，是指全书共三卷，分为三十六个门类，内容以门类来划分。三十六个门类分别是：德行、言语、政事、文学、方正、雅量、识鉴、赏誉、品藻、规箴、捷悟、夙惠、豪爽、容止、自新、企羡、伤逝、栖逸、贤媛、术解、巧艺、宠礼、任诞、简傲、排调、轻诋、假谲、黜免、俭啬、汰侈、忿狷、谗险、尤悔、纰漏、惑溺、仇隙。士人的奇闻逸事基本上是按照这三十六个门类来分类的。比如，刘伶裸裎纵酒的故事归入了任诞之中，王羲之坦腹相亲的故事归入了雅量之类中。分类系事的编辑体例，使得整部书的内容结构明确，条例清晰。另外，不同门类的内容多寡不同，如言语、文学、赏誉和品藻的故事在全书中数量最多，分别是108、104、156和88篇，这又使得整部书的主次分明、轻重明显。如此就形成了一个条例清晰、层次明确的图书内容结构体系。当然，三十六门的类目并不是都与内容一一对应，其

① 李泽厚. 美的历程［M］. 天津：天津人民出版社，2002：92.

中也有作品归类不当、不尽合理的地方。但从总体上看这一分类体系是富有特色的。

所谓以小取胜，是指《世说新语》所选历史故事篇幅短小精悍，引人入胜。《世说新语》所选故事的篇幅以小著称，字数最多的也不超过250字，多为几十字成篇，少者甚至十几字成篇。尽管历史故事篇幅短小，但在人物形象刻画和内在精神表现上都形神兼具、惟妙惟肖，读后令人称奇道妙。试举两例来看，"伤逝"中有这样一个故事："王子猷、子敬俱病笃，而子敬先亡。子猷问左右：'何以都不闻消息，此已丧矣。'语时了不悲。便索舆来奔丧，都不哭。子敬素好琴，便径入坐灵床上，取子敬琴弹，弦既不调，掷地云：'子敬，子敬，人琴俱亡！'因恸绝良久。月余亦卒。"① 这个故事仅一百零六个字，就把王徽之痛悼王献之的深情真情写出，而且字字珠玑，异常感人，令人痛绝。再有"赏誉"类中有这样的故事："王公目太尉：'岩岩清峙，壁立千仞。'"② 仅用十几个字就把王导眼中的王衍用比喻的手法逼真地呈现出来，形象地刻画出了王衍超凡脱俗、清拔俊秀的精神气质，活灵活现，真实可感。

需要指出的是，《世说新语》采用分类系事、以小取胜的编辑体例，并非创造，而是对此前这类书籍编辑体例的延续。东汉桓谭《桓子新论》中言："小说家合丛残小语，近取譬论，以作短书，治身理家，有可观之辞。"③ 这里的"丛残小语"和"短书"，其实正是当时小说通行的体制。早于《世说》的《新序》《风俗通义》等所记载人物逸事的篇幅也比较短小。《风俗通义》的体例是卷下有题，题下有门目。可见，《世说新语》的编辑体例思想是有一定历史继承性的。另外，确立这一编辑体例与编者的编辑目的也不无关系。上面已经指出，刘义庆编辑《世说新语》的目的并不在记录人物的故事本身，而是通过"志人"为当时士人提供一个学习借鉴的范本。这也影响到该书的

---

① 刘义庆．世说新语［M］．南宁：广西民族出版社，1996：356.
② 刘义庆．世说新语［M］．南宁：广西民族出版社，1996：225.
③ 王能宪．《世说新语》研究［M］．南京：江苏古籍出版社，1992：175.

编辑体例，"志人"的关键是传达人物的内在精神，因此无须长篇叙述人物故事，短小精悍的篇幅在表现人物的精神上更自由灵活，也更便于编者不拘一格，取材选例。而采用分类系事的体例，恐怕是出于便于士人学习的考虑。

三　以史为本、精剪别裁的编辑原则

《世说新语》具有很高的史学价值，其中所记大都为真人真事。其后《晋书》的内容就大量采自《世说新语》。《世说新语》的史学价值就在其编辑方法是以史为本。诚如鲁迅先生所说，它是"乃纂辑旧文，非由自造"之书。它所取材的旧文，又"大抵如史传文片段"，是真实的历史记载。据王能宪《〈世说新语〉研究》一书观点，《世说新语》的材料来源主要有三个方面：一是与《世说新语》同一类型的志人小说，如西晋郭颁的《魏晋世语》、东晋裴启的《语林》等；二是当时的史书，如《魏书》《魏略》《晋阳秋》等；三是当时的杂史，如《名士传》《高士传》《逸士传》等。① 《世说新语》正是在这些材料的基础上，进行选材、加工润色而成的。因此，从这个角度来讲，《世说新语》是名副其实的编辑作品，它具有较高的史学价值就在于它有创作基础，是以史为本的。

以史为本的编辑方法使《世说新语》对后世产生重大影响。此外，《世说新语》之所以在史学价值和文学价值上光彩熠熠，受人青睐，还在于其在编辑过程中非常得当和高超的剪裁运化之术。概括地讲，在编辑过程中它主要采用了以下几种方法：一是缩写，二是扩写，三是改写。缩写就是对原材料的压缩和简化，试看一例。"言语"门类第六十六篇记载了这样一个故事：王长史与刘真长别后相见，王谓刘曰："卿更长进。"答曰："此若天之自高耳。"② 这个故事可能取材于《语林》。《语林》是这样记载这个故事的："仲祖语真长曰：'卿近大进。'刘曰：'卿仰看邪？'王问何意？刘曰：'不尔，何由测天之高也。'"两相比

---

① 王能宪.《世说新语》研究 [M].南京：江苏古籍出版社，1992：45.
② 刘义庆.世说新语 [M].南宁：广西民族出版社，1996：57.

较，可以看出，《世说新语》的故事是在《语林》故事的基础上缩写而成的，但是经过缩写之后，故事的表现力更强，去掉了王长史的疑问和刘真长的反问，更加突出了刘真长回答问题的灵敏和机智，两人的对话也更富神韵。二是扩写，试看一例。"忿狷"门类中记载了王蓝田性急食鸡子的故事："王蓝田性急，尝食鸡子，以箸刺之，不得，便大怒，举以掷地，鸡子于地圆转未止，仍下地以屐齿蹍之，又不得，瞋甚，复于地取内口中，啮破即吐之。王右军闻而大笑曰：'使安期有此性，犹无一豪可论，况蓝田邪。'"①　《语林》对此故事的记载则寥寥数语："王蓝田食鸡子，以箸刺之不得，便大怒，投于地。"通过对比，可以发现此则故事《世说新语》的记载较之《语林》更为详赅，使用了增加润色之法，增加了对鸡子（鸡蛋）掉地、王蓝田的动作的描写，还增加了王右军的评价。经过这一编辑，王蓝田急躁的性格更加突出，尤其王右军的评价画龙点睛，在反衬对比的评点中对王蓝田的性格做进一步的描写，使得对人物性格的刻画达到栩栩如生的境地。三是改写或者说是综合。改写是对原材料更高程度的加工完善，可用缩写，也可用扩写，也可两者兼而用之，试看一例。"文学"类第四十三则记载了这样一个故事："殷中军读《小品》，下二百签，皆是精微，世之幽滞。尝欲与支道林辩之，竟不得。今《小品》犹存。"②据余嘉锡《世说新语笺疏》，这则故事可能取材于《高逸沙门传》和《语林》的记载。《高逸沙门传》只记载了殷浩能言名理，想求教于支道林而不得。《语林》则记载了王右军劝说支道林不要去与殷浩辩理的故事。因此，《世说新语》在编辑过程中运用的是综合改写之法，在原材料的基础上经过加工改写，使得故事更具体和圆转。

当然，无论是缩写、扩写还是改写，都是现代编辑常用的编辑方法。问题是，如何使作品朝着完善的方向发展，《世说新语》是有很多地方值得借鉴学习的。

在魏晋南北朝的杂史中，《世说新语》影响最大。南齐的敬胤和南

---

① 刘义庆．世说新语［M］．南宁：广西民族出版社，1996：504.
② 刘义庆．世说新语［M］．南宁：广西民族出版社，1996：108.

梁的刘孝标先后为之作注，其中犹以刘孝标《世说新语注》详博而流传最广。到了唐代，《隋书·经籍志》在著录此书时已将刘义庆的《世说新语》和刘孝标的《世说新语注》放在了一起。

《世说新语》的编辑影响表现在它确立的编辑体例和高超的剪裁运化之术上。《世说新语》之后，仿照其编辑体例而编辑的书籍也很多，如唐刘肃的《大唐新语》，宋王谠的《唐语林》、孔平仲的《续世说》，明李绍文的《明世说新语》，清吴肃公的《明语林》和章抚功的《汉世说》，等等，不胜枚举，无一不是仿照《世说新语》分类系事、以小取胜的编辑体例进行的。由此足见《世说新语》的编辑体例之于后世的影响。

此外，《世说新语》高超的剪裁运化之术对后世也很有借鉴意义。戴文葆先生在《历代编辑列传（八）》一文中指出："《世说新语》的编辑，最引人入胜处是整理剪裁之美。义庆及其门客非仅采集旧文，而是能选材精当，润饰加工，取得较高的艺术成就。篇幅短小，结构严谨，语言简约含蓄，行文悠远隽永，神韵生动，读之兴味盎然。……这首先是编辑整理、剪裁刻画的优秀成就。"[①] 由此看来，编辑一部作品，不仅要善于慧眼取材，而且要善于裁剪运化，能够做到点石成金，化腐朽为神奇，这也是《世说新语》这部作品的编辑带给我们的很大启示。

---

① 戴文葆．历代编辑列传（八）［J］．出版工作，1986（8）：51.

第五章　魏晋南北朝经部书籍编辑思想

魏晋南北朝的经部书籍编辑，是与当时经学的发展密不可分的。如前所述，汉代经学在经历了昌明兴盛之后，在魏晋时期开始走向衰落。皮锡瑞在《经学历史》一书中将魏晋时期的经学称为"中衰时代"，南北朝时期的经学称为"分立时代"。他说："经学盛于汉；汉亡而经学衰。"① 在论述南北朝经学发展状况时，他说："自刘、石十六国并入北魏，与南朝对立，为南北朝分立时代；而其时说经者亦有'南学''北学'之分。此经学之又一变也。"② 魏晋南北朝时期经学的衰败和分立，不仅改变着两汉时期所形成的治经方法，而且也影响到经部书籍的编辑思想。这一时期经部书籍的编辑思想走出了两汉时期今、古文经学两元对立的状况，而走向多元融合的境地。经学思想的多元化，为经部书籍编辑思想的发展开辟了广阔空间。经学发展在走向多元化的同时，经部书籍编辑也显现出与之相应的思想倾向、编辑观念，那就是融通思想。

第一节　经学走向多元化与经部书籍编辑的融通思想

一　经学多元化

魏晋时期，经学走向衰落。与此同时，经学的发展开始偏离经学本身而与其他思想学派发生交融、互通，并呈现出新的思想取向、价值

---

① 皮锡瑞著，周予同注．经学历史［M］．北京：中华书局，1959：141.
② 皮锡瑞著，周予同注．经学历史［M］．北京：中华书局，1959：170.

内涵和表现形式。其中，表现最为明显的两种形态就是经学的玄化和经学的佛化。所谓经学的玄化，是指儒家经学受到玄学的影响而偏离传统的治经之路，朝着玄学的方向发展。经学的玄学化，始于正始玄风的兴起。魏晋时期，正始玄风的代表人物主要是何晏和王弼。何晏，乃正始玄风的首倡者。刘勰在《文心雕龙·论说》中指出："魏之初霸，术兼名法。傅嘏、王粲，校练名理。迄至正始，务欲守文；何晏之徒，始盛玄论。于是聃周当路，与尼父争途矣。"① 何晏的"始盛玄论"，是指他雅好《易》《老》，热衷玄学论撰，倡导玄理。比如他为《老子》作注，著《道德论》。尤其是他在《道德论》一文提出了"以无为本"的玄学总纲，成为魏晋玄学三大论题之一。与此同时，他又用玄学思想来编注、解释儒家经典，比如他编辑的《论语集解》，最大的思想特征就是以道释儒。这就使得传统儒家经典带有了浓厚的玄学特色。王弼，字辅嗣，是继何晏之后影响较大的玄学名士。他编辑的《老子注》《周易注》《论语释疑》等，都名噪一时，影响甚大。尤其是他阐发的"以无为本"的玄学思想，包括了"无"本论、言意论、动静论等诸多方面，构成了一个完整的理论体系。同时，他对《周易》《论语》等儒家经典的编注，也打上了鲜明的玄学印记，表现出以道释儒的思想倾向。正如皮锡瑞所言："王弼、何晏祖尚玄虚，范宁常论其罪浮于桀、纣。王弼《易注》，空谈名理，与汉儒朴实说经不似；故宋赵师秀云：'辅嗣《易》行无汉学。'何晏《论语集解》合包、周之《鲁论》，孔、马之《古论》，而杂糅莫辨。"② 这里的范宁，实乃东晋儒学之士。他从传统经学的立场上，对何晏和王弼注经的玄学化倾向进行了尖锐批评。到了东晋和南朝，经学玄学化更加明显。当时的很多经学家治经都是"儒玄兼通""儒玄并综""儒玄兼修"。比如当时名士桓玄、谢万、曹毗、韩康伯、张璠、张绪、全缓诸人，都是一方面谈玄析理，另一方面以玄释儒。正如有学者所言："故自西晋起，经学就与汉儒学问有异，到东晋时，经学的玄化趋势更为明显，以至于在儒林中，完全没有玄学气息

---

① 刘勰著，李明高译. 文心雕龙译读 [M]. 济南：齐鲁书社，2009：180.
② 皮锡瑞著，周予同注. 经学历史 [M]. 北京：中华书局，1959：163.

的纯儒少之又少，而经学的玄化因之更盛。"①

　　经学佛学化是当时经学多元化的另一大形态。早在东晋时期，一些佛教高僧就有意调和儒佛矛盾，开始精研儒学，尝试以佛理融合儒道。比如东晋高僧慧远，据《高僧传》载，他"少为诸生，博综六经""性度弘博，风览朗拔，虽宿儒英达，莫不服其深致"②。这说明，慧远不仅佛学造诣很高，对儒学也很通达。再如，释僧肇，《高僧传》言其"家贫以佣书为业，遂因善写，乃历观经史，备尽坟籍"，这说明他也曾精研儒学。与此同时，当时的很多学者也心向佛教，研讨佛理。比如当时的很多名士，包括王导、谢安等人在内，都与当时的名僧交往甚密，相互酬唱。东晋著作郎孙绰甚至作《喻道论》，认为"周孔救时弊，佛教明其本耳"，极力调和儒佛。到了南朝，随着佛教发展的兴盛，经学佛学化更进了一步，这时的很多儒学名士，都是兼通儒、释，既是经学家，又崇信佛道。比如南朝宋时的雷次宗，字仲伦，豫章南昌人，是当时赫赫有名的经学家，在元嘉十五年（438 年）被请到京师，"开馆于鸡笼山，聚徒教授，置生百余人"③。但是他也是精通佛理之儒者。据《宋书》载，"少入庐山，事沙门释慧远，笃志好学，尤明《三礼》、《毛诗》……"④ 再如，南朝梁时的经学家皇侃，"少好学，师事贺场，精力专门，尽通其业，尤明《三礼》、《孝经》、《论语》"⑤。同时，他又笃信佛教，"性至孝，常日诵《孝经》二十遍，以拟《观世音经》"⑥。他还致力于儒佛贯通，认为孔子"毋意、毋必、毋固、毋我"的观点和"一切法无我"的佛理是一致的⑦，这就将儒家的生活态度和佛家的人生态度融通起来了。

---

①　吴雁南. 中国经学史［M］. 福州：福建人民出版社，2001：195.
②　释慧皎撰，汤用彤校注. 高僧传［M］. 北京：中华书局，1992：211.
③　沈约. 宋书［M］. 北京：中华书局，1974：2293.
④　沈约. 宋书［M］. 北京：中华书局，1974：2292.
⑤　姚思廉. 梁书［M］. 北京：中华书局，1973：680.
⑥　姚思廉. 梁书［M］. 北京：中华书局，1973：680.
⑦　张岂之. 中国思想学说史·魏晋南北朝卷［M］. 南宁：广西师范大学出版社，2008：725.

二　经部书籍编辑的融通思想

经学的多元化，必然导致士人治经观念、治经方法的变化，进而导致作为经学载体的经部书籍编辑思想的变化。在有汉一代，经学分为今文经学和古文经学两大学术流派，两大学术流派在对六经的认识、治经的方法上有很大不同。尤其是，在研究方法上两者迥异其趣，今文经学重微言大义，强调对章句之义理的阐发；古文经学注重对经文本义的注释和对典章制度的阐释，强调对名物的训诂。但是，在尊崇儒学、维护儒学价值上，两者并无异同。无论是重义理之学的今文经学，还是重训诂之学的古文经学，无一不认同经学的价值和经学地位。但是，随着经学的衰落和多元化发展，魏晋士人的经学思想发生了很大变化。经学不再是士人坚信不疑的唯一思想，包括玄学、佛学等在内的其他思想也成为士人精神生活的重要组成部分。经学的玄学化、佛学化，正是其时士人思想多元化的表现。与此同时，在他们解经、注经的编辑实践中，此前尊崇儒学、维护儒学的指导思想也发生了变化，取而代之的是一种融通思想。或融通儒道，或融通儒佛，或融通儒释道。如何晏编辑的《论语集解》就是典型的以道释儒；如王弼的《易注》也是儒道互通；如皇侃的注经，实乃儒道互通。正如皮锡瑞所言："皇侃之《论语义疏》，名物制度，略而弗讲，多以老、庄之旨，发为骈俪之文，与汉人说经相去悬绝。"① 再如，南朝齐时经学家伏曼容，所注有《周易》《毛诗》《老子》《庄子》等书，称得上是儒玄之书兼注，其儒道互通的思想显露无遗。由此可见，融通思想构成了魏晋南北朝时期经部书籍编辑的主导思想。这一主导思想，既来源于经学多元化的发展实践，同时又与当时士人的思想倾向密切相关。

第二节　王肃的编注思想

王肃是继东汉末年大经学家郑玄之后，又一位影响很大的经学家。

---

① 皮锡瑞著，周予同注. 经学历史 [M]. 北京：中华书局，1959：176.

皮锡瑞在《经学历史》中指出："郑学出而汉学衰，王肃出而郑学亦衰。"① 这里的郑学，即郑玄所开创的经学。由此不难看出，王肃经学在当时之影响甚大。王肃不仅是魏晋时期一位重要的经学家，也是著名的编辑家。他在精研经学的过程中，编辑了大量经部书籍。这些书籍不仅显现着他的经学思想，也体现着他丰富的编辑思想。

王肃，字子雍，魏东海郯（今山东郯城）人，大司徒王朗之子。王肃在十八岁时，师从当时荆州学派领袖宋忠学《太玄》，并且为之作解。先后任黄门侍郎、秘书监、广平太守、议郎、太常、散骑常侍等职。王肃的著述甚丰。据《三国志·王肃传》载："初，肃善贾、马之学，而不好郑氏，采会同异，为《尚书》、《诗》、《论语》、《三礼》、《左氏》解，及撰定父朗所作《易传》，皆列于学官。其所论驳朝廷典制、郊祀、宗庙、丧纪、轻重，凡百余篇。"② 此外，《隋书·经籍志》详录其著作不下二十种，诸如《周易注》十卷、《尚书注》十一卷、《尚书驳议》五卷、《毛诗义驳》八卷、《周官礼注》十二卷、《仪礼注》十七卷、《春秋左氏传注》三十卷、《孔子家语解》二十一卷、《圣证论》十二卷等。

王肃遍注群经，影响甚大，当时被称为"王学"，并列入官学。当然，王学入官学，除了王肃自身治经的原因，还与他当时的社会政治地位有关。他是当时权臣司马昭的岳父，政治上支持司马氏。在司马氏掌握政权之后，王肃之学的权威地位就自然确立。但是，从王肃注经的思想来看，确实有其独到之处。主要有以下几点。

一　寻文则实，错而易之的求是风格

《三国志·王肃传》称王肃"善贾、马之学，而不好郑氏"。这里的贾、马之学，乃贾逵和马融的古文经学，郑氏乃打破今、古文家法而独成一统的郑玄经学。史书还记载王肃在其《圣证论》中讥短郑玄之学，并与信奉郑玄经学的孙叔然展开论战，酿成"王学、郑学"之争。

①　皮锡瑞著，周予同注．经学历史［M］．北京：中华书局，1959：155．
②　陈寿著，裴松之注．三国志［M］．北京：中华书局，1959：419．

在具体的注经实践中，王肃常常驳斥郑玄经注之失。问题是，王肃为什么善贾、马之学，而不好郑玄之学？换言之，他在注经实践中为什么驳难郑学？王肃在其《孔子家语序》中说："郑氏学行五十载矣，自肃成童，始志于学，而学郑氏学矣。然寻文责实，考其上下，义理不安，违错者多，是以夺而易之。然世未明其款情，不谓其苟驳前师以见异于前人。乃慨然而叹曰：予岂好难哉？若无由之者，亦非予之罪也！是以撰经、礼，申明其义；及朝论制度，皆据所见而言。"① 这说明，王肃早年曾因为郑学影响之大，而受学于郑学，并不排斥郑学。但是，在受学郑学的过程中，他按照"寻文责实"的标准，发现郑学"义理不安，违错者多"。因此，才要"夺而易之"，纠其违错。可见，王肃注经的"不好郑学"，并非是门户之见，而是因为郑学注经违反了他"寻文责实"的编辑标准。这里的"文"当为经注，这里"实"当为经的实际意义。所谓"寻文责实"，就是注经应该真实、准确，要符合经文的本真意义。这不仅是王肃"不好郑学"的实际原因，也是他注经的标准。皮瑞锡先生在《经学历史》中指出了王肃"善贾、马之学，而不好郑氏"的矛盾。他说："肃善贾、马而不好郑，殆以贾、马专古文，而郑文又附益以今文乎？"② 他认为，贾逵、马融的经注，遵循古文家法，而郑玄的注经方法是杂糅今古文家法，也包含古文家法。这让他感到奇怪，王肃何以尊古文家法，而又驳难包含了古文家法的郑玄之经注。他进而指出，王肃这种杂糅今古文驳难郑学的思想，正犯了郑玄杂糅今古、败坏家法的错误。他认为，这种做法与"汉学复明"的道路是南辕北辙，越来越远。实际上，王肃注经"不好郑氏"的根本宗旨，并不是驳难郑氏，而是"寻文责实"，错而易之的注经求真精神。

二 不拘一家，通融古今的方法论

在具体注经的过程中，王肃不拘一家，融通今、古文经学。皮锡瑞

---

① 王肃著，王德明注. 孔子家语译注［M］. 南宁：广西师范大学出版社，1998：1.

② 皮锡瑞著，周予同注. 经学历史［M］. 北京：中华书局，1959：155.

先生指出："故其校郑，或以今文说校郑之古文，或以古文说校郑之今文。"① 例如《诗经·大雅·生民》有这样一句诗："厥初生民，时维姜嫄。生民如何，克禋克祀，以弗无子。履帝武敏，歆，攸介攸止，载震载夙，载生载育，时维后稷。"郑玄在为此作注时，就取三家诗之今文说，认为："祀郊禖之时，时有大神之迹，姜嫄履之，足不能满。履其拇指之处，心体歆歆然，其左右所止处，如有人道感己者也。于是遂有身，而肃戒不复御。后则生子而养，名之曰弃。"② 但是，王肃在为此句作注时，则取《毛诗》之古文说。他说："帝喾有四妃，上妃姜嫄，生后稷。……帝喾崩后，十月而后稷生，盖遗腹子也。虽为天所安，然寡居而生子，为众所疑，不可申说。姜嫄知后稷之神奇，必不可害，故欲弃之以著其神，因以自明。"③ 这实际上说明，他以古文经学校今文经学。再如《诗经·小雅·车辖》有这样一句诗："觏尔新婚，以慰我心。"郑玄在为此句作笺采用《毛诗》之古文说，解"慰"为"安"之意。他这样作注："我得见女之新昏如是，则以慰除我心之忧也。"④ 而王肃则从《韩诗》之今文说，改"慰"为"愠"。他作注说："《韩诗》以'以愠我心'；愠，恚也。"这实际是用今文校郑玄之古文的例子。由此可见，王肃注经是没有门户之见，不拘一家的。甚至，连他所善的"贾、马之学"，也并不一味遵从。

三　偏重义理，追求变通的主体意识

王肃注经的一个很大特点，是强调义理阐发，而不太重视传统的训诂"注经"方式。众所周知，两汉经学发展到东汉末年，日益走向烦琐化的泥潭。一字之说，动辄万言；一经之解，动辄百卷。正如桓谭所言："学者既多蔽暗，而师道又复缺然，此所以滋昏也。秦近君能说《尧典》，篇目两字之说，至十余万言，但说'曰若稽古'，三万言。"⑤

---

① 皮锡瑞著，周予同注. 经学历史 [M]. 北京：中华书局，1959：155.
② 皮锡瑞著，周予同注. 经学历史 [M]. 北京：中华书局，1959：157.
③ 皮锡瑞著，周予同注. 经学历史 [M]. 北京：中华书局，1959：157.
④ 皮锡瑞著，周予同注. 经学历史 [M]. 北京：中华书局，1959：157.
⑤ 桓谭.《新论》第九，载于《全上古三代秦汉三国六朝文》.

　　王肃也从字义训诂方面对《诗经》《尚书》《周易》等进行校勘、作注，但更强调经学义理的阐发。如在《易注》中，他摒弃有汉以来以象术解易的方式，而强调以义理释易。这就使得他的《易注》表现出轻象术、重义理的特点。在阐发义理的过程中，他具有明确的编辑主体意识，善于通过变通的方式来表达自己独到的见解。如在《易注》中，他用道家的思想改造了儒家的天道观。将传统《易》注中"天人感应""天人合一"的天道观，改造为道家"自然无为"的天道观。他在《孔子家语·大婚解》中假托孔子之口，回答了鲁哀公的"君子何贵乎天道"的提问。他说："贵其不已也。如日月东西相从而不已也，是天道也；不闭而能久，是天道也；无为而物成，是天道也；已成而明志，是天道也。"① 在这句话中，天道已经不再是有意志的、神秘不可测的天道，而是无为的、可以被人把握、顺从的天道。在这里，王肃不仅完成了传统注经方法的变革，而且推动了传统经学思想的发展，使得经学能够在更广阔的思想资源中得到滋养、转换和升华。

　　王肃的注经，顺应了魏晋之际经学求新变、求发展的要求。他寻文责实、错而易之的编辑作风，显示了其求是、求真的编辑精神。他错综古今、不拘一家的注经方法，表现了其勇于创新、敢于创造的学术勇气；他追求变通、偏重义理的注经观念，则开创了经学注解的新思路。其后，王弼等人注《易》都是王肃重义理的思路的延续。正如汤用彤先生所言："张惠言说，王弼注《易》，祖述肃说，特去其比附爻辰者。此推论若确，则由首称仲子（宋衷），再传子雍（王肃），终有辅嗣（王弼），可谓一脉相传者也。"② 此言不虚。到了唐代，孔颖达等人奉旨编注六经，其中很多地方还在引用王肃之言。由此可见，王肃注经思想影响深远。至于学界有关王肃伪造《孔子家语》之论，直到现在并无确论。吴承仕曾这样评价王肃，他说："子雍继起，远绍贾、马，近传父业，乃专以郑学为雠。其言'心之精神是谓圣'，又为玄学之宗。

---

① 王肃著，王德明注．孔子家语译注［M］．南宁：广西师范大学出版社，1998：1.
② 汤用彤．魏晋玄学论稿［M］．上海：上海古籍出版社，2001：79.

然则伪孔之传、清言之绪，亦自子雍启之。其关于学术升降者盖亦大矣！"① 此言前半信然，至于后半王肃伪造《孔子家语》之评，笔者以为，在没有确论之前，当显过早。

第三节　何晏《论语集解》的编辑思想

何晏，是魏晋之际又一位著名的经学家，同时也是正始玄风的开风气之先者。他的编经注经活动，不仅具有鲜明的时代特色，也充满了独特个性。尤其是他编辑的《论语集解》一书，无论是在经学史上，还是在经部书籍编辑史上，都影响深远。直到宋代，大学者朱熹还以此为底本对《论语》解注。

何晏，字平叔，南阳宛县（今南阳宛城区）人，汉末大将军何进之孙。何晏的母亲尹氏被曹操纳为妾，因此他自幼长在深宫，深受曹操宠爱，并和公主结为姻亲。在魏文帝时，何晏"无所事任"，魏明帝时也是屡不得志，"颇为冗官"。到魏齐王芳时，何晏受到曹爽的重用，任尚书，主选举，直到嘉平陵事件被司马氏所杀。

何晏是正始玄风的开风气之先者。刘勰在《文心雕龙·论说》中指出："魏之初霸，术兼名法；傅嘏、王粲，校练名理。迄至正始，务欲守文；何晏之徒，始盛玄论。于是聃周当路，与尼父争途矣。"② 其时，他和夏侯玄等人论辩名实，谈玄析理，名盛一时。据《三国志》转引《魏氏春秋》，司马懿的儿子司马师都被何晏等人的玄风所吸引，并参与其中。《三国志》称何晏"少以才秀知名，好老庄言，作《道德论》及诸文赋著述凡十余卷"。何晏的玄学思想集中体现在他所著的《道论》和《无名论》之中。何晏在《道论》中提出了"以无为本"的玄学思想。他说："有之为有，恃无以生，事而为事，由无以成。夫道之而无语，名之而无名，视之而无形，听之而无声，则道之全焉。故

①　吴承仕. 经典释文序录疏证［M］. 北京：中华书局，1984：42.
②　刘勰著，李明高译. 文心雕龙译读［M］. 济南：齐鲁书社，2009：180.

能昭音响而出气物，包形神而章光影；玄以之黑，素以之白，矩以之方，规以之员。员方得形而此无形，白黑得名而此无名也。"① 在这里，他从哲学思辨的角度提出了"有"恃无而存的宇宙存在本体论命题。在《无名论》中，他则论述了"以无为本"的方法论原则。

何晏的玄学思想，深深地影响到他的注经编辑活动。据《隋书·经籍志》著录，何晏的著作有《论语集解》十卷、《官族传》十四卷、《乐悬》一卷、《孝经注》一卷、《魏晋谥议》十三卷。在这些著作中，尤以其所编辑的《论语集解》影响最大。我们论述何晏的编辑思想，也主要是论述此书的编辑思想。

《论语》是儒家经典著作之一，而《论语集解》则是何晏首创的集解体经注。这部书，不仅被后来的《十三经注疏》所收录，而且被认为是一部"对《论语》解释的精粹集"。何晏在该书的序中说道："光禄大夫关内侯臣孙邕、光禄大夫臣郑冲、散骑常侍中领军乡亭侯臣曹羲、侍中臣荀凯、尚书驸马都尉关内侯臣何晏等上。"② 这说明，该书并非出自何晏一人之手。除了他之外，孙邕、郑冲、曹羲、荀凯等都参与了此书的编辑，何晏则是此书的主要编辑者。详审此书，何晏的编辑思想，主要表现在以下几个方面。

一 兼容诸家，补世之阙

在该书的序中，何晏首先追述了前代有关《论语》的编注情况，指出《论语》有三家之说，且彼此颇有差异。他说："汉中垒校尉刘向言：《鲁论语》二十篇皆孔子弟子记诸善言也。太子太傅夏侯胜、前将军萧望之、丞相韦贤及子玄成等传之。《齐论语》二十二篇，其二十篇中章句颇多于《鲁论》。琅邪王卿及庸生、昌邑中尉王吉皆以教授。故有《鲁论》，有《齐论》。鲁共王时尝欲以孔子宅为宫，坏，得古文《论语》。齐论有《问王》、《知道》，多于鲁论二篇。《古论》亦无此二篇，分《尧曰》下章'子张问'以为一篇，有两《子张》，凡二十一

---

① 杨伯峻. 列子集释 [M]. 北京：中华书局，1979：10－11.
② 何晏集解，邢昺疏. 论语注疏，见于十三经注疏，清阮刻.

篇，篇次不与《齐》、《鲁论》同。"① 在叙述了《论语》的三家之说后，何晏进而总结了前世其他八家为《论语》作注的情况。他说："安昌侯张禹本受《鲁论》，兼讲《齐论》，善者从之，号曰《张侯论》，为世所贵。包氏周氏章句出焉。《古论》唯博士孔安国为之训解，而世不传。至顺帝时，南郡太守马融亦为之训说。汉末大司农郑玄就《鲁论》篇章考之《齐》、《古》为之注。近故司空陈群、太常王肃、博士周生烈皆为义说。"② 最后，何晏指出了编辑该书的指导思想："前世传授师说有异同，不为训解。中间为之训解，至于今多矣，所见不同，互为得失。今集诸家之善，记其姓名，有不安者，颇为改易，名曰《论语集解》。"③ 可见，"集诸家之善"乃是何晏《论语集解》的指导思想。他认为，世传《论语》训注各有异同，且"互为得失"。因此，他要杂糅各家之善，为之集解。这说明，何晏摒弃了此前各注，尤其是《鲁论》《齐论》《古论》三家严守家法的门户之见。比如其为《八佾》一例是这样作注的："子曰：君子无所争，必也射乎！（孔曰：言于射而无有争。）揖让而升，下而饮。（王曰：射于堂，升及下，皆揖让而相饮。）其争也，君子。（马曰：多算饮，少算君子之所争。）"④ 在这条注释中，孔乃孔安国，王乃王肃，马乃马融。可以说是毫无门户之见，博采众家之长。

再如《为政》一例："子曰：吾十有五而志于学，三十而立。（有所成也）四十而不惑。（孔曰：不疑惑。）五十而知天命。（孔曰：知天命之终始。）六十而耳顺。（郑曰：耳闻其言，而知其微旨。）七十而从心所欲不逾矩。（马曰：矩，法也。从心所欲，无非法。）"⑤ 在这个注释中，有孔安国之注，郑玄之注，马融之注和何晏本人之注。

诸如此例，不一而足。由此可见，何晏的《论语集解》是集合了众家之注，破除了门户之见和家法之矩，像蜜蜂采蜜一样，博采众家之

---

① 何晏集解，邢昺疏．论语注疏，见于十三经注疏，清阮刻．
② 何晏集解，邢昺疏．论语注疏，见于十三经注疏，清阮刻．
③ 何晏集解，邢昺疏．论语注疏，见于十三经注疏，清阮刻．
④ 何晏集解，邢昺疏．论语注疏，见于十三经注疏，清阮刻．
⑤ 何晏集解，邢昺疏．论语注疏，见于十三经注疏，清阮刻．

长，为我所用。这一编注思想，不仅显现了何晏注经兼容并蓄的开放观念和求真精神，同时，在其"集解"的过程中，不少汉魏古注也得以保存下来，成为后世研究西汉《论语》注解的重要资料。

二　以道解儒，兼下己义

何晏在对《论语》作注的过程中，有明确的编辑主体意识，强调编辑主体对经文之义的认识、判断。他在《论语集解·叙》中就说道："今集诸家之善，记其姓名，有不安者，颇为改易，名曰《论语集解》。"① "有不安者，颇为改易"正是他的编辑主体意识。在具体作注的过程中，何晏虽然"集诸家之善"，引诸家之注，但是他不忘兼下己义，申明己见。与此同时，他的作注还深受玄学思想的影响，带有浓厚的以道解儒特色。这集中表现在，他常以道家的"自然无为"之道解释《论语》中儒家的社会伦理之道，以及圣人的理想境界。比如，《论语》中有这样一句话："子贡曰：'夫子之文章，可得而闻也；夫子之言性与天道，不可得而闻也。'"② 这句话一般的解释是说，孔子的"文章"，因之讲授，我们可以得到。但是，他有关人性与天道的看法，因为很少言及，故而无法听到。而何晏的注解则是："性者，人之所受以生也。天道者，元亨日新之道。深微，故不可得而闻也。"③ 在这里，何晏将孔子的社会伦理之道，解释为"元亨日新"的带有道家本体论特色的自然之道。并指出，这个"天道"玄远幽微，深不可名。显然，这一解释带有明显的道家思想旨趣，与老子所言之"道，不可道"相契合。再如《论语·阳货》篇有这样一句话："吾其匏瓜也哉，焉能系之不食！"④ 这句话本义是指孔子对怀才不遇的感慨，不能像匏瓜一样只挂着而不食用。何晏的注释则是："匏，瓠也，言瓠瓜得系一处者，不食故也。吾自食物，当东西南北；不得如不食之物，系滞一处。"⑤

---

① 何晏集解，邢昺疏．论语注疏，见于十三经注疏，清阮刻．
② 何晏集解，邢昺疏．论语注疏，见于十三经注疏，清阮刻．
③ 何晏集解，邢昺疏．论语注疏，见于十三经注疏，清阮刻．
④ 何晏集解，邢昺疏．论语注疏，见于十三经注疏，清阮刻．
⑤ 何晏集解，邢昺疏．论语注疏，见于十三经注疏，清阮刻．

在这里，何晏将孔子志在匡弊而怀才不遇的感慨，解释为庄子的逍遥江湖的自然之性，就很明显地带有了道家无为思想的色彩。再如《论语·述而》："子曰：志于道，据于德，依于仁，游于艺。"① 此句中"志于道"本义当为立志高远。但是，何晏的作注则为："志，慕也。道不可体，故慕之而已。"② 在这里，何晏再次将孔子的社会政治之道，解释为道家的本体论色彩的玄学之道。可见，何晏的《论语集解》带有鲜明的主体意识。在作注的过程中，他多次用道家思想来解释儒家本义，使得他的注解带有鲜明的以道解儒的思想倾向。

三　以古为体，取法简约

尽管何晏在为《论语》作注时，有鲜明的主体意识，常常兼下己义，但是，在注经方法上基本还是沿袭了古文经学注经之路，即比较重视文字、章句的训释，从经注的内容来看，主要包括字词、章句训释，名物制度训释，以及一些补充说明性训释。这说明，何晏为《论语》作注，是以古为体的。但是，在具体作注过程中，他却取法简约，力避两汉经注烦琐之风，力求注释简明扼要，一语中的。试举几例。如《里仁》："君子怀德，（孔曰：怀，安也。）小人怀土。（孔曰：重迁。）君子怀刑，（孔曰：安于法。）小人怀惠。（包曰：惠，恩惠。）"③ 再如《乡党》篇："入公门，鞠躬如也，如不容。（孔曰：敛身。）"④ 在这些注释中，何晏引注，抑或是自注，都可谓言简意赅，毫无冗赘之处。这充分体现了他取法简约的编辑思想。也说明，何晏对"西汉之末，五经章句皆极繁衍，东汉经学，病在烦琐"的两汉经注弊病的极力排斥。

何晏的《论语集解》是魏晋南北朝时期一部有关《论语》注释的重要编辑作品。首先，他创立了包容诸家的"集解"之体，具有发凡起例的重要作用。这一体例，既集诸家之善，融汇菁华，又保存文献，

---

① 何晏集解，邢昺疏．论语注疏，见于十三经注疏，清阮刻．
② 何晏集解，邢昺疏．论语注疏，见于十三经注疏，清阮刻．
③ 何晏集解，邢昺疏．论语注疏，见于十三经注疏，清阮刻．
④ 何晏集解，邢昺疏．论语注疏，见于十三经注疏，清阮刻．

补世之阙。为后世诸多编辑者所青睐、师法。如稍后同一个时代的杜预所编辑的《春秋左氏集解》、裴骃的《史记集解》，以及宋代朱熹的《四书章句集注》等，都是对何晏所创编辑体例的继承和发展。其次，何晏以道释儒的注经思想，对其后经学发展影响也甚大，为后来经学朝着义理化发展开辟了广阔的道路。正如吴承仕所说："自何氏《集解》以迄梁陈之见，说《论语》者，义有多家，大抵承正始之遗风，标玄儒之远致，辞旨华妙，不守故常，不独汉师家法荡无复存，亦与何氏所集者异趣矣。"① 清代学者钱大昕则说："自古以经训颛门者，列于儒林，若辅嗣之《易》，平叔之《论语》，当时重之，更数千载不废。"② 可见，何晏《论语集解》编辑思想之影响是何其深远。

第四节　王弼《周易注》的编注思想

在魏晋南北朝思想史上，王弼是一位影响巨大的哲学家，被称为"正始玄学的奠基者"③。他所提出的"无"本论、言意论、动静论等，构成了一个完整的玄学理论体系，代表着魏晋玄学思想的高度和广度。同时，王弼还是一个著名的编辑家。由他编辑的易学作品，不仅"数千载不废"，而且深刻影响到后世易学的编注工作。唐代学者孔颖达在《周易正义序》中就曾说过："唯魏世王辅嗣之注，独冠古今。所以江左诸儒，并传其学，河北学者，罕能及之。"④ 可见，王弼编辑活动的影响之深、之远、之久。

王弼，字辅嗣，是"建安七子"之一文学家王粲的从孙。据《三国志》注引何邵的《王弼传》，王弼少年天才，十余岁就"好《老氏》，通辩能言"。当时的吏部郎裴徽见到少年王弼，感到非常惊异，问他：

---

① 吴承仕. 经典释文序录疏证［M］. 北京：中华书局，1984：146.
② 钱大昕.《潜研堂集》卷二十四，清嘉庆十一年本.
③ 张岂之. 中国思想学说史·魏晋南北朝卷［M］. 南宁：广西师范大学出版社，2008：26.
④ 钱大昕.《潜研堂集》卷二十四，清嘉庆十一年本.

"夫无者诚万物之所资也，然圣人莫肯致言，而老子申之无已者何？"①
王弼回答："圣人体无，无又不可以训，故不说也。老子是有者也，故
恒言无所不足。"② 王弼的回答，既显示了他的机警，又体现了他对儒
家、道家思想的深入独到认识。无怪乎，当时吏部郎何晏以王弼为奇，
称赞他道："仲尼称后生可畏，若斯人者，可与言天人之际乎。"③ 王弼
一生在政治上无所作为，据史传他仅做过台郎一职，在正始十年（249
年）秋因病逝世，年仅二十四岁。

　　据史传，王弼编辑有《老子注》《老子指略》《周易注》等书。据
《隋书·经籍志》著录，王弼还有《周易略例》一卷、《论语释疑》二
卷。④ 其中，《老子注》和《周易注》是王弼最重要的编辑之作，其个
人思想也集中体现在这两部书中。《老子注》主要体现了他"以无为
本"的玄学总纲。《周易注》既体现了他的玄学思想，也包含了儒学思
想。《世说新语·文学》中有这样一条材料："何晏注《老子》未毕，
见王弼自说注《老子》旨。何意多所短，不复得作声，但应诺诺，遂
不复注，因作《道德论》。"⑤ 可见，王弼的《老子注》之不同寻常。
但是从影响来看，《周易注》影响更大。因此，我们探讨王弼的编注思
想，主要是指其《周易注》的编注思想。

　　《周易》是儒家经典之一，也是两汉经学的重要组成部分。《隋
书·经籍志》指出："昔宓羲氏始画八卦，以通神明之德，以类万物之
情，盖因而重之，为六十四卦。及乎三代，实为三《易》：夏曰《连
山》；殷曰《归藏》；周文王作卦辞，谓之《周易》。周公又作《爻
辞》，孔子为《彖》、《象》、《系辞》、《文言》、《序卦》、《说卦》、《杂
卦》，而子夏为之传。"⑥ 可见，《周易》成于众人之手，乃是集体编辑
作品。一般说来，它包括《易经》和《易传》两个部分。前者包括

---

①　陈寿著，裴松之注. 三国志［M］. 北京：中华书局，1959：796.
②　陈寿著，裴松之注. 三国志［M］. 北京：中华书局，1959：796.
③　陈寿著，裴松之注. 三国志［M］. 北京：中华书局，1959：796.
④　魏征. 隋书［M］. 北京：中华书局，1974：909.
⑤　余嘉锡. 世说新语笺疏［M］. 北京：中华书局，1993：200.
⑥　魏征. 隋书［M］. 北京：中华书局，1974：912.

《乾》《坤》等六十四卦的卦象、卦名、卦辞、爻题、爻辞。后者则是指后世学者对《易经》进行系统阐发而成的《系辞》《说卦》等作品。在两汉经学中，《易》学是被奉为五经之首的。两汉经学家围绕《易经》进行了深入研究，编辑了大量书籍，形成了不同的学术派别。《隋书·经籍志》指出："汉初，传《易》者有田何，何授丁宽，宽授田王孙，王孙授沛人施雠、东海孟喜、琅邪梁丘贺。由是有施、孟、梁丘之学。又有东郡京房，自云受《易》于梁国焦延寿，别为京氏学。尝立，后罢。后汉施、孟、梁丘、京氏，凡四家并立，而传者甚众。"① 两汉《易》学不只施、孟、梁丘、京氏四家，还有费直的费氏易学。费直，字长翁，西汉东莱人。他以古文字解《易》，且以传解经，因此被称为"费氏易学"或"古文易学"。据《隋书·经籍志》，王弼、何晏注《易》都是师承费氏之学。正是因为他们的编注活动，"费氏大兴，高氏遂衰"②。从内容上看，王弼的《周易注》并没有涵盖《周易》全部，只注了《易经》和《易传》中的《文言》《彖传》《象传》。而《系辞》以下的内容则由晋时的韩康伯完成。总体而言，王弼的《周易注》编辑思想主要有以下几个方面。

一 摈落象数，畅通义理

如前所述，汉代易学研究发达，《易》书编注兴盛，易学流派众多。但是，汉代易学研究的一个重要思想倾向，就是法上古而重象数。《易经》从起源来讲是一部卜筮之书，八卦的卦象实乃占卜的道具。后来形成的《易传》运用哲学的观点来注释《易经》，但并没有否定其占卜之性、占卜之用。这样就使得《周易》这部书既具有博大深厚的哲学精神，又有神秘莫测的巫术气息。两汉易学不仅没有摆脱先秦易学研究重巫术的传统，反而将其利用卦象和卦爻的奇偶来占卜预测的精神发挥到极致，形成了著名的易学研究象数学派。《四库全书·易类序》指出："汉儒言象数去古未远也，一变而为京、焦入于机祥，再变而为

---

① 魏征. 隋书［M］. 北京：中华书局，1974：912.
② 魏征. 隋书［M］. 北京：中华书局，1974：912.

陈、邵，务穷造化，《易》遂不切于民用。"① 这里面的京、焦正是前文所说的京房、焦延寿。所谓"入于机祥"，是指他们在注《易》解《易》之时，受到阴阳五行神秘学说影响，多用爻辰、卦气、互体等理论来阐释《易经》，将象数的变化与上天的意志紧密联系起来，并大力宣扬国家兴衰、个体祸福与象数的内在必然联系。象数易学发展到极端就是谶纬之学，比如后来的《易纬》，完全将易学神学化，将《易经》神秘化。

　　王弼在为《周易》作注时，有一个明确的编辑理念，那就是要摆脱传统易学重象数的传统，力求开辟出一种新的《易》注之风。在具体作注过程中，他注重从义理而非象数的角度来阐释《周易》。比如，象数派常将《易经》中的乾、坤、震、巽、坎、离、艮、兑八卦，解释为天、地、雷、风、水、火、山、泽等物象，并将这些物象和四时、五行、节气，甚至人的性情、祸福联系起来。而王弼则相反，他并不注重物象，而是将八卦分别解释为健、顺、畏惧、申命、险陷、丽、止、悦等义理。如象数派在解释《震》卦辞"震。亨"时是这样的："震，为雷。雷动物之气也。雷之发声，犹人君出政教以动中国之人也。故谓之震。人君有善声教，则嘉会之礼通矣。"② 在注释卦辞"震来虩虩，笑言哑哑，震惊百里，不丧匕鬯"时是这样的："虩虩，恐惧貌。哑哑，乐也。惊之言警。雷发声闻于百里，古者诸侯之象。诸侯出，教令能警戒其国内，则守其宗庙社稷……"③ 在这里，象数派是以雷象来解释《震》卦卦辞的，通过雷象来类事，进而预测吉凶祸福。王弼为此卦辞作注则是："震之为义，威至而后乃惧也，故曰'震来虩虩'，恐惧之貌也。震者，惊骇怠惰，以肃解慢者也，故震来虩虩，恐致福也；笑言哑哑，后有则也。"④ 在这里，王弼并没有从物象的角度来解释震辞，而是从"震"所表现的特性入手，将其注释为一种令人畏惧的情

---

① 贺长龄，四库全书提要，见于清经世文编，清光绪十二年思补楼影印．

② 郑玄．周易郑注，清湖海楼丛书本．

③ 郑玄．周易郑注，清湖海楼丛书本．

④ 楼宇烈．王弼集校释［M］．北京：中华书局，1980：474．

态，进而从哲学角度来阐发它所具有的"惊骇怠惰，以肃解慢"的义理。再如，《艮》卦爻辞有这样一句话："艮其背，不获其身；行其庭，不见其人。无咎。"象数派是这样注解此辞的："艮为山，山立峙，各于其所，无相顺之时，犹君在上，臣在下，恩敬不相与通。故谓之艮也……"① 在这里，象数派仍然是从物象的角度来注释的，首先将艮解释为山，然后认为人生祸福与这一物象是有密切关系的。王弼的注释则不然。他的注则为："艮者，止不相交通之卦也。各止而不相与，何得无咎？唯不相见乃可也。施止于背，不隔物欲，得其所止也。背者，无见之物也。无见则自然静止，静止而无见，则不获其身矣。相背者，虽近而不相见，故'行其庭，不见其人'也。夫施止不于无见，令物自然而止，而强止之，则奸邪并兴。"② 在这里，王弼仍然摒弃了取象之解，首先是将艮注释为止，然后从哲学的角度将此卦辞解释为物法自然的社会规律。

王弼重义理而轻象数的注《易》思想，表明他是有编辑自觉的。他曾经在其著作《周易略例》中对言、意、象的关系，有深入思考。他说："夫象者，出意者也。言者，明象者也。尽意莫若象，尽象莫若言。言生于象，故可寻言以观象；象生于意，故可寻象以观意。意以象尽，象以言著。故言者所以明象，得象而忘言；象者所以存意，得意而忘象。"③ 在王弼看来，言、象、意三者的关系是：言生于象，象生于意。在这三者之中，意才是最根本的，才是《易经》注释的重点。而这个"意"就是《易》经本身所蕴含的根本哲理。他还用庄子"得鱼忘筌""得兔忘蹄"的故事来喻《易经》的注释应该"得意忘象"。他说："犹蹄者所以在兔，得兔而忘蹄；筌者所以在鱼，得鱼而忘筌也……然则，忘象者，乃得意者也；忘言者，乃得象者也。得意在忘象，得象在忘言。故立象以尽意，而象可忘也；重画以尽情，而画可忘

① 郑玄. 周易郑注，清湖海楼丛书本.
② 楼宇烈. 王弼集校释 [M]. 北京：中华书局，1980：479 - 480.
③ 楼宇烈. 王弼集校释 [M]. 北京：中华书局，1980：609.

也。"① 《三国志》注引孙盛之言，曾对王弼《周易注》的这种编辑思想进行了激烈批评，他说："《易》之为书，穷神知化，非天下之至精，其孰能与于此？世之注解，殆皆妄也。况弼以傅会之辨而欲笼统玄旨者乎？故其叙浮义则丽辞溢目，造阴阳则妙颐无间，至于六爻变化，群象所效，日时岁月，五气相推，弼皆摈落，多所不关。虽有可观者焉，恐将泥夫大道。"② 孙盛批评王弼注《易》摈落象数，认为其"泥夫大道"。这是站在传统经学编辑的立场上对王弼重义理而轻象数的《易》注特点的批评。其实，他不明白，这一点恰恰是王弼《周易注》对前人的超越和发展。

二　以传解经，舍繁就简

如前文所述，在两汉易学学派中，除了施、孟、梁丘、京氏等，还有费氏易学这样一个重要流派。据《汉书·费直传》，费直"长于卦筮，亡章句，徒以彖象系辞十篇文言解说上下经。琅邪王璜平中能传之"③。可见，费氏《易》注有三大特点：一是以古文注经，二是不重章句，三是以传解经。所谓以传解经，就是用《易大传》（《周易》中传的部分，司马迁称之为《易大传》）的思想和术语来解释《易经》。王弼的《周易注》继承了费易以传解经的编辑原则。首先，他常常用原本属于《传》中的内容来解释《易经》中的爻辞之义。比如在注释《乾》卦的爻辞"初九，潜龙，勿用"时，他的注为："《文言》备矣。"④《文言》乃是解《易》之作的《易传》的重要一篇。这里意为，《文言》中已经解释清楚了，在此无须赘述。再如在注释《乾》卦的爻辞"九四，或跃在渊，无咎"时，他的注为："去下体之极，居上体之下，乾道革之时也。上不在天，下不在田，中不在人。履重刚之险，而无定位所处，斯诚进退无常之时也。近乎尊位，欲进其道，迫乎在下，

① 楼宇烈．王弼集校释［M］．北京：中华书局，1980：609．
② 陈寿著，裴松之注．三国志［M］．北京：中华书局，1959：797．
③ 班固．汉书［M］．北京：中华书局，1962：3602．
④ 楼宇烈．王弼集校释［M］．北京：中华书局，1980：211．

非跃所及；欲静其居，居非所安，持疑犹豫，未敢决志。用心存公，进不在私，疑以为虑，不谬于果，故'无咎'也。"① 在这里，王弼基本上是用《文言》中的"九四重刚而不中，上不在天，下不在天，中不在人，故或之。或之者，疑之也，故无咎"来对《乾》卦的"九四"爻辞进行解释。再如，在注释《困》卦的爻辞"六四，困于石，据于蒺藜，入于其宫，不见其妻，凶"② 时，他的注为："石之为物，坚而不纳者也，谓四也。三以阴据阳，志武者也。四自纳初，不受己者。二非所据，刚非所乘，上比困石，下据蒺藜，无应而入，焉得配偶？在困斯处，凶其宜也。"③ 在这里，王弼很明显是借用《象》传中的"据于蒺藜，乘刚也，入于其宫不见其妻，不祥也"的注解。对王弼《周易注》的以传解经原则，汤用彤先生指出："王弼用费氏《易》云者非但因其所用《易》文同于古文，而实亦因其沿袭其以传解经之成规也。"④他认为，王弼以传解经的编辑原则在其《周易注》中是有很多明证的，并指出："王氏多于小象下无注，而以小象之义入爻辞中，是为以传解经之实例。"⑤ 其实，除了"以小象之义入爻辞"之例，王弼以传解经的编辑原则，还表现在他使用《易传》中的术语对《易经》进行训释。《易传》解释《易经》的爻与爻之间关系的爻位术语，如当位、中位、应位等，都在王弼的《周易注》中被广泛应用。例如，《恒》卦中对爻辞"九二，悔亡"的解释："虽失其位，恒位于中，可以消悔也。"⑥ 再如对爻辞"九四，田无禽"的解释："恒于非位，虽劳无获也。"⑦ 再如《晋》卦中对爻辞"六三，众允，悔亡"的解释："处非其位，悔也。志在上行，与众同信，顺而丽明，故得悔亡也。"⑧ 对爻辞"九四，晋如鼫鼠，贞厉"的解释："履非其位，上承于五，下据三阴，履非其

---

① 楼宇烈．王弼集校释［M］．北京：中华书局，1980：212．
② 楼宇烈．王弼集校释［M］．北京：中华书局，1980：455．
③ 楼宇烈．王弼集校释［M］．北京：中华书局，1980：211．
④ 汤用彤．魏晋玄学论稿［M］．上海：上海古籍出版社，2001：80．
⑤ 汤用彤．魏晋玄学论稿［M］．上海：上海古籍出版社，2001：80．
⑥ 楼宇烈．王弼集校释［M］．北京：中华书局，1980：379．
⑦ 楼宇烈．王弼集校释［M］．北京：中华书局，1980：380．
⑧ 楼宇烈．王弼集校释［M］．北京：中华书局，1980：392．

位。又负且乘，无业可安，志无所据，以斯为进，正之厄也。"① 这些注释中的"虽失其位""恒于非位""履非其位"等都是对《易传》术语的运用，也是王弼以传解经的表现。

在具体作注的过程中，王弼力避汉代经学作注烦琐、枝蔓的特点，力求简洁明了，言尽意出，追求一种畅达简约的注经风格。比如《乾》卦爻辞为："初九曰：潜龙勿用，何谓也？子曰龙德而隐者也。不易乎世，不成乎名，世无闷，不见是而无闷。乐则行之，忧则达至，确乎不可拔，潜龙也"②。针对此爻，王弼仅仅对"不易乎世"做了"不为世俗所移易也"③的解释。这可以说是惜墨如金，毫无冗语。再如在对《乾》卦爻辞"初九，潜龙，勿用"的注释则只用了"《文言》备矣"四个字，提示经传中《文言》已对此有解释。诸如此类，举不胜举。可以说，简洁明了、畅达扼要也是王弼《周易注》的一个重要编辑思想。

三　易老结合，儒道会通

王弼是魏晋之际一位天才殊出的玄学家，是魏晋玄学理论的重要奠基者。这就使得《周易注》这样一部原本属于经部的书籍有了浓厚的玄学色彩。在为《周易》作注的过程中，他把道家思想融合到了注解之中，使得这部书的编辑呈现出易老结合、儒道会通的思想特色。比如在注释《坤》卦"六二"爻辞"直方正，不习无不利"时说："居中得正，极于地质。任其自然，而物自生；不假修营，而功自成，故不习焉，而无不利。"④ 在这里，他把道家自然无为的思想解释为士人应该秉持的一种生活信条。再如在注《革》卦"上六"爻辞"征凶，居贞吉"时说："改名创制，变道已成。功成则事损，事损则无为。故居则得正而吉，征则躁扰而凶也。"⑤ 在这里，他仍然是以"事损则无为"

① 楼宇烈．王弼集校释［M］．北京：中华书局，1980：392.
② 楼宇烈．王弼集校释［M］．北京：中华书局，1980：214.
③ 楼宇烈．王弼集校释［M］．北京：中华书局，1980：214.
④ 楼宇烈．王弼集校释［M］．北京：中华书局，1980：227.
⑤ 楼宇烈．王弼集校释［M］．北京：中华书局，1980：467.

的道家的自然无为思想来注释爻辞，主张无征战。在注《观》卦"彖"辞"大观在上。顺而巽，中正以观天下，观。盥而不荐，有孚颙若，下观而化也。观天之神道，而四时不忒；圣人以神道设教，而天下服矣"时说："统说观之为道，不以刑制使物，而以观感化物者也。神则无形者也。不见天之使四时，而四时不忒；不见圣人使百姓，而百姓自服也。"① 在这里，他仍然是用道家的顺其自然思想来注解卦辞，主张政治统治应该无为而治，应该放弃刑法让百姓"自服"。再如在注《大有》卦"六五"爻辞"厥孚交加，威如，吉"时说："居尊以柔，处大以中，无私于物，上下应之。信以发志，故其孚交如也。夫不私于物，物亦公焉；不疑于物，物亦诚焉。既公且信，何难何备；不言而教行，何为而不威如？为《大有》之主而不以此道，吉可得乎？"② 在这里，王弼仍然是以道家的无为思想来注解爻辞，宣扬无为而治的政治思想。

"以无为本"是王弼玄学思想的总纲。这一思想同样在《周易》这部经学著作中有所体现。据晋韩康伯补注的《系辞传》，王弼曾对其中的"大衍之数五十，其用四十有九"这样注释："演天地之数，所赖者五十也。其用四十有九，则其一不用也。不用而用以之通，非数而数以之成，斯易之太极也。四十有九，数之极也。夫无不可以无明，必因于有，故常于有物之极，而必明其所由之宗也。"③ 这一段话中，值得注意的是最后一句话。在这句话中，王弼认为，"其一不用"的"一"正是他玄学总纲中的"无"，此乃世界之本，但是，"无"是不能自明的，它又必须依赖于"有"而存在。于此，反映王弼玄学论的体用之辨的"无本论"在注释经学之作——《易经》中再次得到了淋漓的发挥，而儒道会通的思想在这里也呈现出最为清晰的面貌。

在魏晋南北朝的经部书籍编辑中，王弼的《周易注》对后世影响深远。据《晋书·荀崧传》："时方修学校，简省博士，置《周易》王氏、《尚书》郑氏、《古文尚书》孔氏、《毛诗》郑氏、《周官礼记》郑氏、

---

① 楼宇烈．王弼集校释［M］．北京：中华书局，1980：315．
② 楼宇烈．王弼集校释［M］．北京：中华书局，1980：291．
③ 楼宇烈．王弼集校释［M］．北京：中华书局，1980：547－548．

《春秋左传》杜氏服氏、《论语·孝经》郑氏博士一人，凡九人，其《仪礼》、《公羊》、《谷梁》及郑《易》皆省不置。"① 这说明，在东晋之时，王弼的《周易注》已被列为官学。到了唐代，此书被孔颖达编订的《五经正义》所著录，成为当时《易》学注疏定本。宋人对此书也非常推崇，其时著名学者程颐曾说过："若欲治《易》，先寻绎令熟，只看王弼、胡先生（瑗）、王介甫三家文字，令贯通。余人易学无取，枉费功。"②

王弼的《周易注》之所以对后世影响深远，当与其编辑思想有紧密关系。他摈落象数，畅通义理的编辑理念，打破了汉儒注《易》的象数传统，摒弃了谶纬之学的弊端，开创了义理注《易》之风。正如皮锡瑞先生在《经学通论》中所言："汉末易道猥杂，卦气、爻辰、纳甲、飞伏、世应之说，纷然并作，弼乘其敝，扫而空之，颇有摧陷廓清之功，而以清言说经，杂以道家之学，汉人朴实说经之体，至此一变。宋赵师秀诗云'辅嗣易行无汉学'，可为定论。"③ 这里的"乘其敝"之"敝"，正是汉代《易》注象数学派"猥杂""烦琐"和带有谶纬之风的弊端。而以传解经，舍繁就简的编注原则，则是其摈落象数，畅通义理的编辑理念的必然要求。易老结合，儒道会通的会通思想，是其个人编辑宗旨的表现。王弼为《周易》作注的编辑宗旨，不是"排击汉儒，自标新学"，而是宣扬其个人的思想，实现儒道齐一的社会理想。

第五节　杜预《春秋左氏经传集解》的编辑思想

魏晋南北朝时期的另一位大编辑家是西晋的杜预。他既是一位功勋卓著的政治家、军事家，又是闻名遐迩的编辑大家。由他所编辑的《春秋左氏经传集解》（又称《春秋左传集解》）是现存最早最完善的《左传》之注，也是最重要的经部典籍之一。

---

① 房玄龄. 晋书［M］. 北京：中华书局，1974：1976.
② 程颐. 二程遗书［M］. 中国书店本，据涂宗瀛本影印.
③ 皮锡瑞. 经学通论［M］. 北京：中华书局，1959：24.

杜预，字元凯，京兆杜陵人。杜预的祖父杜畿，官至魏尚书仆射，且是博学鸿儒，尤精于刑律之学。他的父亲杜恕官至幽州刺史。出身为名门望族，再加上有深厚的家学传统，杜预从小就"博学多通，明于兴废之道"，有着高远的志向。他曾经说过："德不可以企及，立功立言可庶几也。"① 杜预早年曾随钟会伐蜀，任镇西长史；后又任安西司马，协同司隶校尉石鉴平陇右之乱。在历次征伐之中，他都以"明于筹略"、善于任计而著称。杜预一生最大的政治作为是，任征南大将军，受命伐吴。在伐吴过程中，杜预先是离间吴将西陵督张政，诱使吴国战前"将帅移易"，造成吴军"倾荡之势"。在晋武帝伐吴犹豫不决之际，杜预三次陈表请战，讲明利害，坚定了晋武帝伐吴之心。太康元年正月，杜预陈兵江陵，率众西下，旬日之间大破吴军，很快平定吴国。在伐吴之中，杜预运筹帷幄，神机妙算，指挥若定，表现出了卓越的政治才能和军事才华，也完成了他早年"立功"的志向。"立功"之后，杜预将心思转向了"立言"。

据《晋书·杜预传》载："既立功之后，从容无事，乃耽思经籍，为《春秋左氏经传集解》。又参考众家谱第，谓之《释例》。又作《盟会图》、《春秋长历》，备成一家之学，比老乃成。又撰《女记赞》。"② 他在该书的《后序》中说："太康元年三月，吴寇始平，余自江陵还襄阳，解甲休兵，乃申抒旧意，修成《春秋释例》及《经传集解》始讫。"③ 该序中还说道："(《左传》)上去孔丘卒百八十一岁，下去今太康三年五百八十一岁。"④ 由此可以推测，《春秋左氏经传集解》当编辑于太康元年（280 年）之后，太康三年（282 年）之前，是杜预在戎马之余、"从容无事"之际，认真编辑而成的。《晋书》还记载了这样一个故事，说当时的名士王济有个癖好是喜欢相马，和峤的癖好是喜欢聚财。杜预就称他们两位是"济有马癖，峤有钱癖"。当时的晋武帝司马

① 房玄龄. 晋书［M］. 北京：中华书局，1974：1025.
② 房玄龄. 晋书［M］. 北京：中华书局，1974：1031.
③ 严可均. 春秋左氏传后序，载于《全上古三代秦汉三国六朝文·全晋文卷四十三》.
④ 严可均. 春秋左氏传后序，载于《全上古三代秦汉三国六朝文·全晋文卷四十三》.

炎听到这句话后，就问杜预：你有什么癖好？杜预则从容答曰："臣有《左传》癖。"① 研究一门学问，爱不释手，如痴如醉，以至于不能自拔，并且成为一种癖好。杜预这种做学问的单纯心境和编辑作品的钻研意识，不能不令人肃然起敬，不能不让人为之动容。由此不难看出，杜预之于《左传》用力何其之深，用心何其之专。这也是他能够编辑出《春秋左氏经传集解》这样一部经典作品的重要原因之一。

要认识杜预《春秋左氏经传集解》的编辑思想，必须首先了解《春秋》和《左传》的关系。《春秋》是鲁国的国史，相传曾经过孔子的修订，"笔则笔，削则削"②。《左传》则是成书于战国初期的一部对《春秋》进行解释的史书，相传为左丘明所编辑。除了《左传》，汉初解释《春秋》的还有《公羊春秋》《谷梁春秋》《邹氏春秋》《夹氏春秋》四个不同的经学流派。在这些不同的流派中，代表古文经学的《左传》和代表今文经学的《谷梁春秋》《公羊春秋》，围绕何为《春秋》正统，以及哪一家应该立为官学等问题展开激烈纷争。但是，在整个有汉一代，《左传》始终未被立为官学。这既与今文经学学派的驳难有关，又与《左传》的编辑者未能建构起独特的注释体系有关。杜预将《左传》和《春秋》合为一书，又经编修组构，为之作注，是为《春秋左氏经传集解》。该书编成于晋初，到东晋元帝时就被立为官学；到了唐代，孔颖达主持编辑《五经正义》更是以此书为官方注本。在《春秋左氏经传集解》编辑的前后，《春秋左传》之学的地位和影响发生了显著变化。学界常将此归功于杜预，称其为"左传之功臣"。笔者以为，从编辑学的角度，这更要归功于杜预的编辑思想。

一　经传为一，比义而解

表面上看，杜预将《春秋》和《左传》合为一书，然后为之作注，仅仅是一种简单的编修组合。其实，这其中包含了杜预深刻的编辑思

---

① 房玄龄. 晋书 ［M］. 北京：中华书局，1974：1032.
② 司马迁. 史记 ［M］. 北京：中华书局，1959：1944.

想，以及他对《左传》之学的独特认识。他在《春秋左氏经传集解》序中，首先论述了《春秋》的性质，认为《春秋》是一部史书。他说："《春秋》者，鲁史记之名也。记事者，以事系日，以日系月，以月系时，以时系年，所以纪远近，别同异也。故史之所记，必表年以首事。年有四时，故错举以为所记之名也。《周礼》有史官，掌邦国四方之事，达四方之志。诸侯亦各有国史。大事书之于策，小事简牍而已。《孟子》曰：'楚谓之《梼杌》，晋谓之《乘》，鲁谓之《春秋》，其实一也。'韩宣子适鲁，见《易》、《象》与《鲁春秋》，曰：'周礼尽在鲁矣。吾乃今知周公之德与周之所以王。'韩子所见，盖周之旧典礼经也。"① 他进而指出，《春秋》虽然经过孔子的编订，但其性质仍然是一部史书。他说："周德既衰，官失其守，上之人不能使《春秋》昭明，赴告策书，诸所记注，多违旧章。仲尼因鲁史策书成文，考其真伪，而志其典礼，上以尊周公之遗制，下以明将来之法。其教之所存，文之所害，则刊而正之，以示劝戒。其余皆即用旧史。史有文质，辞有详略，不必改也。故《传》曰'其善志'，又曰'非圣人孰能修之？'盖周公之志，仲尼从而明之。"② 杜预认为，孔子编订《春秋》的基本原则是"上以尊周公之遗制，下以明将来之法"，除了"以示劝戒"之处，其他地方皆用旧史。而且他反复强调，孔子编订《春秋》是明"周公之志"。在论述了《春秋》作为史书的性质之后，杜预进而指出了《左传》与《春秋》的关系。他说："左丘明受《经》于仲尼，以为《经》者，不刊之书也，故《传》或先《经》以始事，或后《经》以终义，或依《经》以辩理，或错《经》以合异，随义而发。其例之所重，旧史遗文，略不尽举，非圣人所修之要故也。"③ 在这里，杜预认为，左丘明受学于孔子，但其《左传》并非完全是《春秋》之注释。他说，《左传》所记之事有在《春秋》之前，有在《春秋》之后，有依《春秋》言理之处，也有不同于《春秋》之处。总而言之，他认为，《左

---

① 杜预撰，孔颖达疏．春秋左传集解，见于《四部丛刊》景宋本．
② 杜预撰，孔颖达疏．春秋左传集解，见于《四部丛刊》景宋本．
③ 杜预撰，孔颖达疏．春秋左传集解，见于《四部丛刊》景宋本．

传》既受承于《春秋》，又不囿于《春秋》，是一部值得重视的书籍。

但是，在杜预看来，当时的《左传》之注并不令人满意。他说："古今言《左氏春秋》者多矣，今其遗文可见者十数家，大体转相祖述，进不成为错综经文以尽其变，退不守丘明之《传》，于丘明之《传》有所不通，皆没而不说；而更肤引《公羊》《谷梁》，适足自乱。"① 杜预认为，当时所存十几家《左传》注问题繁多，或"转相祖述"，了无创新之处；或注有舛误，与《左传》本义相违。更重要的是，一些传注竟援引《公羊》《谷梁》之学，混乱家法。正是基于这样的状况，杜预决定编辑《春秋左氏经传集解》，明左丘明之志，成一家之言。他说："预今所以为异，专修丘明之《传》以释《经》，《经》之条贯，必出于《传》；《传》之义例，总归诸凡；推变例以正褒贬，简二《传》而去异端，盖丘明之志也。"② 在这里，杜预将编辑此书的宗旨表露无遗，那就是通过编修整合，真实还原左丘明编辑《左传》的志向。同时，杜预还说明了他编注此书的原则，即以传解经，合而释之。他说："分《经》之年，与《传》之年相附，比其义类，各随而解之，名曰《经传集解》。"在具体编辑的过程中，杜预按照年限，先列《春秋》经之内容，再列《左传》内容，然后对之分别作注。比如《隐公二年》，首先列出《经》的内容为："二年春，公会戎于潜。夏五月，莒人入向。无骇帅师入极。秋八月庚辰，公及戎盟于唐。"③ 然后，杜预对此段内容中涉及的人名、地名、制度等详细做注。在完成《经》之内容之后，杜预又列出《传》之内容："二年春，公会戎于潜，修惠公之好也。戎请盟，公辞。莒子娶于向，向姜不安莒而归。夏，莒人入向，以姜氏还。司空无骇入极，费庈父胜之。戎请盟。秋，盟于唐，复修戎好也……"④ 然后对这段《传》之内容进行注解。这就是杜预《春秋左氏经传集解》编辑的经传为一，比义而解思想。杜预的这一思想，

①　杜预撰，孔颖达疏. 春秋左传集解，见于《四部丛刊》景宋本.

②　杜预撰，孔颖达疏. 春秋左传集解，见于《四部丛刊》景宋本.

③　杜预撰，孔颖达疏. 春秋左传集解，见于《四部丛刊》景宋本.

④　杜预撰，孔颖达疏. 春秋左传集解，见于《四部丛刊》景宋本.

是建立在他对《春秋》和《左传》关系正确认识的基础上的。他正是认识到了《左传》既受承于《春秋》，又不囿于《春秋》的关系，才决定以传解经，合而注之。这不仅打破了此前学者经传分离的注经方法，而且更有利于人们从整体上认识、学习《春秋》《左传》。同时，也极大地提高了《左传》在经学研究中的地位。

二 以史注经，求真求是

如前所述，在杜预看来，《春秋》和《左传》从书籍性质而言，都是史书。这就决定了，杜预之注更强调以史注经的编辑原则。在此思想指导下，《春秋左氏经传集解》的注释，既不同于今文经学的重章句义理、求微言大义，也不同于古文经学的重训诂、名物、典制，而更多的是从史事的角度来注释经传内容。这表现在两个方面：一是杜预对经传文中涉及的时间、地点、人名注释都比较精详，目的就是让人更清楚地认识历史事实。如《左传·僖公五年》："五年春，王正月辛亥朔，日南至。"杜预的注释是："周正月，今十一月。冬至之日，日南极。"①这就把传文中涉及的时间很精细地解释出来。再如《春秋·哀公十二年》："冬十有二月，螽。"杜预的注释是："周十二月，今十月，是岁置闰，而失不置。虽书十二月，实今之九月。司历误一月。九月之初尚温，故得有螽。"②这里，杜预不仅详细地注释了经文的时间，而且将其错误之处进行了说明。在涉及地理之处，杜预注释也很精详，充分显示了他作为军事家对国家地理山河了然于胸的才华。如《春秋·文公二年》："夏六月，公孙敖会宋公、陈侯、郑伯、晋士縠盟于垂陇。"杜预对"垂陇"的注释是："垂陇，郑地，荥阳县东有陇城。"③再如《春秋·文公五年》："秋，楚人灭六。"杜预的注释是："六国，今庐江六县。"④在这里，可以看出，杜预的地名之注比较精详，且注明今地，

---

① 杜预撰，孔颖达疏．春秋左传集解，见于《四部丛刊》景宋本．
② 杜预撰，孔颖达疏．春秋左传集解，见于《四部丛刊》景宋本．
③ 杜预撰，孔颖达疏．春秋左传集解，见于《四部丛刊》景宋本．
④ 杜预撰，孔颖达疏．春秋左传集解，见于《四部丛刊》景宋本．

古今对照。在涉及经传中一些事件时，杜预更是详加阐述。如《春秋·僖公元年》："十有二月丁巳，夫人氏之丧至自齐。"杜预的注释是："僖公请而葬之，故告于庙而书丧至也。齐侯既杀哀姜，以其尸归，绝之于鲁。僖公请其丧而还，不称姜，阙文。"① 在这里，杜预侧重于解释哀姜之丧的历史经过。二是杜预对《左传》的书例进行了归纳，也是他以史注经编辑思想的表现。他认为，史书都有编辑的条例和叙写原则。他说："其发凡以言例，皆经国之常制，周公之垂法，史书之旧章，仲尼从而修之，以成一经之通体。"② 他认为，发凡起例是史书编辑的基本原则。在他看来，《左传》的凡例，是由周公创制的，并经过了孔子的继承和创新，最后由被左丘明编辑的《左传》发扬完善。在这一思想主导下，杜预将《左传》的义例情况总结为"三体五例"。他说："故发《传》之体有三，而为例之情有五。""三体"是什么呢？他在《春秋左氏经传集解》序中进行了详细阐释，说："其发凡以言例，皆经国之常制，周公之垂法，史书之旧章，仲尼从而修之，以成一经之通体。其微显阐幽，裁成义类者，皆据旧例而发义，指行事以正褒贬。诸称书、不书、先书、故书、不言、不称、书曰之类，皆所以起新旧，发大义，谓之变例。然亦有史所不书，即以为义者，此盖《春秋》新意，故《传》不言凡，曲而畅之也。其《经》无义例，因行事而言，则《传》直言其归趣而已，非例也。"③ 在这里，他对"三体"进行了详细解释，那就是：一类是由周公创制的"旧例"，二类是由左丘明所编创的"变例"，三是没有义例的"归趣非例"。所谓"旧例"，就是《左传》中出现的以"凡"字开头的文字，比如《左传·僖公四年》："凡诸侯薨于朝、会，加一等，死王事，加二等。"④ 再如《左传·桓公二年》："凡公行，告于宗庙；反行，饮至、舍爵，策勋焉，礼也。"⑤ 杜预认为，这些以"凡"字起头的传文，都是从周公那里继承的"旧

---

① 杜预撰，孔颖达疏. 春秋左传集解，见于《四部丛刊》景宋本.
② 杜预撰，孔颖达疏. 春秋左传集解，见于《四部丛刊》景宋本.
③ 杜预撰，孔颖达疏. 春秋左传集解，见于《四部丛刊》景宋本.
④ 杜预撰，孔颖达疏. 春秋左传集解，见于《四部丛刊》景宋本.
⑤ 杜预撰，孔颖达疏. 春秋左传集解，见于《四部丛刊》景宋本.

例"。所谓"变例",就是与"正例"相对,由左丘明所创制的编辑体例。杜预认为,《左传》中带有"书、不书、先书、故书、不言、不称、书"等字的传文,都是"变例"。如《左传·襄公二十七年》:"书先晋,晋有信也。"① 《左传·隐公元年》:"正月,不书即位,摄也。"② 再如《左传·隐公三年》:"壬戌,平王崩,赴以庚戌,故书之。"③ 凡此等等,都是"变例"的情况。"五例"是什么呢?杜预对此解释道:"一曰微而显。文见于此,而起义在彼:称族尊君命、舍族尊夫人、梁亡、城缘陵之类是也;二曰志而晦,约言示制,推以知例,参会不地、与谋曰及之类是也;三曰婉而成章,曲从义训,以示大顺:诸所讳辟、璧假许田之类是也;四曰尽而不污,直书其事,具文见意:丹楹刻桷、天王求车、齐侯献捷之类是也;五曰惩恶而劝善,求名而亡,欲盖而章:书齐豹盗、三叛人名之类是也。"④ 这些义例构成了杜预注《春秋》的重要原则。杜预在注释《春秋》之时,只要遇到义例,他都在注中说明。如《春秋·隐公元年》:"元年春,王正月。"杜预的注是:"隐公之始年,周王之正月也。凡人君即位,欲其体元以居正,故不言一年一月也。隐虽不即位,然摄行君事,故亦朝庙告朔也。告朔朝正例在襄公二十九年。即位例在隐、庄、闵、僖元年。"⑤ 在这里,杜预不仅以义例来注释,而且清楚地指出义例出处。再如《春秋·隐公二年》:"无骇帅师入极。"杜预的注释为:"无骇,鲁卿,极,附庸小国。无骇不书氏,未赐族。赐族例在八年。"⑥ 在这里,他也是以前后呼应的方式指出了义例的出处。凡此等等,不胜枚举。总之,通过总结义例,并按照义例来解释《春秋》,这正是杜预以史注经思想的结果。

与此同时,杜预的注释还表现出了求真求是的编辑精神。对于有疑问的内容,他采取存疑态度,不妄下断语。这反映了他科学的编注精

① 杜预撰,孔颖达疏.春秋左传集解,见于《四部丛刊》景宋本.
② 杜预撰,孔颖达疏.春秋左传集解,见于《四部丛刊》景宋本.
③ 杜预撰,孔颖达疏.春秋左传集解,见于《四部丛刊》景宋本.
④ 杜预撰,孔颖达疏.春秋左传集解,见于《四部丛刊》景宋本.
⑤ 杜预撰,孔颖达疏.春秋左传集解,见于《四部丛刊》景宋本.
⑥ 杜预撰,孔颖达疏.春秋左传集解,见于《四部丛刊》景宋本.

神。他说："其有疑错，则备论而阙之，以俟后贤。"① 在编注的过程中，他常常将疑问之处提出，交给后贤来判断。如《春秋·成公十二年》："夏，公会晋侯、卫侯于琐泽。"杜预的注释是："琐泽，地阙。"② 在这里，他对地名的解释是以"阙"存疑的。如《春秋·隐公三年》："冬，十有二月，齐侯、郑伯盟于石门。"杜预的注释是："石门，齐地。或曰，济北卢县故城西南济水之门。"③ 这里用"或"字表示是推测，并非定论。再如《左传·哀公十四年》："以乘车往，曰：'迹人来告曰：'逢泽有介麋焉。'"杜预的注释是："《地理志》言逢泽在荥阳开封县东北，远，疑非。介，大也。"④ 在这里，他列出《地理志》的解释，但同时又注明对这一解释表示存疑。由此不难看出，杜预作注是一丝不苟的，他对自己不能够准确把握的地方，绝不妄下断语，而是求俟后贤。这正是他求真求是编辑精神的体现，也是他以史注经思想的反映。

三 文义质直，博闻广通

《春秋左氏经传集解》编成之后，并未获得时人的认可。据《晋书·杜预传》，"当时论者谓预文义质直，世人未之重"⑤。未获认可的一个重要原因是，人们认为此书文义质直。只有当时的秘书监挚虞对杜预此书赞赏有加。他说："左丘明本为《春秋》作传，而《左传》遂自孤行。《释例》本为《传》设，而所发明何但《左传》，故亦孤行。"⑥ 其实，文义质直并非《春秋左氏经传集解》的缺陷，而恰恰是杜预特意追求的编注风格。他的注语比较简练、明晰，讲究"言之所出，意之所尽"。试举两例：《左传·隐公三年》："苟有明信，涧溪沼沚之毛，

---

① 杜预撰，孔颖达疏．春秋左传集解，见于《四部丛刊》景宋本．
② 杜预撰，孔颖达疏．春秋左传集解，见于《四部丛刊》景宋本．
③ 杜预撰，孔颖达疏．春秋左传集解，见于《四部丛刊》景宋本．
④ 杜预撰，孔颖达疏．春秋左传集解，见于《四部丛刊》景宋本．
⑤ 房玄龄．晋书［M］．北京：中华书局，1974：1032．
⑥ 房玄龄．晋书［M］．北京：中华书局，1974：1032．

苹蘩蕴藻之菜，筐筥锜釜之器，潢污行潦之水，可荐于鬼神……"① 杜预的注释是："溪，亦涧也。沼，池也。沚，小渚也。毛，草也。……方曰筐，圆曰筥，无足曰锜。"② 再如他对地名、人名的注释也都极其简练：众仲，鲁大夫；五父，陈公子佗；周任，周大夫；蔡，今汝南上蔡县；南燕国，今东郡燕县；北制，郑邑，今河南城皋县也，一名虎牢。由这些注释可以看出，杜预之注言简意赅，毫无冗赘之处。可以用"增之一字则繁，减之一字则少"来形容。杜预文义质直的编注思想，当与两方面有关。一是他本人的文化观念就比较崇尚文约而质实。早年，他和贾充修订律令时，就曾说过："法者，盖绳墨之断例，非穷理尽性至书也。故文约而例直，听省而禁简。"③ 这是他编修律令的观念，也是他为文为事的观念。二是与当时玄学之风有关。杜预之时，正是正始玄风兴盛之时，玄学追求清通简要、言不尽意的思想，必然会对杜预的编注工作产生或多或少的影响。

《春秋左氏经传集解》的编辑，还显示了杜预追求博闻广通的思想取向。在注释的过程中，他求索古今，旁征博引，所引用文献不可胜数。其中，有《春秋》类的文献，如贾逵、服虔、马融、王肃等的注释。他甚至还在序中称，要把先贤所注列举，加以比较，"以见同异"。他说："然刘子骏创通大义；贾景伯父子、许惠卿，皆先儒之美者也；末有颖子严者，虽浅近，亦复名家。故特举刘、贾、许、颖之违，以见同异。"④ 除此之外，他还注引了《诗经》《周易》《周礼》《礼记》等经学著作，以及《史记》《国语》《论语》《孟子》《汉书·地理志》《尔雅》《说文解字》等大量著作。可以这样说，《春秋左氏经传集解》虽为注经注史之作，但其所引文献之广度远远超出了经学史学的范畴，称得上是一部融通百家的编辑之作。

杜预编辑思想中还有一个重要方面，那就是他有较强的精品意识、

---

① 杜预撰，孔颖达疏. 春秋左传集解，见于《四部丛刊》景宋本
② 杜预撰，孔颖达疏. 春秋左传集解，见于《四部丛刊》景宋本.
③ 房玄龄. 晋书 [M]. 北京：中华书局，1974：1026.
④ 杜预撰，孔颖达疏. 春秋左传集解，见于《四部丛刊》景宋本.

传世意识。如前所述，他从小就将"立功、立言"作为人生的志向。他认为，立言可以实现人生之不朽，因此在功成名就之后，就转向"立言"。他极其重视后世对他的看法。《晋书》中称他："好为后世名，常言'高岸为谷，深谷为陵'，刻石为二碑，纪其勋绩，一沉万山之下，一立岘山之上，曰：'焉知此后不为陵谷乎。'"[①] 他这种追求声名传世的意识，是他生命价值自觉意识的表现。正是因为有极强的生命价值自觉意识，因此无论是在政治军事舞台，还是编辑著述领域，杜预都"敏于事而慎于言"，孜孜矻矻，勤奋耕耘，精益求精。这一鲜明的传世意识、精品意识，才是他编辑《春秋左氏经传集解》表现出求真求是精神的深层原因。

后世学者对杜预《春秋左氏经传集解》编辑的评价不一，毁誉兼有。赞之者，如唐代的大编辑家孔颖达认为："晋世杜元凯又为《左氏集解》，专取丘明之传以释孔氏之经。所谓子应乎母，以胶投漆，虽欲勿合，其可离乎？今校先儒优劣，杜为甲矣，故晋宋传授，以至于今。"[②] 贬之者，如清代学者皮锡瑞在《经学历史》中认为："杜预《左传集解》多据前人说解，而没其名，后人疑其杜撰。谅暗短丧，倡为邪说。"[③] 笔者以为，确如皮锡瑞所言，杜预《春秋左氏经传集解》并非尽善尽美，在历法、地理、人名等注释之处有很多谬误之处。但是，杜预"经传合一，比义而解"的编辑思想，比较准确地把握了《春秋》与《左传》的关系，促使了两书的融合会通。同时，他提出了"三体五例"的义例观，并将此付诸注释实践，随文阐明，前后呼应，创造了一种新的经注范式，并被后世历代《左传》之书编辑所继承、发扬光大。

第六节　颜之推的编校思想

魏晋南北朝有一位在书籍编校整理上颇有建树的大编辑家，那就是

---

① 房玄龄. 晋书［M］. 北京：中华书局，1974：1031.

② 孔颖达. 春秋正义序，见于《文苑英华》明刻本.

③ 皮锡瑞著，周予同注. 经学历史［M］. 北京：中华书局，1959：163.

历仕梁、北齐、北周和隋四朝的颜之推。他不仅有丰富的编辑实践，而且善于总结编辑经验，尤其是校勘、校对经验，形成了一个相对完整的编校思想体系。

颜之推，字介，琅邪临沂人（今山东临沂）。据《北齐书·颜之推传》，颜之推出身儒学世家，颜氏家族"世善《周官》、《左氏》"。颜之推从小耳濡目染，"早传家业""还习《礼》、《传》，博览群书，无不该洽，词情典丽"①。南朝梁时，颜之推历任湘东王萧绎右常侍、散骑侍郎等职。梁亡后，他被西魏军俘往长安，途中冒险奔北齐，历任北齐赵州功曹参军、黄门侍郎、平原太守等职。北齐亡后，颜之推又入北周，任御史上士一职。北周灭亡后，颜之推又被征赴长安，仕于隋，任太子文学，"甚见礼重"，不久病逝。颜之推一生历仕四朝，可谓穷达荣辱，甘苦备尝。他曾在《观我生赋》中对自己的患难人生总结道："予一生而三化，备荼苦而蓼辛，鸟焚林而铩翮，鱼夺水而暴麟，嗟宇宙之辽旷，愧无所而容身。"②

据《北齐书》，颜之推编辑书籍有"有文三十卷、撰《家训》二十篇"。除此之外，他还参与编辑了大型类书《修文殿御览》。这要在类书一节中论及。在这些书籍中，《颜氏家训》影响最大，流传最广，是一部著名的家教之作。该书分为《序致》《教子》《兄弟》《后娶》《治家》《风操》《慕贤》《勉学》《文章》《名实》《涉务》《省事》《止足》《诫兵》《养生》《归心》《书证》《音辞》《杂艺》《终制》共二十篇。内容不独治家，还涉及政治、道德、文化、编校、风俗等社会、文化、人生方方面面的内容。颜之推希望子孙后代能够深明此书，会其嘱望，学以自立，从而安身立命，治家报国。而颜之推的编校思想则主要包含在此书的《勉学》《书证》《音辞》等篇中。

详审这些篇章，颜之推的编校思想概括起来，主要以下几点。

---

① 李百药. 北齐书［M］. 北京：中华书局，1972：617.
② 李百药. 北齐书［M］. 北京：中华书局，1972：618.

一　提出文字之学乃编校之本

颜之推认为，做好书籍编校工作，首先要广泛地占有文献，熟悉、了解文献，然后才能在此基础上校核同异，择善而从。他在《颜氏家训·勉学》篇中说："校定书籍，亦何容易，自扬雄、刘向方称此职耳。观天下书未遍，不得妄下雌黄。或彼以为非，此以为是；或本同末异；或两文皆欠，不可偏信一隅也。"① 颜之推认为，做好书籍编校工作，并不是一件容易事。按照他的标准，只有汉代的扬雄和刘向才胜任此职。在颜氏看来，编校工作之所以难度高，是因为编校工作对编校者的知识广度要求高，即得"观遍天下书"，方可辨别异同。他举例说："江南有一权贵，读误本《蜀都赋》注，解'蹲鸱，芋也'，乃为'羊'字；人馈羊肉，答书云：'损惠蹲鸱。'举朝惊骇，不解事义，久后寻迹，方知如此。"在此，他以士人学识浅薄而致误"芋"为"羊"的事例，说明读书、校书一定要学识广博，否则就容易"妄下雌黄"。

颜之推认为，做好读书、校书工作，单单学识广博是不够的，还要精通文字之学。他说："夫文字者，坟籍根本。世之学徒，多不晓字。读《五经》者，是徐邈而非许慎；习赋诵者，信褚诠而忽吕忱；明《史记》者，专徐、邹而非篆籀；学《汉书》者，悦应、苏而略《苍》、《雅》。不知书音是其枝叶，小学乃其宗系。至见服虔、张揖音义则贵之，得《通俗》、《广雅》而不屑。一手之中，向背如此，况异代各人乎？"② 在这里，颜之推首先对士人不重视文字学的现象提出批评，然后明确地提出，文字学乃是阅读理解、编校厘正书籍的基础。他列举了大量的例子，说明文字之学，尤其是字书、辞书，在厘定、校正文字错误中的重要作用。比如他举例说："世中书翰，多称勿勿，相承如此，不知所由，或有妄言此忽忽之残缺耳。案《说文》：勿者，州里所建之旗也，象其柄及三斿之形，所以趣民事。故悤遽者称为勿勿。"③ 在这

① 颜之推撰，张霭堂译注. 颜之推全集译注 ［M］. 济南：齐鲁书社，2004：108.
② 颜之推撰，张霭堂译注. 颜之推全集译注 ［M］. 济南：齐鲁书社，2004：115.
③ 颜之推撰，张霭堂译注. 颜之推全集译注 ［M］. 济南：齐鲁书社，2004：116.

里，颜之推认为，正是因为人们对字书的应用不够重视，才导致对"勿勿"解释的错误，并以讹传讹。

颜之推在强调文字之学的同时，也重视音韵之学，认为文字的音义之间关系密切，在编校的过程中可以定音求义。他说："夫物体自有精粗，精粗谓之好恶；人心有所去取，去取谓之好恶。此音见于葛洪、徐邈。而河北学士读《尚书》云好生恶杀。是为一论物体，一就人情，殊不通矣。"① 在此，颜之推指出，文字的音义关系密切，书籍中存在同字异音的现象，但是读准音必须与字义有效结合起来，而不能想当然而为。他还在《书证》中列举很多因音求义的例子。比如，他说："《后汉书》云：'鹳雀衔三鳝鱼。'多假借为鳣鲔之'鳣'；俗之学士，因谓之为鳣鱼。案：魏武《四时食制》：'鳣鱼大如五斗奁，长一丈。'郭璞注《尔雅》：'鳣长二三丈。'安有鹳雀能胜一者，况三乎？鳣又纯灰色，无文章也。鳝鱼长者不过三尺，大者不过三指，黄地黑文；故都讲云：'蛇鳝，卿大夫服之象也。'《续汉书》及《搜神记》亦说此事，皆作'鳝'字。孙卿云：'鱼鳖鳅鳣。'及《韩非》、《说苑》皆曰：'鳣似蛇，蚕似蠋。'并作'鳣'字。假'鳣'为'鳝'，其来久矣。"② 在这个例子中，颜之推指出，通过文字的音找到文字之义，最后有助于确定那些有通假关系的文字。

二　强调精于考据乃辨误之要

颜之推认为，做好编校工作，校核书籍异同，必须精于考据，重视实证。他极其反对那些师心自用、孤陋寡闻、不加考证的学风。他说："俗间诸儒，不涉群书，经纬之外，义疏而已。吾初入邺，与博陵崔文彦交游，尝说《王粲集》中难郑玄《尚书》事。崔转为诸儒道之，始将发口，悬见排蹙云：'文集只有诗赋铭诔，岂当论经书事乎？且先儒之中，未闻有王粲也。'崔笑而退，竟不以《粲集》示之。"③ 在这里，

---

① 颜之推撰，张霭堂译注. 颜之推全集译注 ［M］. 济南：齐鲁书社，2004：280.
② 颜之推撰，张霭堂译注. 颜之推全集译注 ［M］. 济南：齐鲁书社，2004：239.
③ 颜之推撰，张霭堂译注. 颜之推全集译注 ［M］. 济南：齐鲁书社，2004：91.

他对那些师心自用、孤陋寡闻的俗儒进行了批评，认为为学必须"补不足""明耳目"。

与此同时，他还对那些不重考证的儒士大加批评。他说："《书》曰：'好问则裕。'《礼》云：'独学而无友，则孤陋而寡闻。'盖须切磋相起明也。见有闭门读书，师心自是，稠人广坐，谬误差失者多矣。《谷梁传》称公子友与莒絜相搏，左右呼曰'孟劳'。'孟劳'者，鲁之宝刀名，亦见《广雅》。近在齐时，有姜仲岳谓：''孟劳'者，公子左右，姓孟名劳，多力之人，为国所宝。'与吾苦净。时清河郡守邢峙，当世硕儒，助吾证之，赧然而伏。"① 在这里，颜之推批评了像姜仲岳这样不重视考证、以讹传讹的为学之风。他还举例说："又《三辅决录》云：'灵帝殿柱题曰："堂堂乎张，京兆田郎。"'盖引《论语》，偶以四言，目京兆人田凤也。有一才士，乃言：'时张京兆及田郎二人皆堂堂耳。'闻吾此说，初大惊骇，其后寻愧悔焉。"② 在这里，他还是对那些不加考证，就妄下断语的不良学风进行批评。颜之推最后总结说："谈说制文，援引古昔，必须眼学，勿信耳受。江南闾里间，士大夫或不学问，羞为鄙朴，道听涂说，强事饰辞：呼征质为周、郑，谓霍乱为博陆，上荆州必称陕西，下扬都言去海郡，言食则糊口，道钱则孔方，问移则楚丘，论婚则宴尔，及王则无不仲宣，语刘则无不公幹。凡有一二百件，传相祖述，寻问莫知原由，施安时复失所。"③ 在这里，颜之推明确提出为学、编校，"必须眼学，勿信耳受"。也就说，不能仅仅相信听到的，还要对其进行详细的考证，知其缘由，明其就里，辨其真伪。

颜之推在《书证》中列举了大量考据的例子。比如，他举例说道："吾在益州，与数人同坐，初晴日晃，见地上小光，问左右：'此是何物？'有一蜀竖就视，答云：'是豆逼耳。'相顾愕然，不知所谓。命取将来，乃小豆也。穷访蜀士，呼粒为逼，时莫之解。吾云：'《三苍》、

---

① 颜之推撰，张霭堂译注. 颜之推全集译注［M］. 济南：齐鲁书社，2004：108.
② 颜之推撰，张霭堂译注. 颜之推全集译注［M］. 济南：齐鲁书社，2004：108.
③ 颜之推撰，张霭堂译注. 颜之推全集译注［M］. 济南：齐鲁书社，2004：109.

《说文》，此字白下为匕，皆训粒，《通俗文》音方力反。'众皆欢悟。"① 在这个例子中，可以看出，颜之推为了考证一物之音义，是遍访了蜀地的人士。可见，他对考据工作是何其耐心、细致、重视。在考据的过程中，他不仅重视文献记载，还重视实地考察，最后通过将二者结合起来，才找到正确答案。再如他在《书证》中举例，说道："《诗》云：'谁谓荼苦？'《尔雅》、《毛诗传》并以荼，苦菜也。又《礼》云：'苦菜秀。'案：《易统通卦验玄图》曰：'苦菜生于寒秋，更冬历春，得夏乃成。'今中原苦菜则如此也。一名游冬，叶似苦苣而细，摘断有白汁，花黄似菊。江南别有苦菜，叶似酸浆，其花或紫或白，子大如珠，熟时或赤或黑，此菜可以释劳。案：郭璞注《尔雅》，此乃蘵黄蒢也。今河北谓之龙葵。梁世讲《礼》者，以此当苦菜，既无宿根，至春方生耳，亦大误也。又高诱注《吕氏春秋》曰：'荣而不实曰英。'苦菜当言英，益知非龙葵也。"② 在这里，颜之推为考证《礼》中的苦菜到底为何物，不仅引经据典，多所辨误，而且证以所见，无征不信。这充分地说明，颜之推重视为学、编校过程中的考据工作，并且认为考据要重视书本知识和实际考察的有效结合，要重视考据的真实性、准确性。

三 认为科学方法乃校对之则

颜之推认为，做好编校工作首先态度必须一丝不苟，其次要讲究科学方法。他极其反对那种随意妄为、穿凿附会、态度不端的作风。在《书证》篇，他举过这样一个例子，说："《诗》云：'黄鸟于飞，集于灌木。'《传》云：'灌木，丛木也。'此乃《尔雅》之文，故李巡注曰：'木丛生曰灌。'《尔雅》末章又云：'木族生为灌。'族，亦丛聚也。所以江南《诗》古本皆为丛聚之'丛'，而古丛字似最（冣）字，近世儒生，因改为'最'，解云：'木之'最'高长者。'案：众家《尔雅》及解《诗》无言此者，唯周续之《毛诗注》，音为'徂会反'，

---

① 颜之推撰，张霭堂译注. 颜之推全集译注［M］. 济南：齐鲁书社，2004：116.
② 颜之推撰，张霭堂译注. 颜之推全集译注［M］. 济南：齐鲁书社，2004：214.

刘昌宗《诗注》音为'在公反'，又'祖会反'。皆为穿凿，失《尔雅》训也。"① 在这个例子中，颜之推批评了当时一些编辑者在释字、注音上"随意为之"的"穿凿"之风。他还举例说："'也'是语已及助句之辞，文籍备有之矣。河北经传，悉略此字，其间字有不可得无者，至如'伯也执殳'，'于旅也语'，'回也屡空'，'风，风也，教也'，及《诗传》云：'不戬，戬也；不傩，傩也。''不多，多也。'如斯之类，傥削此文，颇成废阙。《诗》言：'青青子衿。'《传》曰：'青衿，青领也，学子之服。'按：古者，斜领下连于衿，故谓领为衿。孙炎、郭璞注《尔雅》，曹大家注《列女传》，并云：'衿，交领也。'邺下《诗》本，既无'也'字，群儒因谬说云：'青衿、青领，是衣两处之名，皆以青为饰。'用释'青青'二字，其失大矣！又有俗学，闻经传中时须'也'字，辄以意加之，每不得所，益成可笑。"② 在这里，颜之推以一些编辑者不以为意的助词"也"字为例，告诉人们虽然"也"仅为助词，但不可妄增、妄删。否则，可能违反语法，甚者造成语意不通。由这些举例不难看出，颜之推对编校工作的态度是何其谨严，何其审慎。

颜之推还认为校勘、校对要使用正确的方法。在他论述举例的过程中，既有本校法、他校法、对校法的运用，也有理校法的使用，还有对这四者的综合运用。如在《书证》中他举例说："《后汉书》：'酷吏樊晔为天水郡守，凉州为之歌曰：'宁见乳虎穴，不入冀府寺。'而江南书本'穴'皆误作'六'。学士因循，迷而不寤。夫虎豹穴居，事之较者；所以班超云：'不探虎穴，安得虎子？'宁当论其六七耶？"③ 在这里，颜之推通过基本事理判断，指出江南版本的凉州之歌将"虎穴"误作"虎六"。再如他举例说："应劭《风俗通》云：'《太史公记》："高渐离变名易姓，为人庸保，匿作于宋子，久之作苦，闻其家堂上有客击筑，伎痒，不能无出言。"'按：伎痒者，怀其伎而腹痒也。是以

---

① 颜之推撰，张霭堂译注. 颜之推全集译注［M］. 济南：齐鲁书社，2004：223 - 224.

② 颜之推撰，张霭堂译注. 颜之推全集译注［M］. 济南：齐鲁书社，2004：224.

③ 颜之推撰，张霭堂译注. 颜之推全集译注［M］. 济南：齐鲁书社，2004：239.

潘岳《射雉赋》亦云：'徒心烦而伎痒。'今《史记》并作'徘徊'，或作'彷徨不能无出言'，是为俗传写误耳。"① 在这里，颜之推综合运用理校和他校两法，指出今本《史记》编辑者注释的错误。再如他举例说："《太史公》论英布曰：'祸之兴自爱姬，生于妒媚，以至灭国。'又《汉书·外戚传》亦云：'成结宠妾妒媚之诛。'此二'媚'并当作'媚'，媚亦妒也，义见《礼记》、《三苍》。且《五宗世家》亦云：'常山宪王后妒媚。'王充《论衡》云：'妒夫媚妇生，则忿怒斗讼。'益知媚是妒之别名。原英布之诛为意贲赫耳，不得言媚。"② 在这里，颜之推首先运用理校法，指出从语境的逻辑意义上来讲二"媚"当作"媚"。然后，他又运用他校法，从其他书籍里侧面印证以上判断的正确。

与此同时，他还大胆地尝试运用新的方法来进行文字的校核。他被称为是"第一个运用出土文物的金石文字来校勘"③ 的编辑家。在《书证》中，他举例说："《史记·始皇本纪》：'二十八年，丞相隗林、丞相王绾等，议于海上。'诸本皆作山林之'林'。开皇二年五月，长安民掘得秦时铁称权，旁有铜涂镌铭二所。其一所曰：'廿六年，皇帝尽并兼天下诸侯，黔首大安，立号为皇帝，乃诏丞相状、绾，法度量则不壹嫌疑者，皆明壹之。'凡四十字。其一所曰：'元年，制诏丞相斯、去疾，法度量，尽始皇帝为之，皆有刻辞焉。今袭号而刻辞不称始皇帝，其于久远也，如后嗣为之者，不称成功盛德，刻此诏□左，使毋疑。'凡五十八字，一字磨灭，见有五十七字，了了分明。其书兼为古隶。余被敕写读之，与内史令李德林对，见此称权，今在官库。其'丞相状'字，乃为状貌之'状'，丬旁作犬；则知俗作'隗林'，非也，当为'隗状'耳。"④ 在这里，颜之推大胆地使用出土的金石文献——"铁称权"，对其时《史记》的谬误进行了校正。

---

① 颜之推撰，张霭堂译注. 颜之推全集译注 [M]. 济南：齐鲁书社，2004：232.
② 颜之推撰，张霭堂译注. 颜之推全集译注 [M]. 济南：齐鲁书社，2004：237.
③ 杨燕起，高国抗. 中国历史文献学 [M]. 北京：北京图书馆出版社，1989：81.
④ 颜之推撰，张霭堂译注. 颜之推全集译注 [M]. 济南：齐鲁书社，2004：237－238.

第六章　魏晋南北朝类书和佛教
典籍的编辑思想

第一节　类书编辑思想的发展状况

类书是我国古代书籍的一种重要类型。夏南强在《类书通论》一书中对类书作如下定义："类书是一种将文献或文献中的资料，按其内容分门别类，组织撰述；条分件系，原文照录或摘录的图书。"① 由是观之，类书的本质特征应是分门别类或条分件系，撰述和辑录则是它的编辑方法，类书编辑的根本宗旨是便于读者进行资料检索，省去遍览图书以搜集资料之苦。

类书起源于何时？学界观点不一，见仁见智。有起源于战国的"战国说"，也有起源于西汉的"西汉说"。但是，一般认为，类书起源于魏晋南北朝，曹魏官修的《皇览》是我国古代可考的第一部类书。类书起源于魏晋南北朝，并且在这一时期形成了一个不小的编辑潮流，出现了一批数量可观之作。据张涤华的《类书流别》统计，这一时期编辑的大型类书有十八种之多，如三国魏官修的《皇览》，南朝梁代刘峻编辑的《类苑》，梁徐勉等编辑的《华林遍略》七百卷等。② 钱汝平在《魏晋南北朝类书编辑》一文中指出，除了张涤华列举的十八种类书，此时还有北朝元晖编辑的《科录》、北齐武城令宋士素编辑的《御览》三卷、无名氏编辑的《要录》六十卷等数部类书。他还指出，除

---

① 夏南强. 类书通论［M］. 武汉：湖北人民出版社，2001：16.
② 张涤华. 类书流别［M］. 北京：商务印书馆，1985：20.

了以上类书，这一时期还出现了很多佛经类书和道教类书，如南朝梁沙门宝唱编集的《经律异相》五十卷、刘宋沙门昙宗编辑的《数林》、南齐沙门王宗编辑的《佛所制名数经》五卷、北周武帝等编辑的《无上秘要》等。① 无论从数量，还是从类型上来看，魏晋南北朝时期确实出现了一个类书编辑的潮流。惜乎这些类书大部分都已亡佚，其具体的编辑情况无法查考。笔者分析这一时期类书的编辑思想，只能从现存仅有史料入手，对部分类书进行考查。

一 《皇览》以类相从的编辑思想

《皇览》是我国古代可考的最早的类书，被称为"类书之祖"。它的编辑，不仅创造了一种新型书籍体例，而且对后世同类图书的编辑产生了不可估量的影响。

《皇览》是一部官修类书，是由魏文帝曹丕敕修而成的。《三国志·文帝纪》中说："初，帝好学，以著述为务，使诸儒撰集经传，随类相从，凡千余篇，号曰《皇览》。"② 那么，受曹丕之诏令参与编辑《皇览》的有哪些人呢？《隋书·经籍志》在著录《皇览》时称"缪袭等撰"③。除缪袭之外，参与编辑《皇览》的还有刘邵、王象、桓范等人。《三国志·刘劭传》称，"黄初中，（刘劭）为尚书郎、散骑侍郎。受诏集五经群书，以类相从，作《皇览》"④。《三国志·杨俊传》注引《魏略》称："王象，字羲伯。既为俊所知拔，果有才志。建安中，与同郡荀纬等俱为魏太子所礼待。及王粲、陈琳、阮瑀、路粹等亡后，新出之中，惟象才最高。魏有天下，拜象散骑侍郎，迁为常侍，封列侯。受诏撰《皇览》，使象领秘书监。象从延康元年始撰集，数岁成，藏于秘府，合四十余部，部有数十篇，通合八百余万字。"⑤《三国志》注引《魏略》称："（桓范）建安末，入丞相府。延康中，为羽林左监。以有

① 钱汝平. 魏晋南北朝类书编辑 [J]. 图书馆杂志，2006（7）：73.

② 陈寿著，裴松之注. 三国志 [M]. 北京：中华书局，1959：88.

③ 魏征. 隋书 [M]. 北京：中华书局，1974：1009.

④ 陈寿著，裴松之注. 三国志 [M]. 北京：中华书局，1959：618.

⑤ 陈寿著，裴松之注. 三国志 [M]. 北京：中华书局，1959：664.

文学，与王象等典集《皇览》。"① 由此可见，缪袭、王象当为《皇览》的主编，刘劭、桓范等人共同参与了编辑工作。

　　惜乎，该书到唐代已经亡佚，其详细编辑情况已无从查考。据《三国志·文帝纪》，《皇览》有三千余篇。据《三国志》注引《魏略》，它"合四十余部，部有数十篇，通合八百余万字"。可见，该书在编辑的时候首先是按部分类的，每部下面辑录数十篇。清代孙冯翼有该书辑佚本一卷，收入《丛书集成》之中。在这一辑佚本中，可以看到"逸礼"和"冢墓记"两类。其中，"冢墓记"主要是分条记录古代帝王将相等坟冢的有关情况。如："黄帝冢，在上郡桥山；颛顼冢，在东郡濮阳顿丘城门外广场里中。顿丘者，城门名。顿丘道，王莽时使使者祠颛顼；蚩尤冢，在东平郡寿张县阚乡城中，高七丈，民常十月祀之。有赤气出如匹绛帛，民名为蚩尤旗；肩髀冢，在山阳巨野县重聚，大小与阚冢等。传言黄帝与蚩尤战于涿鹿之野，黄帝杀之，身体异处，故别葬之；帝喾冢，在东郡濮阳顿丘城南台阴野中……"② 在"冢墓记"这一大类中，帝王将相的坟冢情况是以时为序，按时编排的。"逸礼"类主要是分条记录古代礼仪的情况。如："春夏秋冬之乐，义顺天道，是故距冬至日四十六日，则天子迎春于东堂。距邦八里，堂高八尺，堂阶三等，青税八乘，旗旄尚青，田车载旄，号曰助天生，唱之以角，舞之以羽翟，此迎春之乐也……夏则衣赤衣，佩赤玉，乘赤辂，驾赤骝，载赤旗，以迎夏于南郊……"③ 在"逸礼"类的分条汇集中，也可以看出其中以时为序的编辑方法，所收礼仪是按照春夏秋冬的顺序来集合的。由此可知，《皇览》以类相从的编辑思想当首先表现在其以事分类的大类之中，其次在类下亦有具体的类分顺序，或以时间，或以事类，或以其他。《皇览》的其他部类情况，不得而知。但是，该书以类相从的编辑思想则确定无疑。

　　《皇览》的出现，开创了一种新的书籍类型。它在既有文献资料的

　　① 陈寿著，裴松之注．三国志［M］．北京：中华书局，1959：288．

　　② 孙冯翼辑．皇览［M］．北京：中华书局，1985：3-4．

　　③ 孙冯翼辑．皇览［M］．北京：中华书局，1985：1．

基础上，由编辑按照以类相从的编辑原则，进行编修整合而创造出一种新的文本。这种书籍编辑方式，不仅具有汇编资料、集合文献的重要作用，同时其部类分明的主题便于读者进行检索、阅览，省去浏览、查找之苦。因此，该种类型图书甫一问世，便受到欢迎。《隋书·经籍志》在著录《皇览》时，称"《皇览》缪袭等撰。梁六百八十卷。梁又有《皇览》一百二十三卷，何承天合；《皇览》五十卷，徐爰合，《皇览目》四卷；又有《皇览抄》二十卷，梁特进萧琛抄。亡。"① 这说明，《皇览》在隋代之前，流传甚广，既有节录本，又有抄合本。与此同时，其后出现的诸多类书，都是在借鉴《皇览》以类相从的编辑思想的基础上编辑而成的。比如，《南齐书》中说："（永明）五年，正位司徒，给班剑二十人，侍中如故。移居鸡笼山邸，集学士抄五经、百家，依《皇览》例，为《四部要略》千卷。"② 可见，《四部要略》就是《皇览》编辑思想的又一产物。

二 《华林遍略》和《修文殿御览》的以事分类思想

《华林遍略》是南朝梁时官修的另一部大型类书。唐代学者高俭在《文思博要序》中曾说过："魏之《皇览》，登巨川之滥觞，梁之《遍略》，标崇山之增构。"③ 可见，《华林遍略》在当时影响很大。

《华林遍略》是由梁武帝敕修的一部大型类书。梁武帝因何要编辑此书呢？《南史·刘峻传》曾载："初，梁武帝招文学之士，有高才者多被引进，擢以不次。峻率性而动，不能随众沉浮。武帝每集文士策经史事，时范云、沈约之徒皆引短推长，帝乃悦，加其赏赉。会策锦被事，咸言已罄，帝试呼问峻，峻时贫悴冗散，忽请纸笔，疏十余事，坐客皆惊，帝不觉失色。自是恶之，不复引见。及峻《类苑》成，凡一百二十卷，帝即命诸学士撰《华林遍略》以高之，竟不见用。"④ 此处

① 魏征. 隋书［M］. 北京：中华书局，1974：1009.

② 萧子显. 南齐书［M］. 北京：中华书局，1972：698.

③ 刘宝春.《华林遍略》对中国古代类书编辑的影响［J］. 图书情报工作，2010（11）：136.

④ 李延寿. 南史［M］. 北京：中华书局，1975：1219 – 1220.

的《类苑》是由刘峻受当时的安成康王萧秀之命，所编辑的一部大型类书。《南史》称，《华林遍略》的编辑是因为梁武帝萧衍不愿屈居刘峻之下，方要诏命编辑。笔者认为，这只是一个表层原因。从深层来看，梁武帝萧衍是一个文武兼通的帝王。他不仅明于方略，精于权谋，而且颇有才华，文史兼通，是一个极有文学艺术修养的帝王。他不仅大力倡导文学创作，而且躬身实践，是当时宫体诗的创作者之一。他这种爱好、观念，必然要求他重视类书的编辑，从而方便其文学创作的实践。这才是《华林遍略》编辑的根本原因。关于该书的编者，历来观点不一。《南史·何思澄传》：“天监十五年，敕太子詹事徐勉举学士入华林撰《遍略》，勉举思澄、顾协、刘杳、王子云、钟屿等五人应选。八年乃书成，合七百卷。”① 《梁书·何思澄传》也认为徐勉是主编，称：“天监十五年，敕太子詹事徐勉举学士入华林撰《遍略》，勉举思澄等五人以应选。”② 但是，《隋书·经籍志》在著录该书时，称其主编为梁绥安令徐僧权等撰。胡道静认为，该书主编应该为徐勉，可能是《隋志》所记有误，也可能二徐都是主编。

据《南史·何思澄传》，《华林遍略》是“八年乃书成，合七百卷”。《隋书·经籍志》称其有“六百二十卷”。这部书到宋代已经亡佚，欧阳询在《艺文类聚·序》中说：“前辈缀集，各抒其意，《流别》、《文选》，专取其文，《皇览》、《遍略》，直书其事，文义既殊，寻检难一。”③ 由此推测，《华林遍略》当以类事为主。潘树广的《古籍索引概论》中引述了《华林遍略》残卷的部分，于此可以粗略地看出该书类以系事的大致情况。如其鸟部黄鹄类是如此摘引文献的：“《说文》曰：鹄，黄鹄也。从鸟，告声。《广志》曰：黄鹄出东海，汉以其来集为祥。《列仙传》曰：陵阳子死葬山下，有黄鹄来栖其冢边树，鸣声呼安、呼安……”④ 从这里可以看出，《华林遍略》鸟部黄鹄类所引

① 李延寿．南史［M］．北京：中华书局，1975：1782.
② 姚思廉．梁书［M］．北京：中华书局，1973：714.
③ 欧阳询．艺文类聚·序，载于《全唐文》，清代嘉庆内府刻本.
④ 潘树广．古籍索引概论［M］．北京：书目文献出版社，1984：14.

的文献是很多的，可谓一事多录，不厌其烦。这正是该书卷帙浩繁的原因，同时也是梁武帝萧衍之所以敢于向刘峻炫耀的原因所在。

《华林遍略》编成之后，流传甚广。《北齐书·祖珽传》说："扬州客至，请卖《华林遍略》。文襄多集书人，一日一夜写毕，退其本曰：'不须也。'珽以《遍略》数帙质钱樗蒲，文襄杖之四十。"① 这里的文襄实乃北齐的世宗高澄，他当时任东魏中书监之职，仍然买不起《华林遍略》，而要集合众人抄书。于此，可见两点：一是该书卷帙浩繁，价格的确昂贵；二是影响很大，受到当时士人青睐。更重要的是，这部书对其后类书的编辑影响很大。稍后，北齐官修的《修文殿御览》就是以此书为蓝本。到了唐代，《艺文类聚》也对此书有很多借鉴，并在此基础上完成从类以系事，到事文并举的转变。

《修文殿御览》是北齐官修的一部类书，由齐后主高纬敕修而成。《北齐书·后主本纪》载："（三年二月）庚寅，以左仆射唐邕为尚书令，侍中祖珽为左仆射。是月，敕撰《玄洲苑御览》，后改名为《圣寿堂御览》。"② 由此可见，该书当是在武平三年二月开始编辑的，到了是年八月，该书就已编辑完成。《北齐书·后主本纪》载："是月，《圣寿堂御览》成，敕付史阁，后改为《修文殿御览》。"③ 那么，该书的编辑者有谁呢？《北齐书·文苑传》载："珽又奏撰《御览》，诏珽及特进魏收、太子太师徐之才、中书令崔劼、散骑常侍张雕、中书监阳休之监撰。珽等奏追通直散骑侍郎韦道逊、陆乂、太子舍人王劭、卫尉丞李孝基、殿中侍御史魏澹、中散大夫刘仲威、袁奭、国子博士朱才、奉车都尉眭道闲、考功郎中崔子枢、左外兵郎薛道衡、并省主客郎中卢思道、司空东阁祭酒崔德、太学博士诸葛汉、奉朝请郑公超、殿中御史郑子信等入馆撰书，并敕放、悫、之推等同入撰例。复令散骑常侍封孝琰、前乐陵太守郑元礼、卫尉少卿杜台卿、通直散骑常侍王训、前南兖州长史羊肃、通直散骑常侍马元熙、并省三公郎中刘珉、开府行参军李师上、

① 李百药. 北齐书 [M]. 北京：中华书局，1972：514－515.
② 李百药. 北齐书 [M]. 北京：中华书局，1972：105.
③ 李百药. 北齐书 [M]. 北京：中华书局，1972：105.

温君悠入馆，亦令撰书。复命特进崔季舒、前仁州刺史刘逖、散骑常侍李孝贞、中书侍郎李德林续入待诏。寻又诏诸人各举所知，又有前济州长史李翥、前广武太守魏骞、前西兖州司马萧溉、前幽州长史陆仁惠、郑州司马江旰、前通直散骑侍郎辛德源、陆开明、通直郎封孝謇、太尉掾张德冲、并省右民郎高行恭、司徒户曹参军古道子、前司空功曹参军刘颀、获嘉令崔德儒、给事中李元楷、晋州治中阳师孝、太尉中兵参军刘儒行、司空祭酒阳辟疆、司空士曹参军卢公顺、司徒中兵参军周子深、开府参军王友伯、崔君洽、魏师謇并入馆待诏，又敕右仆射段孝言亦入焉。"①《修文殿御览》的编辑，前后诏令选人八次之多，参与人员有史可查就达三十多人。由此不难看出，古代一部大型类书的编辑，是一项多么复杂浩大的文化工程。它不仅需要充足的人力、物力，还需要编辑者独到的思想见解和有效的组织能力。

《修文殿御览》早已亡佚，但是通过一些资料可以推测其部分编辑特色。《四库全书总目》称："古书分隶门目者，始魏缪袭、王象之《皇览》，其存于今者《修文殿御览》以下，皆其例也。"② 由此可以推测，《修文殿御览》的编辑体例应与《皇览》相仿，都是先分部类，然后在部类下辑录文献。祖珽在《上呈修文殿御览表》里曾说："前者修文殿令臣等讨寻旧典，撰录斯书，谨罄庸短，登即编次。放天地之数，为五十五部；象乾坤之策，成三百六十卷。"③ 这说明，该书的编辑体例非常讲究，无论是其部数确定，还是卷数排列，都有一定考究，正所谓"放天地之数"和"象乾坤之策"。其中颜之推就专掌该书的体例编定。

《修文殿御览》对后世类书的编辑影响也很大。宋初四大书之一《太平御览》，由其名字就可知它的编辑受到《修文殿御览》的影响。而由宋真宗敕编的《册府元龟》则直接引用了《修文殿御览》的很多资料。

---

① 李百药. 北齐书 [M]. 北京：中华书局，1972：603 – 604.

② 永瑢. 四库全书总目，清乾隆武英殿刻本.

③ 祖珽. 上呈修文殿御览表，载于《全上古三代秦汉三国六朝文》.

第二节　佛教典籍的编辑思想

一　道安的编辑思想

道安（312—385 年），俗姓卫氏，常山扶柳人。道安家世英儒，从小天资聪颖，"年七岁读书再览能诵，乡邻嗟异"①。十二岁出家，因为形貌丑陋而不被老师所重视，但是他笃性精进，在劳动之余诵读经卷，常常过目成诵，不差一字。受具足戒后，道安四处游学，在邺都遇到当时名僧佛图澄，为澄所重，事澄为师。道安后避难于濩泽，遇到其时高僧竺法济、支昙讲《阴持入经》，就从之受业。后来，道安在太行恒山创立寺塔，宣扬佛法。357 年左右，道安四十五岁时，回到邺都，住在受都寺，宣讲佛法。当时的彭城王石遵即位，派遣竺昌蒲请道安入华林园，并为安广修房舍。但是，道安认为后赵国运将危，就西行到牵口山，后又辗转渡过黄河到达襄阳。在襄阳期间，道安完成了两项非常重要的佛经编辑活动：一是校勘注释当时佛经经典，二是编辑了《综理众经目录》。《高僧传》云："旧译时谬，致使深藏隐没未通。每至讲说，唯叙大意转读而已。安穷览经典，钩深致远。其所注《般若道行》、《密迹》、《安般》诸经，并寻文比句，为起尽之义，乃析疑甄解，凡二十二卷。序致渊富妙尽深旨，条贯既叙文理会通，经义克明自安始也。"② 编注群经，探明旨义，钩深致远，是道安重要的佛经编注活动。也是在此时，他还编辑了《综理众经目录》。

在襄阳期间，道安不仅弘扬佛法，编注佛经，而且广交名士，相互唱和致意。他和习凿齿、名士郗超等都交谊甚笃。习凿齿曾给当时东晋的重臣谢安写信，信中对道安大加称赞道："无变化伎术，可以惑常人之耳目。无重威大势，可以整群小之参差。而师徒肃肃，自相尊敬。洋

---

① 释慧皎撰，汤用彤校注. 高僧传［M］. 北京：中华书局，1992：177.

② 释慧皎撰，汤用彤校注. 高僧传［M］. 北京：中华书局，1992：179.

洋济济，乃是吾由来所未见。其人理怀简衷，多所博涉。内外群书，略皆遍睹。阴阳算数，亦皆能通。佛经妙义，故所游刃。作义乃似法兰法道。恨足下不同日而见。"① 当时东晋孝武帝素闻道安大名，对其推崇备至，下诏予以嘉奖，并给道安以王公的待遇。据《高僧传》载，前秦的苻坚对道安之名也是慕之切切，他派十万之师攻下襄阳，目的就是得到道安。

道安在襄阳一带生活了十五年，在苻坚攻下襄阳之后于 379 年到达长安。在长安，苻坚待道安甚厚，《高僧传》云："坚敕学士内外有疑，皆师于安。故京兆为之语曰：'学不师安，义不中难。'"② 苻坚晚年一心要南征东晋，道安多次劝谏，坚终不从，后致大败。在长安期间，道安还制定了僧尼戒规，《高僧传》云："安既德为物宗，学兼三藏。所制僧尼轨范佛法宪章。条为三例：一曰行香定座上讲经上讲之法。二曰常日六时行道饮食唱时法。三曰布萨差使悔过等法。天下寺舍遂则而从之。"③ 晋太元十年（385 年），道安斋后无疾而卒，葬在长安城内五级寺中，终年七十二。

佛经目录的出现是佛经书籍发展到一定程度的产物。《综理众经目录》编辑成书于宁康二年（374 年）。《高僧传》云："自汉魏迄晋，经来稍多。而传经之人名字弗说，后人追寻莫测年代。安乃总集名目表其时人，诠品新旧，撰为经录，众经有据实由其功，四方学士竞往师之。"④ 由此可见，道安编辑《综理众经目录》的原因有两点：一是"汉魏迄晋，经来稍多"。换言之，佛经图书的增多，要求编辑佛经书目，以便人们查阅。二是"传经之人名字弗说，后人追寻莫测年代"。也就说，经书多了起来，但是传经人的姓名、年代都没有记载，这就造成后人考证困难。

《综理众经目录》早已亡佚，但是可以通过僧祐编辑的《出三藏记

①　释慧皎撰，汤用彤校注．高僧传［M］．北京：中华书局，1992：180 - 181.

②　释慧皎撰，汤用彤校注．高僧传［M］．北京：中华书局，1992：181.

③　释慧皎撰，汤用彤校注．高僧传［M］．北京：中华书局，1992：183.

④　释慧皎撰，汤用彤校注．高僧传［M］．北京：中华书局，1992：179.

集》和唐高僧道宣编辑的《大唐内典录》来窥知其大略情况。《出三藏记集》是南朝梁僧祐编撰的一部佛经目录，其序言中说："爰自安公，始述名录，铨品译才，标列岁月，妙典可征，实赖伊人。敢以末学，向附前规，率其管见，接为新录。"①《出三藏记集》的第二卷凡三目，其中第一目《新集撰出经律论录》是在道安的目录的基础上完善的，包含了道安所载的十七家译经。卷三凡七部分，其中前四部分都是《综理众经目录》的内容，分别是《安公古异经录》《安公失译经录》《安公凉土异经录》《安公关中异经录》。卷五中也有《综理众经目录》的存录，其中《新集安公疑经录》即是道安指出的疑伪之作。

据梁启超先生总结，参阅《出三藏记集》，《综理众经目录》内容有以下七大类：一是经论录，包括了十七家译经；二是古异经录，收集了古代最早期的经文译本；三是失译经录，收录了一百三十四经（实际只有一百三十一经）；四是凉土失译经录，是在凉州译出的经书；五是关中失译经录，是在长安译出的经书；六是疑经录，是道安所指出的疑伪之经；七是注经及杂志录，是道安所注诸经及所撰《西域志》等。

梁启超先生在《佛家经录在中国目录学之位置》一文中指出："《安录》虽仅区区一卷，然其体裁足称者，盖数端，一曰纯以年代为序，令读者得知兹学发展之迹及诸家派别；二曰失译经者别自为篇；三曰择译经者别自为篇；皆以书之性质为分别，使眉目黎然；四曰严真伪之辨，精神最为忠实；五曰注解之书别自为部不与本经混，主从分明。"② 对此再加概括，应有以下几点特色。

一是以年为序。《高僧传》在讲到该目录编辑的目的时说："自汉魏迄晋，经来稍多。而传经之人名字弗说，后人追寻莫测年代。安乃总集名目表其时人，诠品新旧，撰为经录，众经有据实由其功，四方学士竞往师之。"③ 这里的"表其时人"就是说通过考证表明译者译本的时间，在具体编辑的过程中也是按照时间顺序来排列译者和译本的，这样

---

① 释僧祐撰，苏晋仁、萧炼子点校．出三藏记集 [M]．北京：中华书局，1995：22.
② 梁启超．饮冰室合集 [M]．北京：中华书局，2003：171.
③ 释慧皎撰，汤用彤校注．高僧传 [M]．北京：中华书局，1992：179.

既"令读者得知兹学发展之迹及诸家派别"，又给人以顺序明确之感，方便阅读。

二是分类殊别。《综理众经目录》全书分为七个大类，但是各大类之间又各为条别。第一大类经论录是全书的主要部分，三、四、五部分失译经录与第一大类分开而独自成类，同时三者之间因失地不同又单独成类。这样的分类体系较为精细，各自有别。从分类标准来看，并不一致，但照顾到了不同类别的特征。

三是主次分明。《综理众经目录》的最后一部分是道安的注经及杂志录，单独成类，放在最后，目的就是梁启超所言的"不与本经混"。因为该目录毕竟是一个目录学著作，中心就应该围绕目录编辑展开，道安将自己的注经及杂志录列于最后，显然是作为附录来看待的。

四是辨析谨严。《综理众经目录》的第六部分是道安所指出的疑伪之经。所谓疑伪之经就是那些不符合经文原著的经文。《出三藏记集》在《新集安公疑经录》中引用了道安的话："外国僧法，学皆跪而口授。同师所受，若十、二十传，以授后学。若有一字异者，共相推校，得便摈之，僧法无纵也。经至晋土，其年未远，而喜事者以沙糅金，斌斌如也，而无括正，何以别真伪乎！农者禾草俱存，后稷为之叹息；金匮玉石同缄，卞和为之怀耻。安敢预学次，见泾渭杂流，龙蛇并进，岂不耻之！今列意谓非佛经者如左，以示将来学士，共知鄙倍焉。"[①] 可见，道安治学谨严，追求经文真义，"若有一字异者，共相推校对"。他极其反对那些对佛经原文擅加修改的人，称其为"禾草俱存"，"金匮玉石同缄"，并认为这是很耻辱的事情。道安经过自己的严谨辨析，列出了包括《宝如来经》《定行三昧经》等在内的二十六部、三十卷疑伪之经。《高僧传》云："安常注诸经恐不合理。乃誓曰：'若所说不堪远理，愿见瑞相。'乃梦见胡道人，头白，眉毛长，语安云：'君所注经殊合道理，我不得入泥洹，住在西域。当相助弘通，可时时设食。'后《十诵律》至，远公乃知，和上所梦宾头卢也。于是立座饭之，处

---

① 释僧祐撰，苏晋仁、萧炼子点校．出三藏记集［M］．北京：中华书局，1995：82.

处成则。"① 这个故事当然充满了佛法的色彩，但是充分说明了道安注经的严谨。这也是道安一以贯之的治学精神。因此，梁启超先生说该录的编撰是"严真伪之辨，精神最为忠实"。

《综理众经目录》的编辑，亦有不尽如人意之处，比如僧祐曾指出："《安录》诚佳，颇恨太简，注目经名，撮题两字，且不列卷数，行间相接，后人抄写，名部混糅。"② 但是，总体说来，作为一部综合性佛经目录，该录在佛经目录的编辑体裁、体制和方法上都给后世提供了借鉴。其后，僧祐的《出三藏记集》和唐道宣的《大唐内典录》都是在《综理众经目录》的基础上编辑完成的。

其实，除了佛经目录的编辑活动，道安在佛经编译活动中贡献也很大。在襄阳期间，道安一方面宣扬佛法，另一方面对佛经编译笔耕不辍。他深感旧译时谬，以致经文之要旨隐没未通，从而导致宣讲佛法时只能转读大意。为此，他穷览经典，钩深致远，译注不断，所注有《般若道行》《密迹》《安般》诸经。晋孝武帝太元四年，他西至长安之后，依然游心经内，专注译经。他极力奖掖译事，众多沙门云集麾下，使得长安一时再现翻译之盛。在编译佛经的过程中，道安形成了自己独具一格的编译思想。

一是力避"五失本"。在《摩诃钵罗若波罗蜜经抄序》中，道安提出了佛经翻译的"五失本"原则："译胡为秦，有五失本也：一者胡语尽倒，而使从秦，一失本也。二者胡经尚质，秦人好文，传可众心，非文不合，斯二失本也。三者胡经委悉，至于叹咏，叮咛反复，或三或四，不嫌其烦。而今裁斥，三失本也。四者胡有义说，正似乱辞，寻说向语，文无以异。或千五百，刈而不存，四失本也。五者事已全成，将更傍及，反腾前辞，已乃后说。而悉除此，五失本也。"③ "五失本"实际上是道安对译经中存在的改变或失去原经旨意情形的总结和概括，本即为原经，它包括原经的内容、形式和风格。比如"一失本"中的

---

① 释慧皎撰，汤用彤校注. 高僧传［M］. 北京：中华书局，1992：183.

② 释僧祐撰，苏晋仁、萧炼子点校. 出三藏记集［M］. 北京：中华书局，1995：98.

③ 释僧祐撰，苏晋仁、萧炼子点校. 出三藏记集［M］. 北京：中华书局，1995：290.

"胡语尽倒，而使从秦"是指译经中存在的"意译"问题，即颠倒胡语而服从汉语，过分追求意义而忽略原经语言特征。"二失本"中所说的"胡经尚质，秦人好文"是说不同语言的风格不同。翻译中如果按照汉语的风格来进行译经，在道安看来也是一种失本，失去了原经的语言风格。"三失本"实际上说的是，胡经比较繁富，而译经过程中如果删繁就简，断加裁斥，这无疑也是一种对原经的背离。"四失本"是说在胡经译汉过程中对一些异说乱辞的删除。"五失本"也是讲对原经的大量删除。"五失本"是道安对当时译经情况的总结，也反映了他反对"五失本"的编译思想。

二是提出"三不易"。在概括了"五失本"之后，道安还提出了"三不易"思想。他说："圣必因时，时俗有易，而删雅古以适今时，一不易也。愚智天隔，圣人叵阶，乃欲以千岁之上微言，传使合百王之下末俗，二不易也。……今离千年，而以近意量裁。彼阿罗汉乃兢兢若此，此生死人而平平若此，岂将不知法者勇乎？斯三不易也。"[①] "一不易"说的是古今时俗有别，要把古代的时俗翻译成现在能够让人看懂的文字，是非常不容易的。"二不易"是说作者和译者的智力不同，想让两者在译作上达到一致，也是很难的。"三不易"是说让凡人译经，恐更难做到准确无误。由此看来，"三不易"实际上是从作者、译者和读者的关系出发来探讨如何做好译经工作。"一不易"说的是从读者接受的角度讲如何让译文更加具有时代性，"二不易"和"三不易"是从作者和译者的差异来分析如何做好译经工作。应该说，"三不易"思想不仅指出了译经工作的困难之处，而且分析了造成这种困难的主体性因素所在，这在当时从理论上来说，是极具开创意义的。

在分析了"五失本""三不易"后，道安指出译者在译经过程中一定要慎之又慎，他说："涉兹五失，经三不易，译胡为秦，讵可不慎乎！"[②] 他十分欣赏前贤高僧支谶和安世高译经，他说："前人出经，支

----

① 释僧祐撰，苏晋仁、萧炼子点校．出三藏记集［M］．北京：中华书局，1995：290.
② 释僧祐撰，苏晋仁、萧炼子点校．出三藏记集［M］．北京：中华书局，1995：290.

谶、世高，审得胡本难繁者也。"① 他认为叉罗、支越等人译经过于追求技巧而失去经文原旨，他说："叉罗、支越，斧凿之巧者也。巧则巧矣，惧窍成而混沌终矣。"② 总的说来，道安编译思想的核心是强调质直，即翻译保持原典的本真和质朴。因此他说："若夫以《诗》为烦重，以《尚书》为质朴，而删令合今，则马、郑所深恨者也。近出此撮，欲使不杂，推经言旨，唯惧失实也。"③

二　鸠摩罗什的佛经编译思想

鸠摩罗什（344—413 年），是魏晋南北朝时期最为著名、最有影响的高僧之一，也是中国佛教典籍四大译经大师之一。他祖籍天竺，家世国相，生于龟兹（今新疆库什一带）。据《高僧传》载，鸠摩罗什在七岁时随母亲出家，开始诵经受佛。后随母到罽宾（今印度北部），师从当时高僧般头达多，"从受《杂藏》、《中》，长二《含》，凡四百万言"。大约在十二岁时，其母又带他回到龟兹，后又至沙勒国，因为学富五车，穷达经旨，因此备受人们推崇。在沙勒国期间，鸠摩罗什与诸多名僧交会，认真研核大乘、小乘经论，并在佛学思想上发生很大变化，弃小乘而归大乘。其后，又随母至温宿国，与其地僧道论辩交锋而"声满葱左，誉宣河外"。龟兹王闻其盛誉，亲自到温宿国迎鸠摩罗什归国。回到龟兹之后，他广说诸经，推辩佛法，深得宗仰。弘始三年（401 年）十二月，鸠摩罗什被姚兴迎入长安，被待以国师之礼，甚受推重。鸠摩罗什在长安的主要活动是编译佛经。他被请入西明阁和逍遥园，建立译场，翻译众经。据《高僧传》载："于是（姚）兴使沙门僧契、僧迁、法钦、道流、道恒、道标、僧睿、僧肇等八百余人，咨受什旨，更令出《大品》。"④ 由此可见，鸠摩罗什当时在长安的译场是何其之大，参译人员是何其之多。甚至当时的国主姚兴也参与其中，不亦乐

①　释僧祐撰，苏晋仁、萧炼子点校. 出三藏记集［M］. 北京：中华书局，1995：290.
②　释僧祐撰，苏晋仁、萧炼子点校. 出三藏记集［M］. 北京：中华书局，1995：290.
③　释僧祐撰，苏晋仁、萧炼子点校. 出三藏记集［M］. 北京：中华书局，1995：290-291.
④　释慧皎撰，汤用彤校注. 高僧传［M］. 北京：中华书局，1992：52.

乎。《高僧传》言"什持梵本，兴执旧经，以相雠校，其新文异旧者，义皆圆通，众心钦服，莫不欣赞"①。从后秦姚兴弘始三年（401年）至长安，到弘始十一年（411年）去世，鸠摩罗什在长安前后十一年之久。十一年之中，他始终以编译佛经为业，从未中断，孜孜不倦，畅显神源，发挥经旨。正是因为他的译经活动，继道安之后，长安再次成为翻译佛经的重镇。据《高僧传》云，当时"四方义士，万里必集，盛业久大，于今咸仰"②。据《高僧传》载，鸠摩罗什在长安译经凡三百余卷，《开元释教录》谓其所译七十四部三百八十一卷，《出三藏记集》谓其三十五部二百九十四卷，其中比较著名的有《法华经》《维摩诘经》《大品般若经》《金刚经》《中论》《百论》《十二门论》等。这些经论以大乘佛教为主，后来都成为大乘佛教的经典文献。

佛经编译活动是一项极其复杂、难度很高的文化创造活动。汤用彤先生曾经指出，通佛法有二难，一名相辨析难，二微义证解难。所谓名相辨析，是指理解经文中的名相条目；所谓微义证解，是指通达经文的深义实旨。名相辨析是微义证解的前提，弄不准佛经中的名相条目，就无从微义证解，但是做好了名相辨析，却未必能通达微言大义。这还仅仅是通达佛法之难，而佛经翻译之难较之是难上加难。做好佛经翻译工作，不仅要求译者通达佛法，还要求其能将通达的佛法从一种语言准确、完美地翻译为另外一种语言。在长期的佛经编译实践中，鸠摩罗什逐步形成自身对编译活动的独特认识。

一是严肃认真的翻译态度。《高僧传》中谓其"雅好大乘，志存敷广，常叹曰：'吾若著笔作《大乘阿毘昙》，非迦旃延子比也。今在秦地，深识者寡，折翮于此，将何所论"③。鸠摩罗什自认本可以写出皇皇巨著，但却将全部精力用于译经，这使他有才华未完全显露之憾。不过，他还是对翻译佛经工作倾注了一腔热情，愿意为之奉献生命。鸠摩罗什工作态度严肃认真、一丝不苟。僧睿《大品经序》指出，"法师手

①　释慧皎撰，汤用彤校注．高僧传［M］．北京：中华书局，1992：52.
②　释慧皎撰，汤用彤校注．高僧传［M］．北京：中华书局，1992：52 - 53.
③　释慧皎撰，汤用彤校注．高僧传［M］．北京：中华书局，1992：53.

持胡本，口宣秦言，两释异音，交辨文旨。秦王躬览旧经，验其得失，谘其通途，坦其宗致，与诸宿旧义业沙门等五百多人详其义旨，审其文中，然后书之"。从僧睿所描写的鸠摩罗什译经的过程，可以看出其译经是极其严肃认真的："手持胡本，口宣秦言"是当时鸠摩罗什译经的神态，说明他是手口并用；"两释异音，交辨文旨"是译经过程中一丝不苟的态度，对于不同的发音是反复解释，对于经文的旨义是反复地论证，然后再对照旧经，看看所译经文是否准确无误，再做到"详其义旨，审其文中"之后，才敢"书之"，即成为定稿。可见，鸠摩罗什译经态度是何其严谨。据《高僧传》载，鸠摩罗什晚年病重，自知所去有日，乃向众僧告别，最后说了这样一段话："因法相遇，殊未尽伊心，方复后世，恻怆何言。自以暗昧，谬充传译，凡所出经三百余卷，唯《十诵》一部，未及删烦，存其本旨，必无差失。愿凡所宣译，传流后世，咸共弘通。今于众前发诚实誓，若所传无谬者，当使焚身之后，舌不燋烂。"① 在弥留之际，鸠摩罗什考虑的仍然是所译经书是否有"差失"，是否能够"传流后世"。这种严肃认真的译经态度和追求传世的译经精神，不能不让我们为之动容，为之肃然起敬。这种思想具有强大的精神感染力和历史穿透力，无论是对于我们现在还是将来的编辑工作，都有很好的借鉴价值。

二是义意圆通的翻译标准。在译经实践中，鸠摩罗什深感前贤译经存在"滞文格义"和"不与胡本相通"的问题，即译经与原经文义不同。造成这一问题的重要原因是，此前的众多译经高僧比较重视直译，而忽视了译后之文与经文原旨的异同。他和当时的诸多高僧商讨过翻译过程中应该注意的问题，曾对当时的高僧僧睿这样说过："天竺国俗，甚重文制，其宫商体韵，以入弦为善。凡觐国王，必有赞德，见佛之仪，以歌叹为贵，经中偈颂，皆其式也。但改梵为秦，失其藻蔚，虽得大意，殊隔文体。有似嚼饭与人，非徒失味，乃令呕哕也。"② 这段话，实际上反映了鸠摩罗什的翻译标准和翻译追求。他首先分析了梵文不同

① 释慧皎撰，汤用彤校注．高僧传［M］．北京：中华书局，1992：54.
② 释慧皎撰，汤用彤校注．高僧传［M］．北京：中华书局，1992：53.

于汉文之处在于，梵文辞体华美，语式贵咏。然后明确地指出了翻译不能不考虑梵文的特点而只顾大意，失去原旨。这样的话，就像嚼饭与人一样，让人感觉不到饭的真正味道。这一翻译标准，即不仅重视译文内容意义，而且更加重视原文的风格，强调从内容到形式两个方面做到翻译准确、优美和完善。

三　僧祐的佛经典籍编辑思想

魏晋南北朝时期在佛经典籍编辑上贡献很大的另一位大编辑家，就是南朝齐梁时代的高僧释僧祐。僧祐，俗姓俞，祖籍彭城下邳（今江苏邳县），宋文帝元嘉二十二年（445 年）生于建业，卒于梁天监十七年（518 年）。僧祐从小深受佛教熏陶，立志皈依佛门。他十四岁就入钟山定林上寺拜戒行精严的高僧法达为师，二十岁受具足戒之后投拜高僧法颖门下，博学经论，钻研佛理，尤其在律学上沉潜日久，学有所成，成为当时有名的律部大师。据《高僧传》载，当时梁武帝萧衍对僧祐甚为敬重，"凡僧事硕疑，皆敕就审决"。僧祐一方面钻研佛理，另一方面致力于弘扬佛法。他广开教席，旦夕讽持，春秋讲说，传播律论。与此同时，他还认识到佛教典籍编辑整理的必要性。他倡导设立经藏，对佛教典籍进行搜集、编辑、保护。据《高僧传》，他先后在建初寺、定林上寺建有经藏，实乃"佛教图书馆"[①]。著名的文学理论家刘勰即为其弟子，曾帮助僧祐"区别藏经部类，录而序之"。在此过程中，僧祐进行了大量的佛经典籍编著工作，他编著的作品有《释迦谱》五卷、《集诸僧名行记》三十九卷、《出三藏记集》十五卷、《弘明集》十卷、《法苑杂缘原始集》十卷，等等。其中，由他编辑的《出三藏记集》是我国现存最早的佛经目录，《弘明集》是现存少有的佛教史资料集。这两部佛教典籍既在我国佛教史上占有重要地位，同时在我国佛教典籍编辑史上对后世同类书籍编辑也影响深远。

《出三藏记集》大约成书于天监九年（510 年）至天监十三年

---

① 戴文葆. 历代编辑列传（十二）[J]. 出版工作，1986（12）：29.

（514年）之间，原书十卷，后扩展为十五卷。详审该书，僧祐的编辑思想主要有以下几点。

一是"沿波讨源，缀其所闻"的溯源勘误思想。在《出三藏记集序》中，僧祐论述了该书的编辑宗旨。他认为，在历代高僧的努力之下，佛教事业到南朝之际已经取得很大发展，"象法得人，于斯为盛"①。其中，佛经编译取得成绩最大，但是在佛经编译过程中存在"文有同异""题有新旧"的问题。这就需要佛经编译者溯本求源，订正讹谬，编制书目。僧祐认为，在这方面做得最好的是高僧道安。他高度赞扬道安编辑《综理众经目录》，对编译的佛经进行全面梳理，辨误纠谬，编以成录。他说："昔安法师以鸿才渊鉴，爰撰经录，订正闻见，炳然区分。"② 同时，僧祐指出，道安以后又有许多新的佛经译出，同样存在源流不分、文有同异、题有新旧等问题。他说："自兹以来，妙典间出，皆是大乘宝海，时竞讲习。而年代人名，莫有铨贯，岁月逾迈，本源将没，后生疑惑，奚所取明？……于是牵课羸恙，沿波讨源，缀其所闻，名曰《出三藏记集》。"③ 由此可见，僧祐编辑《出三藏记集》这部佛经目录，是继承了道安编辑《综理众经目录》的编辑宗旨，力求在"沿波讨源，缀其所闻"中辨订佛经的讹误，整理佛经的发展源流，以方便人们更好地弘扬佛法。

二是"名实有分，寻览无惑"的编辑体例。较之《综理众经目录》，僧祐的《出三藏记集》不仅在收录经目的数量上有新的拓展，新增一千五百多部、三千三百多卷，而且在书籍的编辑体例上也有所创新。在《新集安公失译经录》中，僧祐指出了道安《综理众经目录》存在问题，并提出自己编辑新录的"名实有分，寻览无惑"的编辑原则。他说："《安录》诚佳，颇恨太简。注目经名，撮题两字；且不列卷数，行间相接，后人传写，名部混糅。且朱点为标，朱灭则乱，循空追求，困于难了。斯亦玙璠之一玷也。且众录杂经，苞集逸异，名多复

---

① 释僧祐撰，苏晋仁、萧炼子点校·出三藏记集［M］．北京：中华书局，1995：1.
② 释僧祐撰，苏晋仁、萧炼子点校·出三藏记集［M］．北京：中华书局，1995：2.
③ 释僧祐撰，苏晋仁、萧炼子点校·出三藏记集［M］．北京：中华书局，1995：2.

重，失相散紊。今悉更删整，标定卷部，使名实有分，寻览无惑焉。"①
为了贯彻这一编辑原则，僧祐在该书的编辑体例上进行了很大创新。他
将该书分为四个大部分：一撰缘起，二铨名录，三总经序，四述列传。
其中，撰缘起、总经序和述列传这三个部分，是僧祐佛经目录的创新之
举。撰缘起，就是叙述佛经编译结集的源流经过和佛经编译过程中胡汉
文字音义异同的现象及内在原因。这部分包括《集三藏缘记》《十诵律
五百罗汉出三藏记》《菩萨处胎经出八藏记》《胡汉译经文字音义同异
记》《前后出经异记》。总经序，就是收录历代各经的前序和后记，共
一百一十篇。如《四十二章经序》《安般守意经序》《安般注序》《道
行经序》《注解大品序》等。述列传，就是编撰历代编译佛经之高僧的
传记，包括《安世高传》《支谶传》《安玄传》《鸠摩罗什传》《道安法
师传》《慧远法师传》等共计三十二人。僧祐在该书的序言中详述了他
编创这一体例的考虑，他说："缘记撰则原始之本克昭，名录铨则年代
之目不坠，经序总则胜集之时足征，列传述则伊人之风可见。"② 由此
可见，僧祐对这一体例设计是深思熟虑和有编辑自觉的。撰缘记，是
"言波讨源"，以帮助人们认识佛经编译结集的源流来历；总经序是为
后人了解译者译经的经过和内容；述列传，将经目和译经者结合，同样
是为了人们更好地使用经目。

　　与此同时，在叙经录中，僧祐在体例上又另创"异出"和"抄经"
两录。所谓"异出"就是一经而有多种译本，另列为备。比如《新集
安公古异经录》《新集安公关中异经录》等。所谓"抄经"，是指佛经
典籍传抄过程中的节抄之本。僧祐认为，道安的《综理众经目录》中
抄经与本经混淆著录，名实不分，不利于人们辨本溯源，因此他将两者
分开，另立"抄经"经目《新集抄经录》。由以上分析，不难看出，僧
祐的《出三藏记集》遵循了"名实有分，寻览无惑"的编辑原则，形
成了一个新的编辑体例。这样一种编辑体例，既使得他的佛经分类变得
更加细致、更符合实际，又使得他的著录方法显得更加准确、更加完

①　释僧祐撰，苏晋仁、萧炼子点校．出三藏记集［M］．北京：中华书局，1995：98.
②　释僧祐撰，苏晋仁、萧炼子点校．出三藏记集［M］．北京：中华书局，1995：2.

善。该书的编辑思想，对后世同类书籍的编辑也产生了深远影响。其后，由僧绍奉诏编辑的《华林佛殿众经目录》就沿袭了僧祐这一经目四分体例。到了唐代，由高僧道宣所编的《大唐内典录》和智昇所编辑的《开元释教录》，都借鉴了僧祐的目录体例，既收录经序和僧传，又依时代录译文和译人。可见，《出三藏记集》对后世的影响之深之大。

僧祐的《弘明集》作为一部佛教资料汇集，编成于梁天监年间。该书收录了前人有关佛教论述170多篇、作者百人之多，共十卷。这部书不仅反映了僧祐的佛教主张，同时也蕴含了丰富的编辑思想，主要有以下三个方面。

一是"弘道明教"的编辑宗旨。僧祐在该书序中指出了"弘道明教"的编辑宗旨。他认为，佛教传至东土已五百余年，经历了崇替不同的命运，经受着毁誉不同的评价。他说："自大法东渐，岁几五百。缘各信否，运亦崇替。正见者敷赞，邪惑者谤讪。至于守文曲儒，则拒为异教。巧言左道，则引为同法。拒有拔本之迷，引有朱紫之乱。"① 他认为，无论是站在儒家立场上的"守文曲儒"对佛教的拒斥，还是站在其他立场上的"巧言左道"的引佛法为同类，都可能造成混淆视听，不利于佛教的深入传播。他还对这种现象的危害进行了深入分析，指出这些"谣言邪说"的流布，会影响那些见识浅薄的人接受佛教思想。他说："遂令诡论稍繁，谄辞孔炽。夫鹖旦鸣夜，不翻白日之光。精卫衔石，无损沧海之势。然以暗乱明，以小罔大，虽莫动毫发，而有尘视听。将令弱植之徒，随伪辩而长迷，倒置之伦，逐邪说而永溺。此幽涂所以易坠，净境所以难陟者也。"② 正是基于这样的认识，僧祐才立志编辑此书，以求正本清源，弘扬佛法。他说："祐以末学，志深弘护，静言浮俗，愤慨于心。遂以药疾微间，山栖余暇，撰古今之明篇，总道俗之雅论，其有刻意剪邪，建言卫法，制无大小，莫不毕采。又前代胜士，书记文述，有益亦皆编录。类聚区分。列为一十四卷。夫道以

① 僧祐，道宣．弘明集・广弘明集［M］．上海：上海古籍出版社，1991：1.
② 僧祐，道宣．弘明集・广弘明集［M］．上海：上海古籍出版社，1991：1.

人弘，教以文明。弘道明教。故谓之《弘明集》。"①

二是主题突出的编选原则。在具体选编佛教有关论述时，编者并不是漫无章法的，而是重点明确，主题突出，围绕几个当时社会普遍关注的有关佛教的重大问题展开文章选编。这些主题包括形神问题、佛教与王权的关系问题、夷夏之争问题、报应学说问题、儒释道三教关系问题等等。以形神之争为例，僧祐前后选编了颜延之的《释何衡阳达性论》、罗君章的《更生论》、郑道子的《神不灭论》、曹思文的《难范中书神灭论》等文章，以论证"形尽神不灭"的佛学观点。再如，关于夷夏之争的论题，选编了谢镇之的《与顾道士析夷夏论》、朱昭之的《难顾道士夷夏论》、朱广之的《疑夷夏论咨顾道士》、慧通的《驳顾道士夷夏论》、僧愍的《戎华论析顾道士夷夏论》等文章，充分地论证鄙视夷狄、盲目排斥外来文化的错误性。由此可见，在《弘明集》的编选过程中，僧祐有着鲜明的主题思想，力求围绕重点展开文章选编，从而使得该书在内在体系上形成一个重点明确、主题突出的内容思想特点。

三是全面客观的编选立场。该书以弘扬佛法为编辑宗旨，但是在具体编选过程中，僧祐并不是"一面提示"地说理，而是围绕争论的主题，将争论双方的文章悉数选编，以"二面提示"、正反说理的方法来熔铸自己的选文态度和思想倾向。比如在形神之争的问题上，僧祐不仅选编了罗君章的《更生论》、郑道子的《神不灭论》、曹思文的《难范中书神灭论》等论证"形尽神不灭"观点的文章，同时选编了范缜驳斥"形尽神不灭"的《神灭论》文章。再如在夷夏之争的论题上，僧祐不仅选编了《与顾道士析夷夏论》、朱昭之的《难顾道士夷夏论》、朱广之的《疑夷夏论咨顾道士》、慧通的《驳顾道士夷夏论》等人主张佛教文化与本土文化一致性的主张，同时并没有回避顾欢的《夷夏论》，全面反映了他利用夷夏之争贬低佛教的立场。僧祐这一兼容并蓄的选编立场，反映了他全面客观的选编态度。这样，既可以更准确、全

---

① 僧祐，道宣. 弘明集·广弘明集 [M]. 上海：上海古籍出版社，1991：1.

面、客观地反映当时论辩双方的各自观点、立场，又更有利于僧祐弘扬佛法的编辑宗旨的实现。

《弘明集》的编辑思想，同样对后世同类书籍的编辑产生了深远影响。唐代高僧道宣编辑的《广弘明集》则是对此书的直接借鉴。无论是从编辑宗旨，还是编选原则，都可以看出《广弘明集》对《弘明集》的借鉴印迹。比如，《广弘明集》在编选文章之时也是围绕主题来展开选编。所不同的是，《广弘明集》的选编体例要更具体、更条例化。

第七章　魏晋南北朝科技典籍编辑思想

魏晋南北朝时期的科技书籍编辑比较引人注目，出现了几部颇具创新意义的科技典籍。如《齐民要术》《水经注》《本草经集注》《针灸甲乙经》等。这些科技典籍的编辑，对后世同类书籍的编辑都产生了很大影响。

第一节　贾思勰《齐民要术》的编辑思想

《齐民要术》是魏晋南北朝农学书籍的典范之作，被誉为我国现存最早最完整的农学专著。《四库全书简明目录》称此书"于农圃衣食之法，纤悉毕备。又文章古雅，援据博奥，农家诸书，无更能出其上者"①。该书之所以能够达到"农家诸书，无更能出其上者"的水平，是与贾思勰独特的编辑思想分不开的。

《齐民要术》的编者是贾思勰。他是南北朝后魏人，由于史料匮乏，其生平事迹无法详考，只能从一些散见篇章中窥知一二。《齐民要术》原刻本的卷首题"后魏高阳太守贾思勰撰"，由此可知他是后魏高阳人。

贾思勰在该书序言中说，本书的成书是"采捃经传，爰及歌谣，询之老成，验之行事"②。这说明，该书是在一定资料基础上编辑而成的，是编著合一之作。经传、歌谣和老成之言，是本书的编辑基础。经

---

①　永瑢. 四库全书简明目录 ［M］. 上海：上海古籍出版社，1985：375.
②　贾思勰撰，缪启愉、缪桂龙译注. 齐民要术译注 ［M］. 上海：上海古籍出版社，2006：3.

传泛指当时的文献资料。考诸全书可知，《诗经》《说文解字》《尚书》《礼记》《氾胜之书》等有关农业生产方面的记载都被悉数引用；歌谣是当时人们有关生产生活的谚语；老成之言是人们有关生产生活的经验记录。正是在此基础上，贾思勰包容诸家，融会贯通，"验之行事"，总结提炼，而编成此书。

该书的成书时间约在 6 世纪三四十年代。之所以在此时出现此书，是有一定历史必然性的。一是农业生产力的空前发展为总结农业生产技术奠定了坚实基础。尽管魏晋南北朝时期是一个分裂动荡的时代，但是分裂割据也带来人口的迁徙和各民族之间的相互交流。这就导致民族融合进程的加快，特别是南北生产技术的互通有无，促进了整个社会农业生产技术的提高。农业生产的实践，尤其生产技术的经验积累，是《齐民要术》出现的基础。二是人们对生产技术的需求是此书出现的直接动因。南北朝时，南北分裂割据，社会动荡不已，战争连绵不断，社会的不安定向人们的生存、生产和生活提出了严峻挑战，迫切要求人们提高生产技术，提高农作物的产量和质量，以改善老百姓的生活状况。三是贾思勰本人的精研编修，是本书成书的另一重要原因。纵观《齐民要术》全书，共十卷，九十二篇，十一万五千余字，内容几乎涵盖了农林牧副渔的方方面面。作为该书的编者，贾思勰的知识经验和思想认识，尤其是他独特的编辑思想，是该书能够成功的重要保证。概括地说，该书表现了贾思勰以下三个方面的编辑思想。

一 "资民生、传科学"思想

在该书序言中，贾思勰详细地论述了编辑此书的宗旨。他说："盖神农为耒耜，以利天下；尧命四子，敬授民时；舜命后稷，食为政首；禹制土田，万国作义；殷周之盛，《诗》《书》所述，要在安民，富而教之。"① 这句话从治国安邦的角度论述了他对农业生产重要性的认识，即"食为政首"。贾思勰具有较为淳朴的民本思想，能够从老百姓的角

---

① 贾思勰撰，缪启愉、缪桂龙译注. 齐民要术译注 ［M］. 上海：上海古籍出版社，2006：3.

度来认识农业生产的重要性，他引用《管子》的话说"一农不耕，民有饥者；一女不织，民有寒者"①。在对农业生产重要性论述的基础上，他指出农业生产是有科学规律的，只有按照生产规律办事，才能搞好农业生产，才能解决老百姓的衣食温饱问题。他引用樊迟学耕植的故事，以及孔子自称不如老农的话来说明学习农业生产规律的重要性，并反问道："圣贤之智，犹有所未达，而况于凡庸者乎？"② 他引用仲长统的话说："天为之时，而我不农，谷亦不可得而取之。青春至焉，时雨降焉，始之耕田，终之簠簋，惰者釜之，勤者钟之。矧夫不为，而尚乎食也哉？"③ 这是从耕作时间的角度说明农业生产待时而作的重要性。由此可见，资民生和传科学构成了《齐民要术》最根本的编辑思想，也是编辑此书的根本宗旨。

二　"靡不毕书"的内容观和"以卷分类"的体例设计

贾思勰认为，农学著作编辑应该内容全面，凡是有关民生日用的内容都应悉数涉及。他说该书是"起自耕农，终于醯醢，资生之业，靡不毕书"④。而"靡不毕书"正是该书的编辑原则。全书共十卷，前五卷是关于种植业生产技术方法的，第六卷是有关畜牧业的，第七、八、九卷主要是有关农副产品的生产和加工，卷十是"非中国物产者"的介绍。全书的内容几乎涵盖了传统农业生产的所有门类：农、林、牧、副、渔。该书可以说是一部名副其实的包罗万象、内容丰富的农业生产技术、百姓日用生活全书。这样一种追求内容全面的编辑思想，又是与该书的编辑宗旨密不可分的。因为农业生产生活本身内容丰富，且都与民生日用相关，因此，要达到"资民生"的宗旨，就必须在内容选取上包罗万象，面面俱到。

该书另一编辑特色是体例设计上的"以卷分类"思想。该书以类

---

① 贾思勰撰，缪启愉、缪桂龙译注. 齐民要术译注 [M]. 上海：上海古籍出版社，2006：1.
② 贾思勰撰，缪启愉、缪桂龙译注. 齐民要术译注 [M]. 上海：上海古籍出版社，2006：6.
③ 贾思勰撰，缪启愉、缪桂龙译注. 齐民要术译注 [M]. 上海：上海古籍出版社，2006：4.
④ 贾思勰撰，缪启愉、缪桂龙译注. 齐民要术译注 [M]. 上海：上海古籍出版社，2006：16.

相从，结构严密，体系完备。全书以卷分类，共十卷，卷下设类。虽然全书分为十卷，卷数颇为庞大，但整体结构严整，重点突出，形成了一个较为完备的体例架构。一是卷与卷之间联系紧密。前五卷、第六卷、第七卷、第八卷、第九卷和第十卷分别是讲种植业、畜牧业、农副产品生产技术和方法，最后一卷是南方热带亚热带作物介绍。通过如此分类，基本上把农业生产分成了三大类，即种植、畜牧和农副产品。以类相从，按类叙述，这就形成了一个分类明确、结构紧密的内容体系。卷与卷之间的联系不仅表现在分类上，还表现在它们与百姓生活的关系上。种植业是百姓生活的根本，畜牧业次之，最后是事关日常生活的农副产品加工，这三者在内在逻辑上有个层层递进、相互勾连的结构关系。二是详略得当、主次清楚。虽然全书内容涉及农业生产的方方面面，但内容安排有详有略，主次分明。从整体分类来说，前五卷种植业生产内容比重最大，因为它与百姓生存关系最为密切。其次是畜牧业。最后是农副产品的生产技术与方法，而"非中国物产"只是作为补充内容。从卷下类的关系来说，也并非平均安排篇幅，而是各有侧重。如卷一中类一分了耕田、收种、种谷三篇，其中以耕田为重。卷六写了养牛、马、驴、骡，养羊，养猪，养鸡，养鹅、鸭，养鱼共六类畜牧养殖业技术，其中以养马篇幅最大，并且详细到如何相马、如何护马，原因在于马在当时人们生产生活中的作用最大。

作为我国较早的农学全书，该书"靡不毕书"的内容体系和"以卷分类"的编目体例是有开创之功的。正如缪启愉所指出的："《要术》的写作没有任何先例可循，它的宏观规划、布局、题材，完全是独创的，自出心裁的。"① 它为后代农学著作的编辑积累了经验。

三 特色鲜明的编辑方法

该书的编辑思想还表现在富有特色的编辑方法上。它的编辑特色主要表现在三个方面：一是文注相间的编辑方法。如上文所言，该书的成

---

① 贾思勰撰，缪启愉、缪桂龙译注. 齐民要术译注 [M]. 上海：上海古籍出版社，2006：6.

书是在一定资料基础上编辑而成的。其中既包含了前人的著述、经验，也融汇了贾思勰本人的科学见解。该书的特色，就在于将前人成书与自己创见很好地结合在一起，编构组合，自成新体，属于典型的组构型编辑作品。为了更好地达到两者的融会贯通，贾思勰使用了文注相间的编辑方法。文为正文叙论，注为正文补充。如《胡麻第十三》篇：

> 《汉书》：张骞外国得胡麻。今俗人呼为"乌麻"者，非也。
>
> 《广雅》曰："狗虱、胜茄，胡麻也。"
>
> 《本草经》曰："胡麻，一名巨胜，一名鸿藏。"
>
> 按：今世有白胡麻、八棱胡麻。白者油多，人可以为饭，惟治脱之烦也。
>
> 胡麻宜白地种。二、三月为上时，四月上旬为中时，五月上旬为下时。月半前种者，实多而成；月半后种者，少子而多秕也。[①]
>
> 种欲截雨脚。若不缘湿，融而不生。一亩用子二升。漫种者，先以耧耩，然后散子，空曳劳。劳上加人，则土厚不生。耧耩者，炒沙令燥，中半和之。不和沙，下不均。垅种若荒，得用锋、耩。[②]

该篇开头先引述前人的文献，再用注文的形式来解释何谓胡麻，然后在正文中叙述胡麻的耕作技术方法，并且注文都使用小号字体，正文用大号字体，以相互区别。作为开头的注文一般都以文献或谚语经验的形式出现，正文中有部分解释性注文，或以文献、经验，或以作者观点的形式出现。除此之外，注文还有按语形式，如该篇中的按语，这一般皆为作者的观点。

其次是叙议结合的编辑手法。《齐民要术》是一部农学全书，非常

---

① 贾思勰撰，缪启愉、缪桂龙译注．齐民要术译注［M］．上海：上海古籍出版社，2006：143.

② 贾思勰撰，缪启愉、缪桂龙译注．齐民要术译注［M］．上海：上海古籍出版社，2006：144.

注重成书的科学性。全书以叙述为主，少用议论，但为了突出所述的观点，偶尔也会立言发论。如卷二《种芋第十六》篇：

> 《列仙传》曰："酒客为梁，使烝民益种芋：'三年当大饥。'卒如其言，梁民不死。"按：芋可以救饥馑，度凶年。今中国多不以此为意，后至有耳目所不闻见者。及水、旱、风、虫、霜、雹之灾，便能饿死满道，白骨交横。知而不种，坐致泯灭，悲夫！人君者，安可不督课之哉？"①

该篇的按语实际上是由《列仙传》的叙述所引发的议论。它和前面的叙述有机地结合在一起，在这里可谓交相辉映，相得益彰，更鲜明地突出了种芋的必要性。

最后是文理相通的语言特色。《齐民要术》是科技书籍，因此加工提炼颇费心力，语言简洁朴实，且富有韵味。在《序》中，贾思勰就指出："每事指斥，不尚浮辞。"② 如《种谷第三》篇：

> 良地一亩，用子五升，薄地三升。此为稙谷，晚田加种地。谷田必须岁易。③

该篇开头仅用 12 字就准确地说明了不用田地所需谷物的数量，可以说是言简意赅，十分精当。文理相同，追求简约，可以说是该书在语言编辑加工上的一大特色。难怪 1930 年商务印书馆出版该书时将其列为"万有文库"国学丛书。这样做，恐怕不仅是基于该书的内容，应该与该书"不尚浮辞"却有韵味的语言特色有密切关系。

---

① 贾思勰撰，缪启愉、缪桂龙译注．齐民要术译注［M］．上海：上海古籍出版社，2006：168.

② 贾思勰撰，缪启愉、缪桂龙译注．齐民要术译注［M］．上海：上海古籍出版社，2006：16.

③ 贾思勰撰，缪启愉、缪桂龙译注．齐民要术译注［M］．上海：上海古籍出版社，2006：59.

　　虽然是一部科技书籍，《齐民要术》在重视科学性和严谨性的同时，也很注重行文的可读性和趣味性。比如在卷五《种桑、柘第四十五》篇在谈到桑之称谓时，就不惜笔墨引用了《搜神记》的故事：

　　《搜神记》曰："太古时，有人远征。家有一女，并马一匹。女思父，乃戏马云：'能为我迎父，吾将嫁于汝。'马绝缰而去，至父所。父疑家中有故，乘之而还。马后见女，辄怒而奋击。父怪之，密问女，女具以告父。父射马，杀，晒皮于庭。女至皮所，以足蹴之曰：'尔马，而欲人为妇，自取屠剥，如何？'言未竟，皮蹶然起，卷女而行。后于大树枝间，得女及皮，尽化为蚕，绩于树上。世谓蚕为'女儿'，古之遗言也。因名其树为'桑'，桑言丧也。"①

　　贾思勰用此故事既说明了桑之称谓，又使原本枯燥的科学篇章变得极富可读性和趣味性。因此，科学性和可读性结合，准确性和通俗性的合一，这是本书编辑的重要特色。

　　中国自古至今都是一个农业大国。在《齐民要术》出现之前，就有很多农学著作问世，如该书中大量引用的《氾胜之书》等。另外，在《诗经》《尚书》等很多文献著作中不乏有关农学的大量记载。但是，《齐民要术》的影响最大，流传最广。原因之一就在于，其无所不包、囊括众类的全面性和集大成性，正是在这个意义上人们称其为我国现存最早最完备的农学全书。此外，该书"资民生、传科学"的编辑思想，成为后世同类农书别无二致的编辑宗旨。我国源远流长的农本思想和发达的农学技术，与此思想的提出也不无关系。该书所独创的内容体系和体例对后世同类书的编辑也影响深远，如元代王祯的《农书》对农业概念的分类就是在借鉴该书的基础上而做出的更精细划分，明代徐光启《农政全书》的全书观念应该说是对《齐民要术》"靡不毕书"

---

　　① 贾思勰撰，缪启愉、缪桂龙译注．齐民要术译注［M］．上海：上海古籍出版社，2006：309.

思想的直接继承。该书的其他社会影响更是不言而喻。成书后不久，在北朝就被政府规定为"非朝廷人不可得"，明代的王廷相还称其为"惠民之政，训农裕国之术"。

第二节 郦道元《水经注》的编注思想

魏晋南北朝时期的科技典籍编辑蔚为壮观，农学、医学、地理等各个方面都成就巨大，其中北魏郦道元编辑的《水经注》是该时期集大成的地理学典籍。宋代的苏轼对该书爱不释卷，在《寄周安孺茶》诗中说："嗟我乐何深，《水经》也屡读。"[①] 清代刘献延在《广阳杂记》中对该书也颇推崇，称赞该书"更有余力铺写景物，片语只字，妙绝古今，诚宇宙未有之奇书也"[②]。

《水经注》是北魏郦道元对《水经》作注而成之书。郦道元，字善长，范阳人（今河北涿州）。其生年不确，或为北魏献文帝天安元年（466 年），或为孝文帝延兴二年（472 年），《魏书》仅记载他于孝明帝孝昌三年（527 年）去处理雍州刺史萧宝夤叛乱时遇害。郦道元生于官宦之家，其父做过青州刺史，少时随父游历，饱览祖国名山大川，养成了饮河酌海、访渎搜渠的游历考察兴趣。年长后，袭父爵入仕，先后任尚书主客郎、治书侍御史、东荆州刺史、御史中尉等职。《水经注》正是郦道元在为官期间通过寻图访赜、访渎搜渠编辑而成的。《魏书》称"道元好学，历览奇书。撰注《水经》四十卷、《本志》十三篇，又为《七聘》及诸文，皆行于世"[③]。

《水经》是郦道元《水经注》的成书基础，它是一部专门记载我国江河古道、水流分布的地理专著，大约成书于三国之时。作者旧题为桑钦，但为后世学者所疑。《水经注》是《水经》的注释，但是其内容远

---

① 吴之振.《宋诗钞》卷二十二，见于清文渊阁四库全书本.
② 刘献延.《广阳杂记》卷四，见于清同治四年钞本.
③ 魏收. 魏书 [M]. 北京：中华书局，1974：1926.

过于《水经》，注文字数约为原书的二十倍，所述河流由原书的一百三十七条增加到一千二百五十二条。除了河流，《水经注》增补的地学、历史等内容，更是为《水经》所不及。

据《魏书》《隋书·经籍志》著录，《水经注》为四十卷，但是到了宋代景祐年间，《崇文总目》著录其为三十五卷。这说明《水经注》在流传过程中有所散佚，甚至在传抄过程中还出现过"经注混淆，错漏连篇"的状况。到了明清之时，包括政府和民间学者不断地对其进行辑佚、校注，出现了诸多善本，如《永乐大典》本、全祖望五校钞本等。详审此书，主要体现了以下几点编辑思想。

一　求全求真的编注理念

郦道元在《水经序》中首先阐述了他以水为本的地学思想。他说："《易》称天以一生水，故气微于北方，而为物之先也。《玄中记》曰：天下之多者水也，浮天载地，高下无所不至，万物无所不润。及其气流届石，精薄肤寸，不崇朝而泽合灵宇者，神莫与并矣。是以达者不能测其渊冲，而尽其鸿深也。"① 这段话实际上反映了郦道元的宇宙观和地学观，即他认为水是万物之根本，水与人的关系密不可分，人们应该重视对水的研究。在郦道元看来，天下最多的是水，水"浮天载地"而无所不至，"润育万物"而无所不载。这种以水为本的地学思想，是他为《水经》作注、不厌其烦地记载水道的地学思想基础。

郦道元认为，现实中有关水道之书的编辑存在诸多问题，要么"周而不备"，要么"简而不周"，要么"裁不宣意"，要么"又阙旁通"，需要深入认识，全面补注。他说："昔《大禹记》著山海，周而不备；《地理志》其所录，简而不周；《尚书》、《本纪》与《职方》俱略；都赋所述，裁不宣意；《水经》虽粗缀津绪，又阙旁通。所谓各言其志，而罕能备其宣导者矣。"② 由此可见，"能备其宣导者"的求全增补思想构成了郦道元编辑《水经注》的编辑宗旨。

---

① 郦道元著，王国维校.《水经注》校［M］.上海：上海人民出版社，1984：1.
② 郦道元著，王国维校.《水经注》校［M］.上海：上海人民出版社，1984：1.

与此同时，在补注的过程中郦道元有明确的编校勘误思想，强调增补之中要循文责实，辨证谬误。他说："经有谬误者考以附正，文所不载，非经水常源者，不在记注之限。但绵古芒昧，华戎代袭，郭邑空倾，川流戕改，殊名异目，世乃不同，川渠隐显，书图自负，或乱流而摄诡号，或直绝而生通称，枉渚交奇，洄湍决渡。躔络枝烦，条贯系夥，十二经通，尚或难言，轻流细漾，固难辩究。"① 在这里，郦道元指出，补注要弄清郭邑、川流名目的变迁，核准诡号、通称的来由，辩究轻流、细漾的来历。这些都是考订、勘误的内容。比如，在《河水注》中，他指出："河水重源有三，非为二也。一源西出捐毒之国，葱岭之上，西去休循二百余里，皆故塞种也，南属葱岭，高千里。"② 这是对《水经》中河水重源的考订。

二　科学笃实的考订方法

郦道元不仅重视纠谬、考证工作，而且强调考证方法的科学性、严谨性。他在《水经注序》中谈到了编辑此书的困难，指出考证要将文献记载和实际考察有机结合起来。他说："今寻图访赜者，极聆州域之说，而涉土游方者，寡能达其津照，纵仿佛前闻，不能不犹深屏营也。"③ 这里的"寻图访赜"实指文献考证，"极聆州域之说"指相关传闻，"涉土游方"则是指实地考察。在他看来，如果不能将文献和实地考证有机结合起来，很难编好此书。他谦虚地说自己没有"涉土游方"的兴趣，且学浅识寡。他说："余少无寻山之趣，长违问津之性，识绝深经，道沦要博，进无访一知二之机，退无观隅三反之慧。独学无闻，古人伤其孤陋；捐丧辞书，达士嗟其面墙。默室求深，闭舟问远，故亦难矣。"④ 但是，他认为毫管可以窥天，饮水可以体味，因此要"辄述《水经》，布广前文"。在编辑此书之时，郦道元尽力做到了文献

① 郦道元著，王国维校.《水经注》校［M］.上海：上海人民出版社，1984：2.
② 郦道元著，王国维校.《水经注》校［M］.上海：上海人民出版社，1984：29.
③ 郦道元著，王国维校.《水经注》校［M］.上海：上海人民出版社，1984：1.
④ 郦道元著，王国维校.《水经注》校［M］.上海：上海人民出版社，1984：1-2.

考证和实地考证的结合。他说："《大传》曰：大川相间，小川相属，东归于海。脉其枝流之吐纳，诊其沿路之所躔，访渎搜渠，缉而缀之。"① 这里"访渎搜渠"即指实地考证。比如，《河水》："河水又北薄骨律镇城"。郦道元的注为："城在河渚上，赫连果城也。桑果余林，仍列洲上。但语出戎方，不究城名。访诸耆旧，咸言故老宿彦言，赫连之世，有骏马死此，取马色以为邑号，故目城为白口骝韵之谬，遂仍今称，所未详也。"② 这里是通过访诸耆旧、实地考证，指出了古代地名的发音之谬。再如，《河水》："河水又南迳马阴山西。"其注为："《汉书音义》曰：阳山在河北，阴山在河南，谓是山也。而即实不在河南。《史记音义》曰：五原安阳县北有马阴山，今山在县北，言阴山在河南，又传疑之，非也。余按南河北河，及安阳县以南，悉沙阜耳，无他异山。故《广志》曰：朔方郡北移沙七所，而无山以拟之，是议志之僻也。阴山在河东南则可矣。"③ 在这里，编者既用历史文献《汉书音义》《史记音义》《广志》进行考证，同时还亲自实地按寻考证，最后通过两者有机结合确定阴山的位置。同时，郦道元还注重将考古和察今有机结合起来。比如，《河水》云："河水屈而流，白渠水注之。"郦道元的注中说："《十三州志》曰：……其水西南流，历谷，迳魏帝行宫东，世谓之阿计头殿。宫城在白道岭北阜上，其城员角而不方，四门列观，城内唯台殿而已。其水又西南历中溪出山，西南流于云中城北，于云中城北南注芒于水，芒于又西塞水出怀朔镇东北，芒中南流，迳广德殿西山下。余以太和十八年，从高祖北巡，届于阴山之讲武台，台之东有高祖讲武碑，碑文是中书郎高聪之辞也。自台西出南上山，山无树木，唯童阜耳，即广德殿所在也。"④ 在这里，郦道元通过文献考证古代广德殿在西山之位置，然后以古推今，推断广德殿现在所在的位置。这说明，他注重将考古和察今有机结合。据统计，《水经注》引用文献

①　郦道元著，王国维校.《水经注》校［M］. 上海：上海人民出版社，1984：2.
②　郦道元著，王国维校.《水经注》校［M］. 上海：上海人民出版社，1984：74.
③　郦道元著，王国维校.《水经注》校［M］. 上海：上海人民出版社，1984：78.
④　郦道元著，王国维校.《水经注》校［M］. 上海：上海人民出版社，1984：84-85.

多达四百三十七种，辑录金石碑刻不下于三百五十种，郦道元引书之广博不下于裴松之、刘昭、刘孝标三家。与此同时，郦道元利用职务之便，游历南北，访渎搜渠，足迹遍及山东、山西、河南、河北、内蒙古、湖北、安徽等地，总行程达万里之多。这些，不仅显现了他考订编校的严谨科学，而且增加了他对山川河道的亲身感受，使得他的记载和描述准确真实，丰富生动。

三 严谨细致的编辑作风

在编注过程中，郦道元严肃认真、严谨细致，表现了一丝不苟的编辑作风。他旁征博引，但无征不信。他重视对所引材料的辨审，力求考证严谨。如《济水注》中，他引《山海经》《春秋说题辞》《风俗通》文献来注释济水，但是又指出《风俗通》文献的失实之处。他说："余按二济同名，所出不同，乡原亦别，斯乃应氏之非矣。"[①] 他重视对一些传闻和习俗的辨伪，认为如不考，难作实证。如《洛水注》中，他通过考证指出了人们习俗认识的失实。他说："今孝水东十里有水，世谓之慈涧，又谓之涧水，按《山海经》则少水也，而非涧水，盖习俗之误耳。"[②] 同时，对那些把握不准的材料，他态度严谨，知之为知之，不知为不知，常常存疑，留待他人考证。他说："《十二经》通，尚或难言，轻流细漾，固难辨究，正可自献径见之心，备陈舆徒之说，其所不知，盖阙如也。"[③] 在作注的过程中，他常用"未详""或""非所详""疑"之词，反映自己多闻阙疑的编辑态度。如《洛水注》中，他说："然谷水出渑池，下合涧水，得其通称，或亦指之为涧水野，并未详之也。"[④] 再如在《淯水注》中，他说："徐广《史记音义》曰：吕在宛县，高后四年，封昆弟子吕恕为吕城侯，疑即此也。"[⑤]

《水经注》还有一个编辑特色，那就是文理会通。清代刘熙载说

---

① 郦道元著，王国维校.《水经注》校［M］.上海：上海人民出版社，1984：236.
② 郦道元著，王国维校.《水经注》校［M］.上海：上海人民出版社，1984：519.
③ 郦道元著，王国维校.《水经注》校［M］.上海：上海人民出版社，1984：2.
④ 郦道元著，王国维校.《水经注》校［M］.上海：上海人民出版社，1984：519.
⑤ 郦道元著，王国维校.《水经注》校［M］.上海：上海人民出版社，1984：994.

过："郦道元叙山水，峻洁层深，奄有《楚辞·山鬼》、《招隐士》胜境。柳柳州游记，此其先导耶。"① 这实际上是讲《水经注》的编辑语言特点，即全书富有骈体特色，行文简洁文雅，生动优美。不仅语言洗练、简洁生动，而且郦道元善于将生动的历史故事穿插于编注之中，让原本枯燥无味的地理叙述富有人文的生机和趣味，可以说是做到了文理交融、有机结合。

当然，该书也存在很多问题。由于郦道元所处的南北朝正是中国南北大分裂、大割据和大动荡的时期，他访渎搜渠之地极为有限，尤其是南方许多地方他都未能踏足，因此书中很多记述与实际地理状况名实不副。另外，水道地理的状况随着时间的变迁，也在不断发生变化，再加上中国水道丰富，庞杂多态，要想以个人之力完整准确地对其进行记载，在古代确实也是一件万难之事。但是，作为当时一部集大成的地学之作，该书对后世的影响是巨大的。从编辑思想的角度来看，其以水为本的地理观实则开拓了中国古代文人山水文学的性灵之情，其访渎搜渠的实证方法直到现在仍然是为学为编的基本方法，文理会通的编辑特色则为我们提供了一个自然科学与人文社会科学如何融合的样本，其中所闪现的文学灵光也让人叹为观止。这也是后世历代文人对该书津津乐道的重要原因之一。

第三节　陶弘景《本草经集注》的编注思想

在科技典籍中，南朝陶弘景编辑的本草巨著《本草经集注》对后世同类书籍编辑影响巨大，是我国本草学书籍编辑的典范之作，其中蕴含了丰富的编辑思想。

《本草经集注》是由陶弘景在《神农本草经》的基础上，集合魏晋及以前名医别录等资料注释而成。陶弘景，字通明，自号华阳隐居，世

---

① 刘熙载.《艺概》卷一，清同治刻本.

称陶隐居，丹阳秣陵人。① 史称其自幼聪明好学，酷爱典籍，博览群书，"曾读万卷书"，儒道佛典、天文地理、阴阳五行、医术方技等均在其所好之列，无不穷览。刘宋之末，他因令誉受任诸王侍读。南齐建立后，他继续在朝充任，但在齐武帝永明十年（492 年），辞官归隐，至句曲山终老后生。陶弘景一生编著甚丰，堪称一代编辑大师，仅在退隐期间所编辑医学著作就有《本草经集注》七卷、《效验方》五卷、陶补《葛氏肘后方》三卷、《补阙肘后百一方》三卷、《太清草木集要》二卷，等等。

《本草经集注》全书分两部分，共七卷。上部由序录构成，包括《神农本草经》序文及注释，再加上陶弘景的制药及用药通论。下部由药物构成，包括《神农本草经》三百六十五种和《名医别录》附品三百六十五种，共七百三十种药物，以及《本草经》药物新增功效和主治，此外还包括陶弘景对每条药物所作注释。全书七卷分别为：卷一序录，卷二玉石三品，卷三草木上品，卷四草木中品，卷五草木下品，卷六虫兽三品，卷七果、菜、米谷、有名无实。

在《本草经集注序录》中，陶弘景云："隐居先生，在乎茅山岩岭之上，以吐纳余暇，颇游意方技，览本草药性，以为尽圣人之心，故撰而论之。"② 这说明该书成书于陶弘景挂冠归隐，即永明十年之后。至于成书的下限，尚志钧先生据相关资料认为当在东昏侯永元二年（500年）之前。该书成书之后，就成为当时本草书籍的典范之作而流行开来，《隋书·经籍志》中所载阮孝绪《七录》本草经中开篇之作就是该书。到了唐代，该书仍然比较流行，无论是当时的《唐本草》，还是《旧唐书·经籍志》等都对此书有所收载。但是，到了北宋末年，该书亡佚。详审此书，其编注思想主要体现在以下几个方面。

一 "以本草为主"的药学书籍编辑理念

作为当时本草学的集大成之作，《本草经集注》反映了陶弘景"以

---

① 李延寿. 南史［M］. 北京：中华书局，1975：1898.
② 陶弘景撰，尚志钧辑校. 本草经集注. 安徽省芜湖市皖南医学院印刷，1985：34.

本草为主"的药学书籍编辑理念。在《本草经集注序录》中，他说："春秋以前及和、缓之书蔑闻，道经略载扁鹊数法，其用药犹是本草家意，至汉淳于意及华佗等方，今之所存者，亦皆修药性。"[①] 这句话是说，以本草为主来用药是自古以来最基本的医学和药学思想，即"用药犹是本草家意"。紧接着，陶弘景用大量的实例来说明这一思想的重要性，他说："自晋世以来，有张苗、宫泰、刘德、史脱、靳邵、赵泉、李子豫等，一代良医。其贵胜阮德如、张茂先、裴逸民、皇甫士安，及江左葛稚川、蔡谟、殷渊源诸名人等，并亦研精药术。宋有羊欣、王微、胡洽、秦承祖，齐有尚书褚澄、徐文伯、嗣伯群从兄弟，治病亦十愈其九。凡此诸人，各有所撰用方，观其指趣，莫非本草者。"[②] 在陶弘景看来，本草乃天地之物，天地之物乃为天地间用，即本草是人类治病的最重要药物。他引用颜光禄的话再次阐明自己以本草为主的药学思想："诠三品药性，以本草为主。"

陶弘景强调"以本草为主"的药学思想，一个重要的原因是当时很多人行医不重视本草之效，他说："即本草所云久服之效，不如世人微觉便止，故能臻其所极，以致遐龄，岂但充体愈疾而已哉。今庸医处治，皆耻看本草，或倚约旧方，或闻人传说，或遇其所忆，便揽笔疏之，俄然戴面，以此表奇。"[③] 他认为，这种耻看本草、随意行医的行为是一种极不负责的行为。他批评他们不反省自己，不详思得失，只知道"虚构声称，多纳金帛"；认为他们"非唯在显宜责，固将居幽贻谴矣"。他之所以强调"以本草为主"的思想，还因为当时的《本草经》的编辑存在混乱不堪的情况，需要加以整理、补充、完善。他说："今之所存，有此四卷，是其本经出所郡县，乃后汉时制，疑仲景、元化等所记。又有《桐君采药录》，说其花叶形色。《药对》四卷，论其佐使相须。魏晋以来，吴普、李当之等更复损益，或五百九十五，或四百三十一，或三百一十九。或三品混糅，冷热舛错，草石不分，虫兽无辨，

---

① 陶弘景著，尚志钧辑校．本草经集注．安徽省芜湖市皖南医学院印刷，1985：56.
② 陶弘景著，尚志钧辑校．本草经集注．安徽省芜湖市皖南医学院印刷，1985：56.
③ 陶弘景著，尚志钧辑校．本草经集注．安徽省芜湖市皖南医学院印刷，1985：59.

且所主治，互有多少……"① 由此可见，当时《本草经》非常混乱，有不同的本子，收载药物数量不同，三品分类混糅杂乱，主治内容也各不相同。正是因此，陶弘景要"苞综诸经，研括烦省""分别科条，区畛物类"，编辑一部能够传之后世的经典范本。他之所以强调"以本草为主"的思想，还因为当时很多医者不识药、买药采药者作弊等情况严重，需要编辑一本完善的本草药典，供人们对照使用，改变这种积弊。他说："众医睹不识药，唯听市人，市人又不辨究，皆委采送之家，采送之家，传习治拙，真伪好恶莫测……"② 总之，以本草为主，不仅是陶弘景的药学书籍编辑理念，而且是他编辑宗旨所在。

二 独成一统的体例观

《本草经集注序录》还体现了陶弘景编辑本书的发凡起例思想。序录内容首先是《神农本草经》序文及注释，然后是陶弘景对药学理论的系统性总结，之后陶弘景开创并增加了八个创例，分别是诸药采制例、合药分剂料治法、诸病通用药例、解毒药例、服药食忌例、药不宜入汤酒例、七情畏恶药例、药对岁物药品例。诸药采制例实际上是讲药物采制的规律，他提出药效与药物的产地有密切关系，说："诸药所生，皆有境界。"③ 他指出采药要注意时间，说："本草采药时月，皆在建寅岁首，则从汉太初后所记也。"合药分剂料治法实际上讲药物制剂制药的方法，比如他讲到药物的计量方法，说："方有云分等者，非分两之分也，谓诸药斤两多少皆同耳，先视病之大小轻重所须，乃以意裁之。凡此之类，皆是丸散，丸散竟便使节度用之。汤酒中，无分等也。"④ 他讲到了丸、散药的制药方法，说："凡丸、散药，亦先细切曝燥乃捣。又有各捣者，有合捣者，随方所言。"⑤ 诸病通用药例是讲一些疾病的通用药例，他说："又案诸药，一种虽主数病，而性理亦有偏

① 陶弘景著，尚志钧辑校．本草经集注．安徽省芜湖市皖南医学院印刷，1985：36.
② 陶弘景著，尚志钧辑校．本草经集注．安徽省芜湖市皖南医学院印刷，1985：63.
③ 陶弘景著，尚志钧辑校．本草经集注．安徽省芜湖市皖南医学院印刷，1985：63.
④ 陶弘景著，尚志钧辑校．本草经集注．安徽省芜湖市皖南医学院印刷，1985：67.
⑤ 陶弘景著，尚志钧辑校．本草经集注．安徽省芜湖市皖南医学院印刷，1985：71.

著。立方之日，或致疑混，复恐单行径用，趁急抄撮，不必皆得研究。今宜指抄病源所主药名，仍可于此处治，若欲的寻，亦兼易解。"① 例如治风通用防风、防己、秦胶、独活、芎䓖②。解毒药例讲如何用药解食物中毒的方法，例如：蜈蚣毒，用桑汁若煮桑根汁；蜂毒，用蜂房、蓝青；狗毒，用杏仁、矾石。服药食忌例是讲服药时忌食的东西，例如：有牡丹，勿食生胡蒜；有当陆，勿食犬肉。药不宜入汤酒例列举了一些不宜入汤酒的药物，如朱砂、雌黄、云母、阳起石等③。七情畏恶药例实际上讲药物配制的忌讳，例如：玉屑，恶鹿角；玉泉，畏款冬花。④ 药对岁物药品例是讲药品的使用，例如：黄石脂，曾青为之使，恶细辛，畏蜚蠊；白石脂，燕矢为之使，恶松脂，畏黄芩。⑤

三　"区畛物类"的编辑方法

在《本草经集注序录》中，陶弘景提出了编辑此书的方法，说："今辄苞综诸经，研括烦省，以《神农本经》三品合三百六十五为主，又进名医副品亦三百六十五，合七百三十种，精粗皆取，无复遗落，分别科条，区畛物类，兼注名世用，土地所出，及仙经道术所须，并此序录，合为三卷。"⑥ 这说明，《本草经集注》的编辑方法是苞综诸经，即以《神农本草经》为基础，融合当时的名医副品，然后对其增删去取、校注核实、整理完善。在编辑过程中，陶弘景特别注意对本草药物的科条分类，即其"分别科条，区畛物类"，并在此过程中形成了独特的本草药物分类思想。首先是自然属性分类法。陶弘景按照药物的自然属性将药物分为七大类，分别是：玉石、草木、虫兽、果、菜、米食、有名无实。这个分类法是陶弘景的首创，并为历代本草编辑所沿用。其次是继承并发展了《神农本草经》原经的三品分类思想，在将药物分为七

---

① 陶弘景著，尚志钧辑校．本草经集注．安徽省芜湖市皖南医学院印刷，1985：86.
② 陶弘景著，尚志钧辑校．本草经集注．安徽省芜湖市皖南医学院印刷，1985：87.
③ 陶弘景著，尚志钧辑校．本草经集注．安徽省芜湖市皖南医学院印刷，1985：124.
④ 陶弘景著，尚志钧辑校．本草经集注．安徽省芜湖市皖南医学院印刷，1985：67.
⑤ 陶弘景著，尚志钧辑校．本草经集注．安徽省芜湖市皖南医学院印刷，1985：130 - 131.
⑥ 陶弘景著，尚志钧辑校．本草经集注．安徽省芜湖市皖南医学院印刷，1985：36.

大类的同时，又将每类药物按照药效分为上品、中品和下品。他说：
"上品药性，亦皆能遣疾，但其势力和浓，不为仓卒之效，然而岁月将
服，必获大益，病既愈矣，命亦兼申。天道仁育，故云应天。……中品
药性，治病之辞渐深，轻身之说稍薄，于服之者，祛患当速，而延龄为
缓，人怀性情，故云应人。……下品药性，专主攻击，毒烈之气，倾损
中和，不可恒服，疾愈则止，地体收煞，故云应地。"① 由此可见，所
谓上品药物就是不仅能治病且久用可以延年益寿的药品；中品药物较之
上品药物更主于治病，稍有延年益寿之用；下品药物毒性很烈，主攻治
病，不可恒服。

四　一丝不苟的编辑作风

陶弘景具有高度的责任感，认为药学工作是事关生命的工作，一定
要极其严肃认真。他说："至于汤药，一物有谬，便性命及之，千乘之
君，百金之长，何可不深思戒慎耶？"② 他还举例告诫人们在注药用药
上要慎之又慎，否则就会祸患无穷，他说："许世子待药不尝，招弑贼
之辱；季孙馈药，仲尼未达，知药之不可轻信也。"③ 他还引用祖纳的
话论述编辑药学著作和编辑其他图书的不同，明确指出编辑药典要心存
敬畏、科学谨慎、一丝不苟，说："辨释经典，纵有异同，不足以伤风
教，方药小小不达，便寿夭所由，则后人受弊不少，何可轻以裁断。"④
他认为祖纳此言"可谓仁识，足为水镜"。与此同时，他极其反对时人
在编辑药典过程中"尚声誉，不取实录"的浮躁作风，指出编辑过程
中要有恒心，要精心研解，据实以编，他说："《论语》云：'人而无
恒，不可以作巫医。'明此二法，不得以权饰妄造。所以医不三世，不
服其药。又云九折臂，乃成良医，盖谓学功须深故也，复患今承籍者，
多恃炫名价，亦不能精心研解，虚传声美，闻风竞往，自有新学该明，

---

① 陶弘景著，尚志钧辑校. 本草经集注. 安徽省芜湖市皖南医学院印刷，1985：40.
② 陶弘景著，尚志钧辑校. 本草经集注. 安徽省芜湖市皖南医学院印刷，1985：59.
③ 陶弘景著，尚志钧辑校. 本草经集注. 安徽省芜湖市皖南医学院印刷，1985：59.
④ 陶弘景著，尚志钧辑校. 本草经集注. 安徽省芜湖市皖南医学院印刷，1985：61.

而名称未播，贵胜以为始习，多不信用，委命虚名，谅可惜也。"[1] 在编辑《本草经集注》的过程中，陶弘景是"斟酌详用""日夜玩味"，不敢有丝毫差池，表现出了严谨治学、一丝不苟的编辑作风。

这种作风还表现在，他在不识之处"注而存疑"的实事求是精神。据尚志钧先生辑校的《本草经集注》，陶弘景在编辑《本草经集注》时在不识之时"注而存疑"的情况有如下几种：一是对七情畏恶药有存疑之处，如《证类本草》卷十二中所引《本草经集注》茯苓条，有"马间为之使"语。陶隐居注云："按药名无马间，或是马茎，声相近故也。"一个"或"字虽看似不起眼，实则表现了陶弘景严谨治学、一丝不苟的编辑作风。二是对药物条文，有不识处存疑，如《证类本草》卷十一所引《本草经集注》女青条，有"蛇衔根根也"语。陶隐居注云："若是蛇衔根，不应独生朱崖。"这是一种假设式的存疑。三是对药物不识，注以存疑。如《证类本草》卷四所引《本草经集注》肤青条，陶弘景注云："世方及《仙经》并无用此者，亦相与不复识之。"这里直接指出自己的疑问。四是对产地不识，注以存疑。如《证类本草》卷七所引《本草经集注》有"生大吴"语。陶弘景注云："大吴即应是吴国尔，太伯所居，故呼大吴。"这里则是推测性存疑。[2]

《本草经集注》是南北朝时期本草药典编辑的集大成之作，其丰富的编辑思想对后世本草典籍的编辑也影响巨大，表现在三个方面：一是"以本草为主"的药学思想具有承上启下的作用，既继承了前代源远流长的以本草为主的药学、医学思想，同时又为后代本草典籍的编辑提供了大量文献资料，比如在药物种类上《本草经集注》所收药物七百零三种，正是《唐本草》收载八百五十种的基础，后者是对前者的增补、加工和完善。二是它的发凡起例之创，成为后世本草典籍竞相沿袭的程式。三是"区畛物类"的药物分类思想也对后世本草典籍影响深远。尤其是他所开创的按照药物的自然属性进行药物分类的分类法，基本上为历代本草典籍所沿用。如《唐新修本草》是在此基础上将草木类分

① 陶弘景著，尚志钧辑校. 本草经集注. 安徽省芜湖市皖南医学院印刷，1985：61.
② 陶弘景著，尚志钧辑校. 本草经集注. 安徽省芜湖市皖南医学院印刷，1985：227 – 230.

拆为草类和木类，把虫兽类分拆为兽禽类和虫鱼类。宋代的《证类本草》则在《本草经集注》的基础上将兽禽类分为人部、兽部和禽部三类。这说明，《本草经集注》开创了本草药物分类的典范。

此外，陶弘景精心研解、精益求精、严谨治学的编辑作风也极有思想价值。他在编辑此书的过程中表现出了浓厚的济世意识和传世意识，他说："余祖世以来，务敦方药，本有《范汪方》一部，斟酌详用，多获其效，内护家门，旁及亲族。其有虚心告请者，不限贵贱，皆摩踵救之。凡所救活数百千人。自余投缨宅岭，犹不忘此，日夜玩味，恒觉欣欣。今撰此三卷，并《效验方》五卷，又《补阙葛氏肘后》三卷。盖欲永嗣善业，令诸子侄，弗敢失坠，可以辅身济物者，孰复是先。"① 编辑整理《本草经集注》是极其辛苦的，但是陶弘景是"日夜玩味"，恒觉欣欣、津津乐道、乐而忘倦。如此者，何也？原因无他，就是因为他觉得药典的编纂可以"内护家门，旁及亲族"，可以"不限贵贱"地救助世人。在陶弘景看来，这是一种"善业"。他还有明确的传世意识，他说："虽未足追踵前良，盖亦一家撰制，吾去世之后，可贻诸知音尔。"② 这说明，陶弘景在编辑此书的过程中是有传世意识的，他希望该书能够流传下去，能够为后世知音所赞赏。这种济世意识和传世意识，对我们今天的编辑工作仍然是有借鉴价值的。

第四节　皇甫谧《针灸甲乙经》的编辑思想

在魏晋南北朝时期的科技典籍中，皇甫谧编辑的《针灸甲乙经》是我国现存最早的针灸学专著，也是当时一部针灸学集大成之作。它不仅保存了魏晋之前大量的医学文献，而且由于其对针灸文献的集成之功而奠定了古代针灸学在传统医学中的重要地位。《四库全书总目提要》

---

① 陶弘景著，尚志钧辑校. 本草经集注. 安徽省芜湖市皖南医学院印刷，1985：61.
② 陶弘景著，尚志钧辑校. 本草经集注. 安徽省芜湖市皖南医学院印刷，1985：36.

称其"与《内经》并行，不可偏废"①，可见其在医学典籍中的地位之重要。从书籍编辑的角度来看，该书是将《素问》《针经》《明堂孔穴针灸治要》三书融会贯通、重新编排而成书，是一部典型的编辑之作，显示了别具一格的编辑特色。

《针灸甲乙经》的全称是《黄帝三部针灸甲乙经》，编辑者是西晋的大编辑家皇甫谧。皇甫谧（215—282 年），字世安，幼名静，自号玄晏先生，安定朝那人。《晋书》称其在少年时代"不好学，游荡无度"，后感其叔母所劝而立志发愤，就学受书，勤力不息。《晋书》中言其"居贫，躬自稼穑，带经而农，遂博综典籍百家之言"②。皇甫谧宅心世外，不以入仕为务，"耽玩典籍，忘寝与食"，被时人称为"书淫"。当时有人认为他这样读书有点过度，希望他能够注意身体，他听后则这样回答："朝闻道，夕死可矣。"皇甫谧当时多次受召入仕，都婉言谢绝，可以说做到了终身不仕。他终身最大的兴趣就是博览群书，该闻洽通，撰著成书，他曾经向晋武帝上表借书，晋武帝就慷慨"送一车书与之"。史书中还说他身患羸疾之时，仍然披阅不怠，可见其治学精神是何等专注。他一生孜孜学术，兼通文、史、医、哲，著作等身，《晋书》称其"所著诗赋诔颂论难甚多"，并重于世的著作有《晋征士皇甫谧集》二卷、《逸士传》一卷、《高士传》六卷、《列女传》六卷、《玄晏春秋》三卷，等等。《针灸甲乙经》是其所编辑的医学著作之一。

皇甫谧在《针灸甲乙经序》中说："甘露中，吾病风加苦聋，百日方治，要皆浅近，乃撰集三部……"③ 由此可知，该书大约成书于三国魏甘露四年（259 年），是在皇甫谧身患耳聋之后而开始学医撰集而成。全书共十二卷，一百二十八篇，内容论及病理、经络、腧穴、针灸、杂病等各个方面。全书的大致内容如下：第一卷十六篇，论述脏腑阴阳表里应候气血津液；第二卷七篇，概述经脉络脉标本根结；第三卷三十五篇，记述人体穴位；第四卷六篇，论述经脉病形诊；第五卷七篇，概括

---

① 永瑢. 四库全书总目提要［M］. 北京：中华书局，1974：1089 – 1090.

② 房玄龄. 晋书［M］. 北京：中华书局，1974：1409.

③ 皇甫谧. 针灸甲乙经［M］. 北京：中华书局，1991：1 – 2.

针灸禁忌和针道；第六卷十二篇，讨论病理和诊法；第七卷至第十二卷，共四十八篇，分述各科病理、病症及针刺之法，如六经受病发伤寒热病、五脏传病发寒热、五脏六腑胀、足太阳脉动发下部痔脱肛，以及妇人杂病和小儿杂病，等等。

一　弘扬医道的编辑宗旨

皇甫谧在《针灸甲乙经序》中对医学之道非常推崇，赞论有加，认为医道乃济世救人的大业。这其实反映了他编辑此书的目的，他说："夫医道所兴，其来久矣。上古神农始尝草木而知百药。黄帝咨访岐伯、伯高、少俞之徒，内考五脏六腑，外综经络血气色候，参之天地，验之人物，本性命，穷神极变，而针道生焉。其论至妙。雷公受业传之于后。伊尹以亚圣之才，撰用《神农本草》，以为汤液。中古名医，有俞跗、医缓、扁鹊。秦有医和，汉有仓公。其论皆经理识本，非徒诊病而已。汉有华佗、张仲景。其他奇方异治，施世者多，亦不能尽记其本末。"[1] 他还举刘季琰讳疾忌医而终致身亡的事例说明医学之道对于人的重要性，人应该相信医学。他说："若知直祭酒刘季琰病发于畏恶，治之而瘥。云后九年季琰病应发，发当有感。仍本于畏恶，病动必死，终如其言。仲景见侍中王仲宣，时年二十余，谓曰：君有病，四十当眉落，眉落半年而死，令服五石汤可免。仲宣嫌其言忤，受汤勿服。居三日，见仲宣谓曰：服汤否？仲宣曰：已服。仲景曰：色候固非服汤之诊，君何轻命也。仲宣犹不信。后二十年果眉落。后一百八十七日而死。终如其言。"他认为，人应该懂得医学、精于医学，只有这样忠孝之心和仁慈之性才能更好实现，他说："夫受先人之体，有八尺之躯而不知医事，此所谓游魂耳。若不精通于医道，虽有忠孝之心，仁慈之性，君父危困，赤子涂地，无以济之。此固圣贤所以精思极论尽其理也。由此言之，焉可忽乎。"[2] 在《释劝论》中，他表达了自己编辑典籍、传播医学的思想，他说："若黄帝创制于九经，岐伯剖腹以蠲肠，

---

① 皇甫谧. 针灸甲乙经 [M]. 北京：中华书局，1991：1.
② 皇甫谧. 针灸甲乙经 [M]. 北京：中华书局，1991：2.

扁鹊造虢而尸起，文挚徇命于齐王，医和显术于秦晋，仓公发秘于汉星，华佗存精于独识，仲景垂妙于定方。徒恨生不逢乎若人，故乞命诉乎明王。求绝编于天录，亮我躬之辛苦，冀微诚之降霜，故俟罪而穷处。"① 由此可见，皇甫谧编辑此书的主要目的就是弘扬医道。

二　事类相从的编辑方式

该书的编辑思想还表现在"事类相从"的成书方式上。皇甫谧在《针灸甲乙经序》中说："近代太医令王叔和撰次仲景，选论甚精，指事可施用。按《七略》《艺文志》，《黄帝内经》十八卷。今有《针经》九卷，《素问》九卷，二九十八卷，即《内经》也，亦有所亡失，其论遐远，然称述多而切事少，有不编次，比按仓公传，其学皆出于《素问》，论病精微。九卷是原本经脉，其义深奥，不易觉也。又有《明堂孔穴针灸治要》，皆黄帝、岐伯选事也，三部同归，文多重复，错互非一。甘露中，吾病风加苦聋，百日方治，要皆浅近，乃撰集三部，使事类相从，删其浮辞，除其重复，论其精要，至为十二卷。"② 皇甫谧认为，《素问》《针经》《明堂孔穴针灸治要》三部书，主旨相同，但是文多重复，错误也很多，因此他对三部书进行重新排列、整理和校勘，其中编辑三部书的方式是按照"事类相从"的方式来进行重新创构。在上文所述的该书内容中，我们看到全书分为十二卷，前几卷为病理论述，中间为穴位论述，最后是病例列举，这样一个体例实际上是《素问》《针经》《明堂孔穴针灸治要》三部书的融合贯通，重新编排。如卷五"九针九变十二节五刺五邪第二"论九针之文，就是将《针经》九针论与官针二篇相关内容融合，再如"针道第四"考虑到读者比较之便，将《针经》九针十二原、官能、寒热病、本输和《素问》宝命全形论、刺禁论、八正神明论等有关刺法内容合并。皇甫谧非常强调事类相从的编辑方法，他认为事类相从的根本含义就是通过聚合而实现新的价值，他说："易曰：观其所聚，而天地之情事见矣，况物理乎？事

---

① 房玄龄. 晋书 [M]. 北京：中华书局，1974：1414.
② 皇甫谧. 针灸甲乙经 [M]. 北京：中华书局，1991：2.

类相从，聚之义也。"①

三 理用相合的编辑特色

该书还有一个编辑特色，就是理论和实践有机结合，学术价值和实用价值相得益彰。皇甫谧在《针灸甲乙经序》中指出医学典籍的编辑应该理用结合，他说《素问》《针经》"其文有理"，但"不切于近事"，也就是说他认为这两部书在针灸理论上论述很好，但是有点脱离实际，缺乏实践价值，而《明堂孔穴针灸治要》则过于重视临床应用。因此他在汇编三部书的过程中比较强调理论和实践相结合，病理和临床相结合的原则，努力做到整部书理用相合。比如全书后半部分以病例为主，记述了大约二百种病例和五百多种处方，就是强调该书的实用性。再如在用针的方法上，《灵枢》的记载都是原则性的，而皇甫谧都对其进行细化，做了具体说明，明确了针刺深度，说明了留针时间，等等。再如，他创划线布穴法，不但增补《灵枢》中的穴位名称，而且增述穴位位置、取法，并制定了划线布穴图，以便人们在临床中更准确更方便地进行操作。

《针灸甲乙经》是一部针灸学经典专著，其编辑对后世针灸医学的发展产生了深远影响。隋代萧吉撰《五行大义》时对《针灸甲乙经》高度重视，在很多地方引用《针灸甲乙经》的内容。唐代的大医学家孙思邈说过："凡欲为大业，必须谙《素问》、《甲乙》、《黄帝经》、《明堂流注》等诸部经方。"② 到了唐代，该书还成为医科教材，博士必读，如《新唐书·百官志》云："医博士一人，正八品上。助教一人，从九品上。掌教授诸生以《本草》、《甲乙》、《脉经》，分而为业：一曰体疗，二曰疮肿，三曰少小，四曰耳目口齿，五曰角法。"③ 宋代的医学教育对该书也很重视，将其列为医学必修考试科目。该书的这种地位和学术影响，都是与皇甫谧的编辑思想密不可分的。

---

① 皇甫谧. 针灸甲乙经［M］. 北京：中华书局，1991：2.
② 张灿玾.《针灸甲乙经》的主要贡献及对后世的影响［J］. 中医文献杂志，1994（4）：4.
③ 欧阳修等. 新唐书［M］. 北京：中华书局，1975：1245.

第八章　魏晋南北朝书目编辑思想

文献目录编辑是我国古代书籍编辑活动的重要组成部分，也是书籍编辑活动发展到一定阶段的必然产物。在汉代，刘向、刘歆父子在政府对图书进行大规模编校整理的基础之上编辑了我国第一部系统的图书目录——《七略》，并在此过程中形成了"六分法"的书目编辑思想。魏晋南北朝时期，由于书籍编辑数量和种类更多，政府和私人的藏书更加丰富，书目编辑活动也更加活跃，并在此基础上形成了对后世影响巨大的新的书目编辑思想。

第一节　四部分类

一　四部分类思想

魏晋南北朝的书目编辑活动表现出一个重大倾向，就是四部分类书目编辑思想的产生。汉代刘向、刘歆编辑的《别录》和《七略》采用的图书分类方法是六分法，把图书分为六略三十八种。分别为：一是六艺略，包括《易》《书》《诗》《礼》《乐》《春秋》《论语》《孝经》和小学等子目；二是诸子略，包括儒、道、阴阳、法、名、墨、纵横、杂、农、小说家等子目；三是诗赋略，包括屈原赋、陆贾赋、孙卿赋、杂赋、歌诗等子目；四是兵书略，包括兵权谋、兵形谋、兵阴阳、兵技巧等子目；五是术数略，包括天文、历谱、五行、蓍龟、杂占、形法等子目；六是方技略，包括医经、经方、房中、神仙等子目。① 之后，班固的《汉书·艺文志》书籍分类体系大体与《七略》相同。到了魏晋南北朝，由刘向、刘歆所开创的六分法书籍编目思想发生变化，取而代之的是"四部分类"思想。《隋书·经籍志》云："魏秘书郎郑默，始制《中经》，秘书监荀勖，又因《中经》，更著《新簿》，分为四部，总括群书。"② 郑默的《中经》是不是采用四分法，现在学术界还有争论。荀勖的《新簿》是因《中经》而编辑，由此推测《中经》是四分法也不无道理。很明确的是，荀勖的《新簿》是采用四部分类的书目编辑方法。《隋书·经籍志》对其四部分类的情况进行了详细说明："一曰甲部，纪六艺纪小学等书；二曰乙部，有古诸子家、近世子家、兵书、术数；三曰丙部，有史记、旧事、皇览簿、杂事；四曰丁部，有诗赋、图赞、《汲冢书》，大凡四部合二万九千九百四十五卷。但录题及言，盛以缥囊，书用缃素。至于作者之意，无所论辩。"③ 可见，《新簿》是把当时所藏图书分为甲、乙、丙、丁四部，是明确无疑的四部分类体系。不同于《七略》的还有，《新簿》将史书从《七略》中的"六艺略"抽出而列入丙部，从而突出史书的书目地位，为以后史部的形成奠定了基础。当然，这样做是当时史书编辑繁荣的必然结果。

继荀勖之后的李充所编的《晋元帝四部书目》，同样采用了四部分类的书目编辑思想。据《隋书·经籍志》载："著作郎李充，以勖旧簿校之，其见存者，但有三千一十四卷。充遂总没众篇之名，但以甲乙为次。"④ 《隋书·经籍志》虽然说《晋元帝四部书目》是据《新簿》所编，但只是说它以"甲乙为次"，由此还不能断定它采用四部分类的书目编辑方法。《晋书·李充传》云："服阕，为大著作郎。于时典籍混乱，充删除烦重，以类相从，分作四部，甚有条贯，秘阁以为永制。"⑤ 《广弘明集》也称李充任大著作郎期间"鸠聚图书为四部，三百五帙，

① 魏征. 隋书 [M]．北京：中华书局，1974：905 - 906.
② 魏征. 隋书 [M]．北京：中华书局，1974：906.
③ 魏征. 隋书 [M]．北京：中华书局，1974：906.
④ 魏征. 隋书 [M]．北京：中华书局，1974：906.
⑤ 房玄龄. 晋书 [M]．北京：中华书局，1974：2390 - 2391.

三千一十四卷"①。可见，李充的《晋元帝四部书目》采用四部分类发当属无疑。更重要的是，较之《新簿》，《晋元帝四部书目》将史书从丙部移置于乙部，而将子书从乙部置于丙部。这样就进一步完善了四部分类法。

二　四部分类思想产生原因

从《七略》的六分法到《新簿》的四分法，是书目编辑思想的一个重大转变。刘向、刘歆的《七略》所创立的六分法是当时学术风貌和图书编辑实际情况的反映。从图书的数量上来看，六艺略著录的图书是 129 家、2926 篇、图一卷；诸子略是 187 家、4346 篇；诗赋略是 106 家、1313 篇；兵书略是 66 家、1375 篇、图 44 卷；数术略是 110 家、2557 卷；方技略是 36 家、862 卷。由此可知，所分六类图书都数量庞大，并且在当时都有自己的学术影响力。两汉时期经学处于主导地位，经籍的编撰数量巨大，因此作为六分法中的第一类自然就是"六艺略"了，其中以经部书籍为主。而在此时史学发展还没有进入自觉和繁荣阶段，经史不分家，史书就被置于《春秋》之目下。但是，到了魏晋南北朝，随着社会思想的变化，书籍编辑的情况也发生了很大变化。与经学衰落相反的情况是，文学和史学逐渐地从经学的附庸地位中走出并走向自觉。因之，这两类书籍的编撰数量在急剧增长。荀勖《新簿》的四部分类法正是这样一种学术发展和书籍编辑状况的反映。尤其是，此时史学的自觉以及史书编撰数量巨大，这都要求史部书籍从经部书籍中独立出来，并成为一个独立的书籍门类。到了东晋，史书编撰蔚然成风，史学地位更加突出，李充置史部书籍于乙部，正是这一学术和书籍编辑状况的实际反映。

第二节　七部条次

一　七部条次思想的表现

除了四部分类的书目编辑思想，七部条次的书目编辑思想在当时也

---

① 释僧祐，道宣. 弘明集·广弘明集 [M]. 上海：上海古籍出版社，1991：113.

很有影响。据《隋书·经籍志》，王俭在编辑《宋元徽元年四部书目录》之外，还编辑了《七志》。王俭字仲宝，从小丧父，为叔父僧虔所养，《南史·王俭传》称其"幼笃学，手不释卷"，历仕秘书郎、秘书丞、司徒右长史、尚书左仆射等职，为南朝宋、齐两代重臣。《南史》中说王俭在宋任秘书丞时"依《七略》撰《七志》四十卷，表献之。又撰定《元徽四部书目》"①。《隋书·经籍志》对其编辑《七志》的情况进行了详细描述："俭又别撰《七志》：一曰《经典志》，纪六艺、小学、史记、杂传；二曰《诸子志》，纪今古诸子；三曰《文翰志》，纪诗赋；四曰《军书志》，纪兵书；五曰《阴阳志》，纪阴阳图纬；六曰《术艺志》，纪方技；七曰《图谱志》，纪地域及图书。其道、佛附见，合九流。然亦不述作者之意，但于书名之下，每立一传，而又作九篇条例，编乎首卷之中。"② 很明显，王俭的《七志》的七分法是在刘向、刘歆的《七略》六分法的基础上发展而来的。他的书籍分类思想与《七略》的六分法基本相同。不同之处在于，他更改了七略的类名，分别以志名取而代之。同时，还增加了图谱志一大书籍类型。这说明当时"图学、谱学的发展及其他'图'书的增多"。

继王俭的《七志》之后，同样采用七分法进行书籍编目的是阮孝绪的《七录》。阮孝绪，字士宗，陈留尉氏人。《梁书·阮孝绪传》称其"幼至孝，性沉静"，不求入仕，终生隐逸，是当时有名的处士。至于阮孝绪为什么要编辑《七录》，他在《七录序》中说得很清楚："自江左篇章之盛，未有逾于当今者也。孝绪少爱坟籍，长而弗倦。卧病闲居，傍无尘杂。晨光才启，缃囊已散。宵漏既分，录帙方掩，犹不能穷究流略，探尽秘奥。每披录内省，多有缺然。其遗文隐记，颇好搜集。凡自宋齐以来，王公搢绅之馆，苟蓄聚坟籍，必思致其名簿。凡在所遇，若见若闻，校之官目，多所遗漏，遂总集众家，更为新录。"③ 由此可见，《七录》是当时公私目录的汇编，之所以要"总集众家，更为

① 李延寿. 南史 [M]. 北京：中华书局，1975：591.
② 魏征. 隋书 [M]. 北京：中华书局，1974：906-907.
③ 释僧祐，道宣. 弘明集·广弘明集 [M]. 上海：上海古籍出版社，1991：112.

新录"，就是因为"校之官目，多所遗漏"。《七录》的编辑目的是补当时其他公私目录之缺。《隋书·经籍志》载："普通中，有处士阮孝绪，沉静寡欲，笃好坟史，博采宋、齐以来，王公之家凡有书记，参校官簿，更为《七录》：一曰《经典录》，纪六艺；二曰《记传录》，纪史传；三曰《子兵录》，纪子书、兵书；四曰《文集录》，纪诗赋；五曰《技术录》，纪数术；六曰《佛录》；七曰《道录》。其分部题目，颇有次序，割析辞义，浅薄不经。"① 唐代高僧释道宣的《广弘明集》所录的阮孝绪的《七录序》对《七录》的图书分类有更详细的说明：整个目录包括内篇五录、四十六部、三千四百五十三种、五千四百九十三帙、三万七千九百八十三卷；外篇二录、九部、二千八百三十五种、三千五十四帙、六千五百三十八卷。内篇五录分别是经典录（《易》《书》《诗》《礼》《乐》《春秋》《论语》《孝经》、小学）、记传录（国史、注历、旧事、职官、仪典、法制、伪史、杂传、鬼神等）、子兵录（儒、道、阴阳、法、名、墨、纵横、杂、农家等）、文集录（楚辞、别集、总集、杂文）、术技录（天文、谶纬、历算、五行、卜筮、杂占、形法、医经、经方、杂艺）；外篇二录分别是佛法录（戒律、禅定、智慧、疑似、论记）和仙道录（经戒、服饵、房中、符图）。② 很显然，《七录》的书籍编目是采用七分法的分类体系。这个体系既包含着对刘向、刘歆《七略》六分法的继承，也包含着对王俭《七志》七分法的完善。正如阮孝绪所言："今所撰《七录》，斟酌王、刘。"③ 更重要的是，《七录》的七分法较之前两者有新的发展：一是借鉴李充的四分法，将史部单独列出而立记传录一类；二是将佛道目录独立列出，一改《七志》中将佛道目录作为附录的做法。

二 七部条次思想产生的原因

无论是王俭的《七志》还是阮孝绪的《七录》，采用七分法的书目

① 魏征. 隋书 ［M］. 北京：中华书局，1974：907.
② 释僧祐，道宣. 弘明集·广弘明集 ［M］. 上海：上海古籍出版社，1991：113－114.
③ 释僧祐，道宣. 弘明集·广弘明集 ［M］. 上海：上海古籍出版社，1991：112.

编辑思想，都包含着对汉代刘向、刘歆六分法思想的继承。王俭是"依《七略》撰《七志》"，阮孝绪是"斟酌王、刘"。因此，七部条次的书目编辑思想实际上是对刘向、刘歆所开创的六分法书目编辑思想的继承和完善。

第三节　书目编辑思想的影响

四部分类的书目编辑思想是对刘向、刘歆所开创的六分法分类思想的重大变革。较之六分法，它更简洁、更合理。清代学者钱大昕对此评价道："晋荀勖撰《中经簿》，始分甲乙丙丁四部，而子犹先于史。至李充为著作郎，重分四部：五经为甲部；史记为乙部；诸子为丙部；诗赋为丁部。而经史子集之次始定。"① 《隋书·经籍志》的评价是："自尔因循，无所变革。"② 在上面概括的书目编辑实践中，可以看出，殷淳编辑的《四部书目》、王亮和谢朏编辑的《四部书目》，以及十六国时期的《寿安殿四部目》《德教殿四部目》等目录，无一不是采用四部分类法。再后，唐代魏征等人编撰的《隋书·经籍志》也是采用四分法，而且更加确立了四分法书目体例的地位。再后，清代《四库全书总目》的编辑更是对四分法的完善和发展。由此可见，四分法实际上构成了中国古代书目编辑的一个基本思想，处于主导地位，而这一思想正是在魏晋南北朝时期的书目编辑活动中形成的。

至于王俭所开创的七分法，从本质来看是对刘向、刘歆所开创的六分法的继承和发展。继之，阮孝绪的《七录》则又进一步完善了七分法。但是，伴随着学术思想的不断变革和书籍编辑的不断发展，这一分类体系逐渐向四分法转变、靠拢，并最终为四分法所完全取代。

---

① 钱大昕. 元史·艺文志 [M]. 北京：中华书局，1974：907.

② 魏征. 隋书 [M]. 北京：中华书局，1974：906.

结　论

宋代著名词人苏轼曾作诗曰："横看成岭侧成峰，远近高低各不同。"言外之意，看问题，需要不同的视角。看问题的视角不同，所见的景象就会不同，得出的结论就会判然有别。从思想史的角度来研究古代编辑活动，进入我们视野的就不再是一个个传之久远的编辑成果、一部部充满墨香的古代典籍，而是一个由编辑主体、编辑成果和社会历史共同构成的文化图景。在这样一幅文化图景中，可以清晰看到的，是一部部文化典籍在延续着民族记忆、历史传统，在传承着思想知识、社会风尚，在影响着个体观念、群体行为。而任何一部文化典籍的形成，既离不开作者的呕心创造，读者的接受传播，也离不开编者的精心编创。编辑主体那些自觉和不自觉的观念，往往决定着一个编辑成果的优劣成败，影响着读者的阅读检验，并最终在整体上作用于由典籍所构成的民族文化。昭明太子萧统所编辑的《文选》，从思想史的角度来看，具有不同寻常的意义。一方面，它标志着魏晋南北朝总集的编辑完成了由"编以辨体"到"编以彰采"的转变。另一方面，《文选》的编辑成功，开创并形成了一种选本编辑模式。这种编辑模式，既可展现选家的独特眼光，又方便读者的阅读之需。因之，它成为历代士人竞相沿用的一种编辑类型。直到今天，这种选本类型还被冠以作品选、精品选等之名的书籍所沿用。而之所以如此，其中一个很重要的原因，就在于萧统在《文选》编辑中所确立的选本思想。正是因为这一选本思想，历代士人对《文选》的研究从未中断，历代编辑编创选本型书籍经久不衰。编者的编辑思想之于编辑作品的作用，同样可以在《三国志》的编辑中看到。在陈寿编辑《三国志》之前，已经有鱼豢的《魏略》、王沈的

《魏书》和韦昭的《吴书》等三国史书。《三国志》书成之后，其他诸书悉数被取而代之，就连正在编辑《魏书》的夏侯湛也不得不放弃计划，罢笔停作。原因无他，正是因为史学家、编辑家陈寿的独特的编辑思想，使得《三国志》无论是在史料选取，抑或是叙事风格上，都令其他编辑家望尘莫及。这样一种状况，同样体现在杜预所编辑的《春秋左氏经传集解》上。在整个有汉一代，《左传》始终未被立为官学。到了杜预，他编辑《春秋左氏经传集解》，将《左传》和《春秋》合为一书，又经编修组构，为之作注。经过如此编辑活动，不仅形成了"春秋左传"之学，而且《左传》之学在整个文化史上的地位也发生了显著变化。要探究造成这一状况的原因，同样不能忽视杜预编辑思想的作用。诸如此例，举不胜举。总而言之，可以得出这样一个结论：在魏晋南北朝这个由编辑主体、编辑成果和社会历史共同构成的文化图景中，编辑主体的思想之于编辑活动的作用可谓"深矣大矣"。

魏晋南北朝的书籍类型多样，这也决定了这一时期书籍编辑活动的形态多样、繁富。既有传统的书籍类型，如史书、经部书籍编辑，又有新型的书籍类型，如类书、佛经编译作品等；既有组构型编辑之作，如《论语集解》《文选》，又有创构型编辑之作，如《水经注》《三国志》等的编辑；既有编辑家个体之作，又有编辑家集体之作。从总体特征而言，笔者以为，魏晋南北朝时期的编辑思想具有丰富性、复杂性、自觉性、深刻性和整体性等几个特征。

丰富性，是指这一时期编辑思想的表现形态丰富多样，表现内容千姿百态。从表现形态上来说，在先秦两汉既有书籍种类的基础上，出现了总集、别集、类书、佛经编译等几种新的书籍种类。与此相应，魏晋南北朝书籍编辑思想的形态就更加多元、丰富、宽广。类书编辑的"以类相从"思想，总集编辑的"选本"思想，佛经编译的翻译标准等，都成为一种新的思想表现形态、表现内容。这极大地拓展了编辑思想的内涵、形态。

复杂性，是指编辑思想的形成机制更加让人难以把握。魏晋南北朝编辑思想从宏观上表现出多元交叉、相互影响的一面，比如类书的以类相从的编辑思想，我们在这一时期的总集编辑、史书编辑上也可以看到影响。杂史《世说新语》的分类系事特征就非常明显，《文选》编辑中的文学体裁的划分同样有以类相从的特征。与此同时，还可以看到总集、别集编辑思想之于类书、史书的影响。以《文选》为标志的大量文学总集、别集的编辑，实际上在显示着这一时期文学的自觉，文学的自觉又导致文学家群体的出现、文学家地位的提高，这又是范晔《后汉书》在体例创新中编加《文苑传》的一大原因。凡此等等，让笔者深刻地感受到这一时期编辑思想交互影响、复杂多变的特征。

自觉性，是指编辑主体对编辑思想的一种自觉体认。编辑思想有自觉和不自觉之分。自觉的编辑思想，往往意味着编辑主体对其主体行为背后的主体观念有深入的认识和反思，而不是一种无意为之的行为。魏晋南北朝编辑思想的自觉性，首先表现在编辑活动的独立性上。这一时期出现的总集、别集和类书，已经不同于史书、经部书籍等编著合一的作品。编辑活动已经是一种由编者在作者的稿本基础上进行加工、完善、编修整合的具有独立性、创造性的现代意义上的编辑活动。编辑活动从著作活动中分离出来，成为一种独立的文化创构活动，应该始于魏晋南北朝。其次，编辑思想的自觉，还表现在编辑主体对编辑活动的价值和作风要求已经有深入的反思。如颜之推在《颜氏家训·勉学》篇中所说："校定书籍，亦何容易，自扬雄、刘向方称此职耳。观天下书未遍，不得妄下雌黄。或彼以为非，此以为是；或本同末异；或两文皆欠，不可偏信一隅也。"他这段话实际上体现着编辑主体对书籍编校活动的高度自觉。这表明，到了魏晋南北朝，编辑主体已经跳出编辑活动而开始对其所从事的活动进行深入思考。再如陶弘景编辑《本草经集注》之时，也已经对其编辑活动有深入认识，认为这是一项"永嗣善业"的行为，等等。这些无不是编辑思想自觉性的表现。

深刻性，是指编辑思想的内涵深刻和影响深远。魏晋南北朝的编辑思想有着内涵深刻的一面。比如曹丕在编辑别集过程中所表现出来的追求作品的传世意识；杜预在编辑《春秋左氏传集解》中所表现出来的通过编辑作品"立言"而求传世的意识。再如道安等高僧在编译佛经中所表现出的强烈济世情怀，等等。这些都表明这一时期的很多编辑家都有极强的生命价值意识。正是因为有这种强烈的追求人生价值的观念，他们才追求编辑作品传世，进而才在编辑作风上严肃认真、一丝不苟。编辑思想中这种对生命价值的肯定、对编辑工作价值的高度认同，构成了编辑家编辑思想深刻、厚重的一面。书籍编辑的传世意识和精品意识是魏晋南北朝编辑思想深刻性的直接体现。这反映出了魏晋南北朝编辑家独特的精神风貌和编辑价值取向。从中不难看出，编辑思想的价值取向，与编辑主体的生命观、历史观和编辑工作自觉性有着密切联系。一个优秀的编辑家，往往首先有着极强的生命价值意识，在此基础上形成编辑工作的价值观，形成追求作品传世的精品观念。他们优良的精神风范和编辑作风，正是其编辑价值观的外在体现。

整体性，是指编辑思想中编辑主体视野的全局观。魏晋南北朝的编辑家都有着较强的整体观念，在对编辑稿本的把握上都表现出较强的时间观念和全局意识。比如萧统编辑的《文选》，作为一部总集，在文体分类上表现出囊括所有的整体意识；在收录作品上表现出俯瞰古今、纵览今昔的历史眼光。别集的编辑是对作者个人作品的全部汇集，更是编辑整体观念的产物。这一时期的史部书籍编辑同样表现着整体观念，如范晔的《后汉书》的"体大而思精"思想，刘义庆《世说新语》既精细而又全面的分类系统。经部书籍编辑中集解体例的出现，无疑也是编辑家整体观念的生动反映。与此同时，在整体观念之中，我们还看到这一时期编辑家"类"的观念特征非常明显。总集、别集编辑体例的分类，史书中类传的完善，科技典籍中事类相从编辑方式的运用，类书以类相从编辑思想的彰显，等等。这些编辑活动都将"类"的观念运用得十分娴熟。魏晋南北朝编辑思想的整体观念是与编辑历史的发展密切相关的，是编辑活动发展到一定历史阶段的产物。经过先秦两汉上千年的历史积淀，魏晋南北朝的编辑家有了对编辑稿本进行系统审视和全局总结的可能，有了对这些繁复庞杂的编辑稿本进行整体审订和全面编辑的必要。而"类"的观念，则是这种整体观念在编辑方式上的具体运用。

参考文献

一 著作类

1. 刘国钧. 中国书史简编 [M]. 北京：书目文献出版社，1982.

2. 曹之. 中国古籍编撰史 [M]. 武汉：武汉大学出版社，1999.

3. 王振铎，赵运通. 编辑学原理论 [M]. 北京：中国书籍出版社，2004.

4. 靳青万. 中国古代编辑史论稿 [M]. 开封：河南大学出版社，1992.

5. 姚福申. 中国编辑史（修订本）[M]. 上海：复旦大学出版社，2004.

6. 肖东发. 中国编辑出版史 [M]. 沈阳：辽宁教育出版社，1996.

7. 申非. 编辑史概要 [M]. 北京：中国农业出版社，1994.

8. 章宏伟. 出版文化史论 [M]. 北京：华文出版社，2002.

9. 罗宗强. 魏晋南北朝文学思想史 [M]. 北京：中华书局，1996.

10. 周少川. 中国出版通史·魏晋南北朝卷 [M]. 北京：中国书籍出版社，2008.

11. 李瑞良. 中国出版编年史 [M]. 福州：福建人民出版社，2004.

12. 阎现章. 中国古代编辑家评传 [M]. 开封：河南大学出版社，1996.

13. 吴平. 编辑本论 [M]. 武汉：武汉大学出版社，2005.

14. 王余光. 中国历史文献学 [M]. 武汉：武汉大学出版社，1995.

15. 孙钦善. 中国古文献史 [M]. 北京：中华书局，1994.

16. 方厚枢. 中国出版史话 [M]. 北京：东方出版社，1996.

17. 葛兆光. 中国思想史 [M]. 上海：复旦大学出版社，1991.

18. 韩仲民. 中国书籍编纂史稿 [M]. 北京：中国书籍出版社，1986.

19. 胡道静. 中国古代的类书 [M]. 北京：中华书局，1982.

20. 靳青万.编辑学基本原理［M］.长春：东北师范大学出版社，2003.

21. 丛书集成初编影印本［M］.北京：中华书局，1985.

22. 释慧皎撰，汤用彤校注.高僧传.［M］.北京：中华书局，1992.

23. 罗宗宏.魏晋南北朝文化史.［M］.成都：四川人民出版社，1989.

24. 汤用彤.汉魏两晋南北朝佛教史［M］.武汉：武汉大学出版社，2008.

25. 王立群.《文选》成书研究［M］.北京：商务印书馆，2005.

26. 萧统著，俞绍初校注.昭明太子集校注［M］.郑州：中州古籍出版社，2001.

27. 曹道衡.兰陵萧氏与南朝文学［M］.北京：中华书局，2004.

28. 郭预衡.中国古代文学史长编·秦汉魏晋南北朝卷［M］.北京：首都师范大学出版社，2000.

29. 刘肃.大唐新语［M］.北京：中华书局，1984.

30. 张葆全.玉台新咏译注［M］.南宁：广西师范大学出版社，2007.

31. 王运熙.魏晋南北朝文学批评史［M］.上海：上海古籍出版社，1989.

32. 王锦贵.中国纪传体文献研究［M］.北京：北京大学出版社，1996.

33. 余嘉锡.世说新语笺疏［M］.北京：中华书局，1983.

34. 鲁迅.鲁迅全集［M］.北京：人民文学出版社，2005.

35. 李泽厚.美的历程［M］.武汉：武汉大学出版社，1983.

36. 王能宪.《世说新语》研究［M］.南京：江苏古籍出版社，1992.

37. 皮锡瑞.经学历史［M］.北京：中华书局，1959.

38. 吴雁南.中国经学史［M］.福州：福建人民出版社，2001.

39. 张岂之.中国思想学说史·魏晋南北朝卷［M］.南宁：广西师范大学出版社，2008.

40. 杨伯峻.列子集释［M］.北京：中华书局，1979.

41. 楼宇烈.王弼集校释［M］.北京：中华书局，1980.

42. 皮锡瑞.经学通论［M］.北京：中华书局，1959.

43. 颜之推撰，张霭堂译注.颜之推全集译注［M］.济南：齐鲁书社，2004.

44. 杨燕起，高国抗.中国历史文献学［M］.北京：北京图书馆出版社，1989.

45. 逯耀东．魏晋史学的思想与社会基础［M］．北京：中华书局，2006.

46. 夏南强．类书通论［M］．武汉：湖北人民出版社，2001.

47. 张涤华．类书流别［M］．北京：商务印书馆，1985.

48. 潘树广．古籍索引概论［M］．北京：书目文献出版社，1984.

49. 释僧祐撰，苏晋仁、萧炼子点校．出三藏记集［M］．北京：中华书局，1995.

50. 僧祐，道宣．弘明集·广弘明集［M］．上海：上海古籍出版社，1991.

51. 贾思勰撰，缪启愉、缪桂龙译注．齐民要术译注［M］．上海：上海古籍出版社，2006.

52. 郦道元著，王国维校．《水经注》校［M］．上海：上海人民出版社，1984.

53. 陶弘景撰，尚志钧辑校．《本草经集注》，安徽省芜湖市皖南医学院印刷，1985.

54. 皇甫谧．针灸甲乙经［M］．北京：中华书局，1991.

55. 〔英〕柯林武德著，何兆武、张文杰译．历史的观念［M］．北京：商务印书馆，2009.

56. 房玄龄．晋书［M］．北京：中华书局，1974.

57. 陈寿著，裴松之注．三国志［M］．北京：中华书局，1982.

58. 李延寿．南史［M］．北京：中华书局，1975.

59. 魏征．隋书［M］．北京：中华书局，1974.

60. 姚思廉．陈书［M］．北京：中华书局，1972.

61. 萧子显．南齐书［M］．北京：中华书局，1976.

62. 司马迁．史记［M］．北京：中华书局，1982.

63. 班固．汉书［M］．北京：中华书局，1962.

64. 赵翼．廿二史箚记校证［M］．北京：中华书局，1984.

65. 叶德辉．书林清话［M］．北京：中国古籍出版社，1957.

66. 纪昀等．钦定四库全书总目［M］．北京：中华书局，1997.

67. 吴帆．中国古典文献学［M］．济南：齐鲁书社，2005.

68. 姜广辉．中国经学思想史［M］．北京：中国社会科学出版社，2003.

69. 李致忠，周少川．中国典籍史 ［M］．上海：上海人民出版社，2004.

70. 李学勤．简帛佚籍与学术史 ［M］．南昌：江西教育出版社，2001.

71. 钱存训．书于竹帛 ［M］．上海：上海世纪出版集团，2004.

72. 刘知几．史通 ［M］．沈阳：辽宁教育出版社，1996.

73. 杨燕起．中国历史文献学 ［M］．北京：北京图书馆出版社，2003.

74. 吴怀祺．中国史学思想史 ［M］．北京：商务印书馆，2007.

75. 吴平．图书学新论 ［M］．太原：山西经济出版社，1998.

76. 孙钦善．中国古文献学史简编 ［M］．北京：高等教育出版社，2001.

77. 马祖毅．中国翻译简史 ［M］．北京：中国对外翻译出版公司，1984.

78. 伍杰．中国古代编辑家小传 ［M］．北京：中国展望出版社，1988.

二　论文类

1. 胡光清．中国古代编辑活动和编辑思想的一般特点（上）［J］．编辑之友，1989（1）.

2. 胡光清．中国古代编辑活动和编辑思想的一般特点（下）［J］．编辑之友，1989（2）.

3. 胡光清．论“述而不作”——中国古代编辑思想史论之二（上）［J］．编辑之友，1989（3）.

4. 胡光清．论“述而不作”——中国古代编辑思想史论之二（下）［J］．编辑之友，1989（4）.

5. 胡光清．论“辨章学术”——中国古代编辑思想史论之三 ［J］．编辑之友，1989（5）.

6. 胡光清．论“部次条别”——中国古代编辑思想史论之四 ［J］．编辑之友，1989（6）.

7. 胡光清．论“沉思翰藻”——中国古代编辑思想史论之五 ［J］．编辑之友，1990（1）.

8. 胡光清．论“以类相从”——中国古代编辑思想史论之六 ［J］．编辑之友，1990（2）.

9. 胡光清．论“举撮机要”——中国古代编辑思想史论之七 ［J］．编辑之友，1990（3）.

10. 胡光清. 论"编次之纪"——中国古代编辑思想史论之八 ［J］. 编辑之友，1990（4）.

11. 胡光清. 论"经世应务"——中国古代编辑思想史论之九 ［J］. 编辑之友，1990（5）.

12. 胡光清. 论"互注别裁"——中国古代编辑思想史论之十 ［J］. 编辑之友，1990（6）.

13. 吴平. 浅论编辑思想的品质及构成 ［J］. 出版科学，2003（1）.

14. 蔡学俭. 试论编辑思想 ［J］. 出版科学，2000（1）.

15. 吴平. 编辑思想的价值取向 ［J］. 南通大学学报（社会科学版），2005（3）.

16. 璞石. 论中国古代编辑出版发展史的基本特征 ［J］. 湘潭大学学报（社会科学版），2000（2）.

17. 李统兴. 中国古代编辑出版的美学追求 ［J］. 湖南师范大学学报（社会科学版），2004（11）.

18. 龚鹏飞. 古代文化名人的编辑思想与中华道统 ［J］. 常德师范学院学报（社会科学版），2003（1）.

19. 吴平. 中国古代书籍编辑指导思想浅论 ［J］. 编辑学刊，1999（1）.

20. 郑纳新. 编辑思想及其与出版发展的关系 ［J］. 编辑之友，1999（1）.

21. 武宗华. 铨品译才　标列岁月——从释道安的《综理众经目录》特点看其学术地位 ［J］. 图书情报论坛，2007（2）.

22. 李传印. 魏晋南北朝时期史学的经世特点 ［J］. 史学史研究，2008（2）.

23. 戴文葆. 历代编辑列传（九）［J］. 出版工作，1986（9）.

24. 戴文葆. 历代编辑列传（十）［J］. 出版工作，1986（10）.

25. 戴文葆. 历代编辑列传（十一）［J］. 出版工作，1986（11）.

26. 戴文葆. 历代编辑列传（十二）［J］. 出版工作，1986（12）.

27. 戴文葆. 历代编辑列传（八）［J］. 出版工作，1986（8）.

28. 曹之. 《世说新语》编撰考 ［J］. 河南图书馆学刊，1998（1）.

29. 王立新. 论刘义庆与《世说新语》的编著 ［J］. 成都纺织高等专

科学校学报，2008（2）.

30. 李纯蛟.《三国志》的历史地位 ［J］. 四川师范学院学报，1996（1）.

31. 龙显昭. 陈寿史学刍论 ［J］. 四川师范学院学报，2001（6）.

32. 张子侠. 论《三国志》的谋篇布局 ［J］. 安徽史学，2004（3）.

33. 崔曙庭. 范晔在历史编纂学方面的成就 ［J］. 天中学刊，1992（1）.

34. 陆宜新.《齐民要术》的编撰特色 ［J］. 商丘师范学院学报，2004（1）.

35. 黎子耀. 魏晋南北朝时期的历史编纂学 ［J］. 杭州大学学报，1981（1）.

36. 左健. 萧统的文学编辑思想 ［J］. 江苏教育学院学报，2000（1）.

37. 阿荣忠. 六朝的文学编辑思想及特点 ［J］. 青海师范大学学报，1998（3）.

38. 李大明. "别集" 缘起与文人专集编辑新探 ［J］. 重庆师院学报，1996（1）.

39. 何水英.《玉台新咏》的编撰与宫教解忧 ［J］. 广西师范大学学报，2009（3）.

40. 汪超. 论《文选》对两宋总集编纂的影响 ［J］. 沈阳师范大学学报，2008（4）.

41. 郑李. 编辑家徐陵和他的《玉台新咏》 ［J］. 中南民族学院学报，1992（5）.

42. 胡大雷.《玉台新咏》的选录标准、编撰目的与出版要求 ［J］. 贺州学院学报，2006（4）.

43. 柏明，李颖科. 论魏晋南北朝时期的史注 ［J］. 西北大学学报，1986（3）.

44. 任怀国. 试论王肃的经学贡献 ［J］. 管子学刊，2005（1）.

44. 黄帅，康尚文. 何晏《论语集解》的成就及影响 ［J］. 井冈山学院学报，2006（11）.

45. 杨小凤. 试论杜预《春秋经传集解》之特色 ［J］. 齐齐哈尔师范高等专科学校学报，2008（4）.

46. 刘丽华，晁岳佩．论杜预《春秋》学在《春秋》学史上的地位 [J]．山东师范大学学报，2006（2）．

47. 钱汝平．魏晋南北朝的类书编撰 [J]．图书馆杂志，2006（7）．

48. 曹之．魏晋南北朝类书成因初探 [J]．古籍整理研究学刊，2001（3）．

49. 孙述圻．论僧祐在六朝佛教史上的地位 [J]．南京社会科学，1990（6）．

50. 吴平．论《出三藏记集》的目录学价值 [J]．法音，2002（5）．

51. 陈东林．郦道元《水经注》的编辑体例及特色 [J]．法音，2005（2）．

三　学位论文

1. 白淼．颜之推的治学思想研究 [D]．东北师范大学硕士学位论文，2009.

2. 王巍．《春秋左传》杜预注研究 [D]．南京师范大学硕士学位论文，2004.

3. 庞天佑．秦汉魏晋南北朝历史哲学思想研究 [D]．郑州大学博士学位论文，2000.

四　数据库

文渊阁四库全书电子版 [EB/OL]．http://www.lib.whu.edu.cn/sybz/121 - 1.htm.

中国基本古籍库 [EB/OL]．http://www.lib.whu.edu.cn/sybz/319 - 1.htm.

后　记

这本小书是在我的博士论文基础上修改完善而成的，算是对我几年博士求学生涯的一个总结。直到今天，我仍然十分怀念珞珈山三年的美好时光。波光涟漪的东湖，钟灵毓秀的珞珈山，风姿绰约的樱花大道，古朴厚重的武大老图，常常在我梦里魂牵梦萦。我那时最大的习惯就是晚饭后漫步珞珈山，独自一人，登上山顶，北望长江浩浩汤汤，西瞰东湖烟波渺茫。那种苍苍茫茫、巍巍峨峨的气势令我动容不已。2011年回到故乡河南之后，生活在一马平川的中原，我再也没有在武大生活时心荡神怡的感觉了。

十分感谢我的导师吴平教授。三年博士求学的耳提面命和孜孜教诲，才使得笨拙性劣者如我，跌跌撞撞地走进高高的学术殿堂。在这个殿堂里，我见识了历代学人的别样风采，领略了学术创新的神奇魅力，享受着文化思想的璀璨光芒，涵育着经世致用的学术志向。然而，令人可惜的是，绠短汲深，再加上天性慵懒，世事扰扰，直到今天，我认为自己还没有完全踏入学术殿堂的正门，充其量也就是在旁门、侧门、边门徜徉、徘徊和凝望，更遑论能够像老师一样在这个殿堂里从容游走、论道著书、嘉惠后学。无论如何，我还是将这部小书视作我漫漫人生的一个印记，幼稚也罢，丑劣也好，都将它和盘托出，作为对我过往学业的一个纪念。

2011年前后，我的家庭经历了种种变故，使得我对人生有了新的思考，对生命的本质有了新的认识。在我回到母校河南大学之后，我的老师宋应离教授、王振铎教授、郭奇教授、姬建敏教授等都对我关怀有加、提携不断，我的同学王志刚、张松林都给以我很大帮助。他们鼓励我以坚定的信念走自己的学术之路，支持我朝着编辑学的研究方向精耕细作，期待我能够拿出真正有分量的学术力作。我深知，这是期许，更是厚望。

衷心感谢本书责任编辑李兰生先生所提出的诸多批评建议，使得很多错讹得以纠正，很多问题得以解决。我想说的是，他编审书稿认真细致的作风的确堪称典范。总结是为了更好地前行，纪念是为了更好地怀念。突然想起了魏文帝曹丕说过的一句话："少壮真当努力，年一过往，何可攀援。古人思秉烛夜游，良有以也。"仅以此为记，鞭策自己砥砺前行。

图书在版编目（CIP）数据

魏晋南北朝编辑思想研究／段乐川著. -- 北京：
社会科学文献出版社，2016.6
（明伦出版学研究书系）
ISBN 978 - 7 - 5097 - 9114 - 1

Ⅰ.①魏… Ⅱ.①段… Ⅲ.①编辑工作 - 研究 - 中国
- 魏晋南北朝时代 Ⅳ.①G239.293.5

中国版本图书馆 CIP 数据核字（2016）第 096319 号

明伦出版学研究书系
魏晋南北朝编辑思想研究

著　者／段乐川

出 版 人／谢寿光
项目统筹／王　绯
责任编辑／李兰生

出　　版／社会科学文献出版社·社会政法分社（010）59367156
　　　　　地址：北京市北三环中路甲 29 号院华龙大厦　邮编：100029
　　　　　网址：www. ssap. com. cn
发　　行／市场营销中心（010）59367081　59367018
印　　装／北京季蜂印刷有限公司

规　　格／开本：787mm × 1092mm　1/16
　　　　　印张：13.5　字数：200 千字
版　　次／2016 年 6 月第 1 版　2016 年 6 月第 1 次印刷
书　　号／ISBN 978 - 7 - 5097 - 9114 - 1
定　　价／58.00 元

本书如有印装质量问题，请与读者服务中心（010 - 59367028）联系